La Tavern

griffe *fictions*

Griffe/Essais

1. Pekka Hämäläinen, *L'Empire comanche*
2. Alban Bensa, *La Fin de l'exotisme*
6. Johannes Fabian, *Le Temps et les Autres*
7. Éric Chauvier, *Anthropologie de l'ordinaire*

Griffe/Famagouste

3. *La Saga de Ragnarr loðbrók*
4. Samuel E. Kenoi & Morris Opler, *La Chute de Geronimo*
5. Pat F. Garrett, *La Véritable Histoire de Billy the Kid*
8. Jean de Plancarpin, *Dans l'Empire mongol*
9. Georges de Hongrie, *Des Turcs*
10. Aaron Smith, *Les Atrocités des pirates*
11. *La Légende des soleils*
12. Eschyle, Pièces de guerre. Tome 1 - *Les Perses*
    Tome 2 - *Les Sept contre Thèbes* (à paraître)
    Tome 3 - *Les Suppliantes* (à paraître)

Griffe/Fictions

13. Mika Biermann, *Un Blanc*
14. Alberto Ongaro, *La Taverne du doge Loredan*

Alberto Ongaro

La Taverne du doge Loredan

Traduit de l'italien
par Jacqueline Malherbe-Galy
et Jean-Luc Nardone

ANACHARSIS

ISBN : 979-10-92011-73-9

Diffusion-distribution : Harmonia Mundi Livre

Éditions Anacharsis
43, rue de Bayard
31000 Toulouse
www.editions-anacharsis.com

Toujours plus souvent là où je me trouve un homme sans visage apparaît devant moi et s'arrête près de moi toujours plus longtemps que ce que je puis supporter. C'est un homme grand et sec, vêtu avec élégance, une longue redingote étroite de velours noir, lisse et sans plis, des pantalons ajustés de la même couleur et du même tissu que la veste, une chemise de soie blanche, des souliers à boucles d'argent, un tricorne démodé qui couvre en partie la surface vide et plate de son visage. Je ne sais si l'homme de chair et d'os dont je ne présente ici que le simulacre a jamais été vêtu ainsi : je ne l'ai jamais vu mais dès le jour où, hélas, j'eus la certitude de son existence je lui attribuai par hasard l'attitude et les vêtements, sinon le visage, caché d'ailleurs par son chapeau, du gentilhomme arrogant qui rentre chez lui après une nuit de débauche dans l'un des tableaux appelés *Le Cavalier* de William Beckford, qui fut un bon ami de mon grand-père et dont les œuvres ſurent accrochées pendant de nombreuses années dans la pinacothèque de ma famille avant d'être vendues à la National Gallery. Puisque je lui ai fait comprendre plusieurs fois que je me passerais volontiers de sa compagnie, l'inconnu a, surtout ces derniers temps, redoublé la fréquence de ses visites, disant que s'il doit être considéré comme une obsession c'est comme telle qu'il doit se comporter, que l'on ne peut attendre d'une obsession une conduite de gentilhomme discret et raisonnable et que donc il est de son devoir de me prendre par surprise quand je m'y attends le moins, de se glisser dans mes pensées quand je cherche à penser à autre chose, d'envahir ma mémoire quand je tente d'oublier. La souffrance que les visites de ce fantôme de velours me donnent multiplie avec de méchants résultats la frustration de ne pas être parvenu à savoir quelque chose de plus sur son compte, de ne pas connaître son nom, de ne pouvoir imaginer de son visage qu'une sorte de tache de plâtre à demi couverte par un tricorne. De lui je sais en effet bien peu. De lui je sais seulement, pour en avoir entendu parler une seule fois et pendant quelques minutes, qu'il est un gentilhomme vénitien de belle allure et de riche famille, qu'il aime par-dessus tout au monde celle qui dans le dialecte de son village est appelée Mona et qu'il en est aimé, qu'il possède à Venise un élégant petit palais aux pièces décorées de précieux objets orientaux et africains et de beaucoup d'autres témoignages de ses voyages et qu'il dispose aussi d'une belle demeure dans la campagne vénitienne où, je suppose, il emmène les jeunes dames que sa grâce et sa fortune lui permettent de séduire. Rien d'autre. À part naturellement ce qui a fait de lui mon obsession et l'objet de ma haine la plus profonde, c'est-à-dire d'être l'homme qui a plus que tout autre contribué à ma ruine juste à un moment où je pensais en être le plus éloigné, le profanateur d'un temple qui m'était sacré, le dernier de ceux qui saccagèrent ce qui m'appartenait et en jouirent. Je commence à raconter mon histoire en parlant de cet homme soit parce qu'il est ici près de moi pour l'une de ses visites habituelles, indifférent au fait que je suis en train d'écrire ou peut-être tout bonnement curieux de savoir ce que j'écrirai, soit parce que le point de départ du souvenir d'un passé qui a été heureux est toujours le présent malheureux.

Le lieu est un petit palais qui donne sur le rio[1] di San Felice au pied du pont du Molin della Racchetta, sur la rive gauche du canal pour celui qui y arriverait de la lagune et du côté opposé à celui de l'église. Le palais appartient à Schultz éditeur typographe, qui jouit de quelque renom dans la région (on lui doit par exemple *Lettres de marins de la République vénitienne, Les Marchands grecs de la place Saint-Marc, Les Célèbres Escrocs du Rialto* ; on a annoncé de lui il y a déjà quelque temps une *Histoire des lupanars vénitiens* et le lancement d'une collection de romans populaires). C'est un édifice qui a plusieurs siècles derrière lui, pas très haut, de structure horizontale plus que verticale, avec de longues arcades de marbre dites du Tagliapietra sur lesquelles s'appuient le poids de la façade principale, les étroites fenêtres en ogive, le balcon, un ensemble de vides qui soutiennent le plein, comme disait feu le professeur Fiocco, de la Faculté des Lettres de Padoue. C'est un soir d'hiver entre sept et huit heures. Dans le palais qui a sûrement connu des temps splendides et qui conserve encore une certaine dignité fatiguée brillent deux lumières : la lumière crue et jaune du sous-sol où se trouvent les machines typographiques de l'entreprise et la lumière ombrée du bureau de Schultz au premier étage, une vaste pièce aux murs presque entièrement couverts de livres de tous genres et de toutes époques, une pièce à l'air ancien comme est

1. À Venise, ce mot a le sens de « canal ».

ancien d'ailleurs tout le palais que Schultz a hérité d'un oncle et qui conserve encore les traces de cet oncle et d'autres oncles, de grands-pères et de grands-oncles et de tous les aïeux, jusqu'en 1816, l'année où les Schultz, des Viennois, arrivèrent à Venise comme fonctionnaires de l'administration autrichienne et y restèrent. Il y a des divans de cuir sombre, de grands classeurs de métal, un tableau du peintre Favaretto qui représente le carnaval vénitien, installé dans un espace entre deux rayonnages de la bibliothèque, quelques masques africains et orientaux, un bureau massif encombré de papiers d'où émerge, incongru, presque inconvenant, un téléphone rouge de facture très moderne. Quant à lui, Schultz, c'est un homme grand, quarante, quarante-cinq ans environ, aux cheveux et aux yeux clairs, la peau sombre de qui a vécu de nombreuses années en plein air, le corps sec des hommes qui ont la chance incomparable de ne pas changer de toute leur vie. Schultz s'habille comme on a envie de l'imaginer, mais à qui voudrait des indications plus précises il est suggéré, des pieds à la tête, cet habillement : chaussures de daim avec semelles de crêpe, pantalon de velours côtelé bleu marine ou marron, pull-over bleu ou marron, avec col montant, lui aussi à côtes ou bien seul le pantalon est à côtes et non le pull ou inversement. Schultz est de toute façon un homme qui ne correspond en rien à l'idée qu'on peut se faire d'un petit éditeur vénitien et qui, éventuellement, plus que ressembler à ce qu'il est, ressemble à ce qu'il a été : un officier de la marine marchande ayant une longue expérience de navires de transport et de pétroliers, habitué à avoir affaire avec les marins et les arrimeurs, et qu'il aurait continué probablement à être si un jour il ne lui était arrivé quelque chose qu'il vaut mieux taire maintenant et dont on parlera plus tard. Schultz n'est pas seul, avec lui il y a un autre homme d'environ quarante, quarante-cinq ans, lui aussi aux cheveux et aux yeux clairs, la peau sombre de qui a vécu de nombreuses années en plein air, quelqu'un qui au cours de cette histoire pourra être appelé de diverses façons, l'associé, le locataire, l'autre ou, plus souvent, Paso Doble, à cause de sa passion connue de tous pour la danse et qui habituellement accepte d'être appelé n'importe comment pourvu qu'on ne lui demande jamais qui il est exactement et ce qu'il fait dans cette maison.

Schultz se promène de long en large dans la pièce, s'arrête devant la fenêtre, regarde machinalement dehors presque sans voir la façade de l'église éclairée par une lampe. Alors, dit-il : ce n'est pas tout à fait une question, mais le début d'un discours. Alors quoi ? Ces épreuves, où sont-elles ? Oh, dit Paso Doble, ces épreuves, ces épreuves, pourquoi t'énerves-tu donc tant ? Je les ai cachées, je les ai enfermées dans l'un de mes tiroirs les plus secrets. Du sabotage. Elles réapparaîtront quand tu n'en auras plus besoin. Tu sais que dans cette maison rien ne se perd jamais. Schultz se tourne. Ça, c'est la meilleure, dit le regard surpris de qui n'a jamais entendu d'effronterie plus grande. Il fait un rapide calcul : son passeport, son permis de conduire, une plume en or, une précieuse idole papoue aux yeux de coquillages retrouvée on ne sait comment alors qu'elle partait à la dérive dans un canal et puis disparue de nouveau, son portefeuille avec cent cinquante mille lires, les clés de sa maison de campagne, sa boussole, souvenir de quand il naviguait, les photocopies des documents de la Bibliothèque Marciana dont il a tiré son *Histoire des lupanars vénitiens*, voilà tout ce que l'autre lui a caché en quelques mois et maintenant les épreuves aussi de cette même *Histoire*. Eh bien, dit Paso Doble joyeusement, tu m'es antipathique. Tu sais bien à quel point tu m'es antipathique. Ce n'est pas une nouveauté. Surtout les jours impairs. Parfois j'aimerais te prendre par le cou et te taper la tête contre le mur. Parfois je voudrais que tu sois mort. Un désir coupable comme celui que confesse Falstaff à madame Ford. Ce n'est pas que je te haïsse, attention ! Au contraire. Mais, je répète, tu ne m'es pas sympathique. Je n'y peux rien... C'est agréable à entendre, dit Schultz, encaissant sans sourciller. Il s'approche du bureau, déplace quelques livres, rassemble quelques papiers. Une éventuelle sympathie de ta part m'embarrasserait. Comme dit mon père, certaines personnes il vaut mieux les avoir contre soi qu'avec soi. Et maintenant sors-moi les épreuves avant que je ne te fende le crâne... L'autre fait un signe de la tête. Attends, dit-il, attends. Avant je veux te dire quelque chose, plusieurs choses, oh non pas tant, seulement deux ou trois petites choses. Schultz le regarde de derrière sa table de travail, tournant le dos à la fenêtre. C'est vraiment un beau type de capitaine de marine (marchande) que Schultz, les années de service et celles qu'il a passées aux commandes du *Ramona*, ce pétrolier insouciant qui parcourait les océans ne l'ont en rien déformé. Il est calme, ironique, imposant juste ce qu'il convient. Vas-y, dit-il, j'attends. Combien d'années sont passées, demande l'autre, quatre ou cinq ? Il commence à marcher à travers la pièce sans regarder Schultz. Combien depuis le soir où nous l'avons rencontré sur ce pont et avons fait quelques pas ensemble ? Les as-tu jamais comptées ? Et si tu les as comptées tu t'étonnes vraiment d'avoir un saboteur à la maison ? Une entière compagnie de saccageurs, voilà ce que tu mérites ! Un attentat ici, un autre là... Schultz se met à rire. De quoi es-tu en train de parler, sangsue ? Tu as très bien compris de quoi je parle, dit l'autre en s'arrêtant subitement. Berengo, l'avocat, le ténor du barreau vénitien. Je l'ai vu ce matin. Schultz fait un geste résigné de la main. Je sais, je sais, dit-il doucement. Il attend encore un coup de téléphone de toi. Je sais, je sais, répète Schultz. Il va tous les soirs Aux Sans-Famille, en espérant que tu y ailles aussi. Pense donc. Il a même été sénateur. Il recommence à marcher nerveusement le long des étagères de la bibliothèque, il s'arrête sous le Favaretto, revient en arrière. Alors ? reprend-il, tu l'as fait ce calcul ? Schultz hausse les épaules. Qu'est-ce que j'en sais, dit-il, j'ai perdu le compte. Et puis quelle importance veux-tu lui donner ? Que cela fasse quatre ou cinq ans, il n'y a aucune différence. L'autre le regarde avec une expression incertaine entre irritation et surprise. Pour toi peut-être, dit-il, mais non pour celui qui attend ton coup de téléphone ! Tu finiras comme Massariol le bossu qui a mis vingt ans pour répondre à une lettre. Vingt ans, immobiles, épinglés au mur comme des papillons dans leur cadre.

Schultz se tourne de nouveau vers la fenêtre. Il regarde dehors. Cette nuit, dit-il, la neige va tomber. Puis il ajoute : nous en avons parlé si souvent. Je ne lui ai jamais dit quand je l'appellerais, ni même si je le ferais. C'est lui qui s'est mis cette idée en tête. D'ailleurs il y a toujours quelque chose qui ne cadre pas dans ce qu'il raconte. Cela pouvait aller il y a dix ans ou peut-être, que sais-je, cela ira bien dans dix autres années. Il est difficile d'en prendre la mesure même s'il est convaincu du contraire... Il se tourne, prend une boîte de cigares dans le bureau et la glisse dans la poche de son pull. J'ai faim, dit-il, je vais manger dehors. C'est là tout ce que tu voulais me dire ? L'autre hésite un moment comme pour passer mentalement en revue toutes ses raisons. Non, dit-il ensuite, il y a encore deux ou trois choses. J'écoute, dit Schultz patiemment. Il n'y a plus de bière dans le réfrigérateur et je considère cela comme un affront personnel, le café n'est plus ce qu'il était et je suis fatigué de te voir toujours avec les mêmes pulls et pantalons de velours, cette matière immonde, dégoûtante. Schultz se remet à rire. D'accord, dit-il. J'essaierai d'y remédier. À présent dis-moi où tu as mis ces épreuves...

Elles sont sur le dessus de l'armoire de ta chambre.

Ils sortent ensemble du bureau et se trouvent alors dans une vaste pièce au sol de marbre, garnie de quelques meubles anciens, une longue table de ferme, un grand bureau espagnol, un coffre qui sert de banc, quelque autre objet çà et là au gré de qui prend la peine de l'imaginer et de le placer au bon endroit. C'est la grande salle du palais autour de laquelle est disposé le reste de l'appartement, c'est là qu'on entre ou sort, c'est de là que l'on accède aux autres pièces, la chambre à coucher, la cuisine, le couloir qui conduit aux salles de bains, le bureau, la salle de séjour et la chambre d'amis communicant, réunis par un unique balcon qui regarde vers le canal. Ils traversent la salle et se dirigent vers la porte d'entrée près de laquelle, sur le coffre, est posé un manteau de peau retournée. Schultz le prend et l'enfile tandis que l'autre tourne autour de lui agressif et insinuant. Y a-t-il aussi tout le reste ? demande Schultz. Mais oui, mais oui. Du moins presque tout. Qu'il ne te prenne pas la fantaisie, continue Schultz en posant la main sur la poignée de la porte, qu'il ne te prenne pas la fantaisie de les cacher autre part. J'en ai assez de jouer à la chasse au trésor... La porte donne sur un escalier de marbre qui descend avec splendeur jusqu'à la cour intérieure du palais, une cour vénitienne typique avec un grand puits au milieu, les murs couverts de lierre et, suspendue en l'air, une lanterne de marine qui en éclaire le centre, laissant la périphérie dans la pénombre. Dans la zone sombre de la cour il y a le portail nobiliaire massif qui conduit dehors, vers le sottoportico[1] del Tagliapietra, fine colonnade de marbre qui s'élève au-dessus du rio et qui communique, par quelques marches, avec le pont du Molin della Racchetta et avec la calle[2] du même nom. Où vas-tu manger ? demande Paso Doble. Schultz commence à descendre l'escalier en relevant le col de fourrure de son manteau. Aux Sans-Famille, dit-il, tu ne viens pas ? Non, répond l'autre. Je n'ai pas faim. Il est resté sur le perron près de la porte, haute figure maussade à contre-jour de la salle. Bien plus, j'ai un poids sur l'estomac. En haut, au-dessus de la cour l'obscurité est comme teintée d'une lumière grise, poudreuse. Il pourrait commencer à neiger d'un moment à l'autre. Et si tu rencontres Berengo ? Schultz hausse les épaules. Je saurai m'en tirer d'une manière ou d'une autre, dit-il. Adieu vampire.

Quelqu'un comme Paso Doble peut-il se tenir tranquillement à la maison pendant que Schultz s'en va manger ? Bien sûr que oui, pour une fois, que voulez-vous que soit une seule fois dans le cours d'une histoire qui pourrait être très longue. D'ailleurs il n'est pas vrai qu'à la maison il se tienne bien tranquille. Resté seul il commence à regarder autour de lui avec l'air d'avoir quelque chose en tête.

La chambre d'amis dans la maison de Schultz. Pénombre. Au centre de la chambre il y a un fauteuil sur lequel est assise, ses longues jambes croisées sous un manteau de

1. À Venise, un *sottoportico* est une rue qui passe sous des arcades.
2. *Calle* a le sens de « rue » à Venise.

poil de chameau, la statue de cire d'une femme très belle à la lourde chevelure brun doré rassemblée sur la nuque, aux yeux brun doré comme certains yeux brésiliens, au teint tout aussi brun doré que ses mains posées sur ses cuisses ; sa bouche est grande, entrouverte dans un demi-sourire d'un réalisme impressionnant, un sourire étrangement dépourvu de fixité et de mystère adressé à quelqu'un qui n'est pas là mais qui a sûrement été là et qui peut-être pourrait y être encore, une beauté aristocratique et bohémienne saisie dans un moment de grâce et dont on ne comprend pas bien si elle attend quelqu'un ou si c'est elle qui est attendue, si c'est elle la concrétion de l'attente de quelqu'un. Elle ne bouge pas, recueillie, immobile et toutefois elle donne l'impression qu'elle pourrait se lever d'un moment à l'autre et marcher. En somme qui a vu *F, for Fake* d'Orson Welles et se rappelle la fille, douce statue, chair et pierre, qui marche tout au long du film et pendant quelques instants pose nue pour l'un des peintres escrocs de l'île d'Ibiza, pourra se faire une idée approximative de ce qu'est cette statue-femme. Tout à coup la porte de la chambre s'ouvre et, précédé par la lumière qui se faufile dans la pièce, Paso Doble entre furtivement, il s'approche sans bruit de la statue et s'arrête près d'elle pour la regarder. Puis il dit dans un murmure : « Et toi présence secrète, quel rôle as-tu dans cette histoire ? Restes-tu là en cachette comme une pure coïncidence ou est-ce depuis que tu es apparue que tout a commencé à s'écrouler ? » Il se met à tourner autour de la statue en la regardant avec hostilité. Il halète, comme s'il peinait à contenir quelque chose qui bat un peu trop fort en lui, une agressivité, une rancœur dont la cible est le sourire de cire de la femme. Il recommence à parler d'une voix chuchotante. « Schultz m'appelle vampire et sangsue... Et toi qu'es-tu alors ? Une passagère de l'Orient-Express, une devinette de salon ou une somnambule arrivée ici par hasard ? » Puis la pulsion explose et l'homme se jette sur la statue, l'arrache de sa chaise, la soulève et l'emporte en courant vers la baie vitrée qui donne accès au balcon situé au-dessus du rio di San Felice. « Puisque je ne peux te cacher toi aussi sur l'armoire comme tout le reste… » Une lumière suspendue au-dessus du canal éclaire la façade du palais, la baie qui s'ouvre avec un flottement de rideaux et l'homme qui sort sur le balcon en tenant la statue dans les bras et en la soulevant bien haut par-dessus la rambarde comme s'il voulait la précipiter dans l'eau. « … Qu'en dirais-tu si je te jetais à la mer ou si je te transformais en une chandelle en brûlant peu à peu ta cire, hein ?! » On craint un instant pour la statue, mais on voudrait bien aussi (pour des raisons plastiques sinon vraiment narratives) la voir tomber à pic et s'enfoncer lentement, ses longs cheveux se défaisant dans l'eau, ou s'en aller doucement comme une barque à la dérive vers la lagune. Au contraire, aussi soudainement qu'elle a explosé, la fureur s'éteint. À présent la lampe suspendue au-dessus du canal éclaire une scène bien différente. L'homme pose avec délicatesse la femme de cire sur la rambarde et reste à côté d'elle à la regarder. De loin, elle assise sur l'appui les jambes croisées le manteau de poil de chameau ouvert, lui debout à côté d'elle, ils pourraient être pris pour un couple élégant sorti sur le balcon pour prendre un peu le frais. « Allons, rentrons », murmure Paso Doble un moment après. « Je ne peux faire cela à Schultz. Interdit par la loi. Il lâcherait contre moi tous les agents de police du sestiere[1] et moi de courir comme Buster Keaton… »

1. Venise étant divisée en six, elle est formée de *sestieri* et non de quartiers.

Jaune et rouge dans l'obscurité une enseigne lumineuse dit : Aux Sans-Famille. Le quartier du Rialto nous semble l'espace approprié pour situer le restaurant, quelque part entre le marché aux poissons et le tribunal d'où l'on puisse voir quelque chose du Grand Canal, les vaporettos éclairés qui le remontent ou le descendent, le bac à cette heure arrêté, et peut-être même sentir l'odeur du poisson qui vient des arcades du marché vide. Quant aux raisons de son nom les voici : Aux Sans-Famille est né il y a plusieurs dizaines d'années, en cadeau offert par le comte Romoletto Bragadin à sa maîtresse Fulvia, alors la plus belle fille de Venise, il est né avec un autre nom, auquel avec le temps s'est substitué celui d'aujourd'hui à cause du type de clientèle qui le fréquentait : des célibataires, célibataires jeunes, mûrs ou vieux, des orphelins attirés par la beauté opulente de l'hôtesse et même des hommes mariés, mais disposés à laisser tomber femmes et enfants, justement la famille, pour les chairs dorées de la jeune femme. C'est ici, dans ce restaurant, que Schultz est en train de manger, à une table d'angle, comme il convient à un client habituel et d'un certain rang. Il y a d'autres personnes dans la salle, mais elles n'ont rien à voir avec cette histoire et donc ne valent pas la peine d'être décrites, pour intéressantes qu'elles soient. On parlera au contraire d'un homme gras, très petit, d'une certaine façon crasseux, le cheveu rare, vêtu d'un complet veston avec gilet, assis à une autre table d'angle. La caractéristique principale de cet homme n'est évidente que pour celui qui le connaîtrait et la voici : il ne semble pas du tout celui qu'il est, le célèbre avocat Berengo, du cabinet Berengo et Bardella, ténors du barreau vénitien. Il convient de le décrire ne serait-ce qu'à cause de l'insistance nerveuse et un peu suspecte avec laquelle il regarde en direction de Schultz. Si Schultz n'était pas seul et qu'il fût en train de parler avec des amis, maître Berengo allongerait probablement le cou pour entendre ce qu'ils disent. Schultz à présent a fini de manger. Il se lève, traverse le restaurant et va vers la caisse où la petite-fille de la légendaire aubergiste maîtresse du comte Romoletto Bragadin, que tout le monde appelle aussi Fulvia même si à l'état civil elle figure comme Maddalena, elle aussi très belle même si elle n'a pas la beauté de sa grand-mère, blonde elle aussi, avec un chemisier de soie rose et un collier de perles noires autour du cou, trône comme une reine.

— Schultz, dit de but en blanc la jeune fille, te rappelles-tu un soir de l'été dernier où tu étais chez moi ? Tu es monté sur la terrasse et moi j'étais là.

— Oui, dit Schultz, je me souviens.

— Sais-tu ce que j'étais en train de faire ?

Schultz fait un signe de la tête.

— Bien sûr que je le sais, dit-il.

Il ne s'aperçoit pas qu'à quelques mètres de distance maître Berengo s'est levé précipitamment et se hâte maintenant vers l'angle de la salle où sont accrochés les manteaux des clients. Difficile de comprendre s'il s'est levé parce que l'heure est aussi venue pour lui de s'en aller ou si, étant donné l'insistance avec laquelle toute la soirée il a regardé Schultz, il s'en va parce que Schultz s'en va.

— L'as-tu dit à quelqu'un ? demande la jeune fille.

— Non, dit Schultz. Je ne l'ai dit à personne. Mais quelquefois je me le raconte à moi-même.

Maddalena rit, les yeux humides et ardents.

Dans l'ombre, juste à l'extérieur du restaurant, un peu à l'écart de la lumière de l'enseigne, maître Berengo attend. Il porte un manteau croisé qui tout vieux et crasseux qu'il est lui confère un air plein de dignité. À présent avec ce manteau, le col un peu relevé, les mains dans les poches, l'avocat pourrait un peu plus qu'avant sembler ce qu'il est : Berengo, le célèbre avocat. Une ombre apparaît derrière l'épaisse porte vitrée du restaurant, puis la porte est poussée de l'intérieur et Schultz sort en boutonnant son manteau. Il se dirige vers le marché aux poissons et n'aperçoit Berengo que lorsque celui-ci, après avoir fait quelques pas dans la même direction, le rejoint.

— Alors, Schultz ?

Schultz s'arrête, regarde pendant un instant l'avocat, puis se remet à marcher lentement.

— Que voulez-vous que je vous dise, maître ? Je ne peux rien vous dire.

Ils marchent ensemble l'un à côté de l'autre, Schultz à pas lents, Berengo du pas sautillant d'un pigeon.

— Cinq ans, Schultz, dit Berengo doucement. Si vous avez jamais eu la bonté de faire les comptes. Cinq ans. Une durée trop longue même pour un esprit patient comme le mien. Et de plus la certitude de vous fatiguer, Schultz, par mon insistance. Je comprends qu'il n'est pas facile de donner des explications claires là où les choses sont aussi complexes… Mais vous êtes un noble cœur, mon cher Schultz, et vous vous feriez du tort à vous-même si vous croyiez vraiment que pouvoir vivre pour certaines choses et non pour d'autres n'est pas qu'une idée plus ou moins séduisante. Cela n'arrive jamais, mon cher Schultz. Pas même pendant une minute. C'est cela que je voulais vous dire. Seulement cela. Je ne dis que cela moi. Et personne, je crois, n'osera dire qu'il m'a jamais entendu affirmer le contraire.

Il s'interrompt. Il lève son regard sur l'homme qui marche à ses côtés comme pour vouloir saisir sur son visage l'effet de ses paroles. Puis il continue lentement :

— Si j'étais plus jeune je n'hésiterais pas un instant à m'aventurer tout seul dans cette cruelle splendeur. Il y eut un temps en effet où, bien que mon aspect actuel semble l'exclure, il y eut un temps, disais-je, où je grimpais sur les clochers un fusil à la main et où je courais comme une chèvre à travers les montagnes...

— Oui, l'interrompt Schultz, vous avez probablement raison et moi tort. Comme cela arrive souvent par ici depuis quelque temps. Toutefois je ne peux rien y faire. Aller plus loin, au moins pour le moment, cela m'est impossible...

Un silence s'installe durant lequel Berengo semble s'affaisser un peu, déçu et éteint. Mais cela ne dure qu'un bref instant. Aussitôt après l'avocat se reprend, allonge le cou et tout son corps comme s'il voulait augmenter sa stature ou récupérer quelque chose de perdu pour s'être exposé avec un discours aussi explicite.

— Dans ce cas, Schultz, oubliez que vous m'avez vu. Bonne nuit, cher ami, bonne nuit.

Il s'éloigne avec dignité dans la direction opposée à celle qu'il avait prise avec Schultz, même si ce n'est pas le chemin qui le mène le plus rapidement chez lui, mais un trajet plus long et plus tortueux qui le contraint à un tour vaste et insensé. Schultz le suit pendant quelques instants du regard et recommence à marcher avec un beau sourire sur les lèvres.

Schultz est revenu chez lui. On le voit maintenant entrer et enlever son manteau non dans l'une des pièces où on l'a vu précédemment, le bureau ou la grande salle, mais dans sa chambre à coucher, une pièce plutôt vaste bien que quelque peu monacale, avec une autre bibliothèque bourrée de livres, une grosse armoire dont le dos est encastré dans une niche, un prie-dieu ancien qui porte un combiné téléphonique, un tourne-disque, un lit, un bureau, une chaise, un fauteuil sur lequel son locataire est assis. Il n'y a nulle trace dans la chambre du métier que Schultz a exercé pendant de nombreuses années (marin) excepté le signal sonore fortuit et momentané que laisse et emporte aussitôt un bateau à moteur qui passe juste à ce moment-là, dehors sur le canal. Et il n'y a rien dans la chambre qui puisse de quelque façon que ce soit justifier la présence de la femme de cire qui vit dans une chambre voisine ou en suggérer une explication psychologique, quelque chose qui permettrait de dire, bon, cela se comprend, Schultz est un peu fou, un fétichiste, un maniaque sexuel qui encule les mannequins de la Standa. Au contraire. La géométrie de la chambre, bien plus de l'appartement entier et de ce qu'il contient, naît d'un ensemble de lignes pures rationnelles qui repoussent maladies et mystères, les sévères lignes autrichiennes des fondateurs de l'entreprise Schultz, lesquels, peut-être maintenant, se demandent ennuyés ce que diable peut bien faire dans leur maison cette statue de cire vêtue d'un manteau de poil de chameau. Enfin c'est comme ça... Qu'as-tu mangé ? demande Paso Doble à Schultz. Il voudrait aussi lui demander s'il a vu l'avocat mais il parvient à se retenir. Polenta aux seiches, dit Schultz, je suis un homme simple moi. Il prend la chaise et l'approche du grand meuble au-dessus duquel ont dû atterrir les épreuves de l'*Histoire des lupanars vénitiens*. Et toi qu'as-tu fait ? Oh moi j'ai lu quelques pages, j'ai écouté un disque ou deux, je me suis un peu exercé au flamenco. Schultz monte sur la chaise et domine maintenant de la tête le dessus de l'armoire. Là, outre la poussière, il y a un peu de tout. Les épreuves disparues, son passeport, son permis de conduire, des trousseaux de clés, un album de photographies, des livres, des couteaux, des canifs, des rubans pour machine à écrire, des lettres écrites et jamais envoyées, des lettres reçues et jamais ouvertes, sa pompe à bicyclette, des mouchoirs, des rouleaux de papier hygiénique, une boîte pleine de pièces de monnaie du monde entier, des briquets encore pleins d'essence et en état de marche, tous les objets de la vie quotidienne que l'on perd, des feuillets épars, des manuscrits envoyés à l'entreprise Schultz éditeur typographe écartés et jamais restitués, des photocopies de documents précieux. Je me demande, dit Schultz, comment on peut travailler sérieusement quand on a entre les pattes un type comme toi. L'autre se met à rire. J'ai beaucoup d'autres cachettes, tu ne peux même pas t'en faire une idée. Pour les découvrir tu devras passer sur mon corps. Schultz descend de sa chaise, tenant dans ses mains le butin retrouvé. Il pose le tout sur le bureau. As-tu l'intention de continuer encore longtemps avec cette histoire ? lui demande Schultz. Je te l'ai dit. Au moins tant que tu n'auras pas pris une décision, dit l'autre, je veux t'ennuyer, te tourmenter, te faire un croc-en-jambe quand tu passes, te réveiller en sursaut quand tu dors. Je te l'ai dit. Et si tout cela ne te plaît pas peu m'importe... Schultz prend un gros pinceau dans un tiroir et commence à épousseter les choses retrouvées. À part les épreuves de l'*Histoire des lupanars vénitiens* qui sont restées là-haut, sur l'armoire, pas assez longtemps pour pouvoir être abîmées, le reste semble sorti d'un tombeau. Parmi les livres il y a deux volumes en langue originale du *Golden Bough* disparus on ne sait depuis combien de temps, l'*Histoire du patricien Francesco Barozzi de Candie, nécromancien*, le *Livre des divines ordinations* de Guillaume Postel, où l'on parle des choses miraculeuses qui ont eu lieu et devront jusqu'à la fin avoir lieu à Venise, et un livre que Schultz n'a jamais vu, un livre qui a une couverture sombre, dure, tachée et moisie... D'où peut bien sortir ce livre ? demande Schultz. L'autre le regarde un peu surpris. Ne viens-tu pas de le trouver sur l'armoire ? Oui, dit Schultz, mais toi où l'as-tu pris quand tu l'as caché ? Paso Doble intrigué s'approche. Il n'y a pas de titre sur la couverture du livre qui semble ancien, venu de loin, tout juste remonté de quelque bibliothèque abyssale. Ce n'est pas moi qui l'ai mis là-haut, dit-il. Non ? réplique Schultz avec ironie, et qui l'y a mis alors ? Je te jure, dit l'autre, ce n'est pas moi. C'est la première fois que je le vois. Schultz ouvre le livre et il a comme l'impression d'ouvrir une porte parce que des profondeurs du livre monte une sorte de vent poussiéreux qui fait irruption dans la chambre. Non, répète l'autre. Je ne l'ai jamais vu. Sous la couverture la page qui devrait porter le titre du livre, le nom de celui qui l'a écrit et de celui qui l'a publié est un moignon gris sans aucun signe dessus, les restes d'une feuille décomposée et depuis longtemps déchirée. Schultz ouvre le livre au hasard et son regard glisse le long d'une page jusqu'à ce qu'il s'arrête sur une phrase :

Ce soir-là guidé par le capitaine Viruela je me dirigeai vers la Taverne du doge Loredan. Dois-je ajouter que mon cœur battait fort, comme s'il savait, lui mon cœur et non moi, que j'allais à la rencontre de mon destin ?

Le capitaine Viruela, pense maintenant Schultz, le capitaine Viruela. Le nom a une résonance étrange, inhabituelle, à la fois solide et liquide, nouvelle d'une certaine façon. Schultz feuillette rapidement les pages du livre à la recherche d'autres noms. Il a toujours pensé que dans un livre les noms des personnages sont très importants, d'un côté des signes magiques qui recèlent le destin de ceux qui les portent, de l'autre la première indication du type de rapport qu'un auteur établit avec son travail (que de livres il a cessé de lire, voire jetés au loin parce qu'il y avait trouvé des noms trop vrais ou trop faux), la première mesure du niveau de profondeur auquel un auteur commence à travailler : ce capitaine Viruela promet beaucoup, de même, pense Schultz en voyant d'autres noms défiler devant ses yeux, que semblent promettre beaucoup Supplice, Nina, Jacob, madame Mascarino. À présent Schultz arrête de nouveau son regard sur une page et y lit :

Bien sûr... Tu n'en as jamais vu, n'est-ce pas ? des cheveux de pauvres... Ils sont *empty*, creux, sans poids... ils n'arrivent pas aux épaules... ils commencent à frisotter ici... presque à la racine... ils peinent à pousser et s'ils y parviennent... ils poussent inégalement, çà et là, comme les orties ou les herbes folles... Remarque-le. Les cheveux... les poils... tout type de poils... même ceux de la *cunt*, *you know*, et ceux qui sont autour du *cock* des riches, *if you know what I mean*, sont différents de ceux des pauvres et moi, bien que je ne sois née ni vraiment pauvre ni riche non plus, j'ai toujours eu les poils et les cheveux des riches... même là, autour de ma *mona*, *you know*, j'ai les poils, comme tu as pu voir, si longs et si doux, non *twisted, if you know what I mean*, que pas même l'épouse du prince régent n'en a de semblables.

Schultz se met à rire. D'où diable peut bien sortir ce livre ? répète-t-il. Ne me regarde pas, dit l'autre. Moi je n'en sais rien. D'ailleurs pour quelle raison aurais-je caché un livre tel que celui-ci ? Je ne fais jamais rien au hasard, moi. Quand je te cache quelque chose je vise, pour ainsi dire, un but scientifique, une stratégie. Je fais disparaître ce qui te sert, un taille-crayon ici, un briquet là, ce qui est nécessaire pour donner une impression de complot. Schultz ferme le livre et le pose sur le bureau. D'ailleurs, continue l'autre, je n'y prêterais pas grande attention. Depuis l'époque du *Manuscrit trouvé à Saragosse* ou peut-être même avant, il y a une véritable épidémie de livres mystérieux trouvés çà et là. Les cagibis en sont pleins ainsi que les greniers, les tiroirs, les caves de tous les lettrés, des plus modestes aux plus célèbres. C'est à vous dégoûter. Et toi tu n'es pas différent des autres. Médiocrité de l'époque. On ne peut faire un pas sans trouver un livre qui vienne on ne sait d'où. Schultz reprend en main son pinceau, époussette les deux volumes du *Golden Bough* puis les glisse dans une étagère de la bibliothèque. Ceux-ci, par exemple, pourquoi les avais-tu cachés, demande-t-il ? Oh, dit l'autre. Je ne me souviens pas. Cela doit remonter à quelques années. Peut-être voulais-tu savoir quelque chose sur les sorciers de l'île de Java. Je n'en ai jamais rien eu à foutre moi des sorciers de l'île de Java, dit Schultz. Qu'est-ce que j'en sais ? réplique l'autre. Je ne me souviens pas. Mais j'ai bien dû avoir une raison. Schultz revient au bureau, enferme dans un tiroir les autres choses retrouvées puis reprend en main les épreuves de l'*Histoire des lupanars vénitiens.* Son idée est d'y consacrer deux bonnes heures pour pouvoir le lendemain, après les avoir revues, les passer à la typographie. Schultz range les épreuves les unes sur les autres en un jeu de cartes bien ordonné, mais comme on pouvait logiquement s'y attendre étant donné les circonstances, son regard, et non seulement son regard, est attiré par la couverture du livre trouvé sur l'armoire. Il allonge la main, approche le livre et le rouvre. Un autre passage vient à sa rencontre :

Nina était à Venise depuis un certain temps déjà, elle y était arrivée avec un inconnu rencontré durant son voyage, elle vivait avec lui, c'était ce qu'avait dit la boule de cristal et confirmé les tarots, dans un lieu plein soutenu par un vide, c'est-à-dire, expliqua-t-elle, dans l'un de ces anciens petits palais dont le poids semble être soutenu par le vide des arcades extérieures, un peu, précisa madame Mascarino, comme le palais des doges, avec des fenêtres donnant sur un canal, dont les reflets arrivaient parfois à se superposer à ceux de la boule, mais sans jamais fournir de détails révélateurs sur son nom ou son emplacement à l'exception peut-être d'austères clairs-obscurs qui pouvaient suggérer qu'il était proche d'un édifice religieux.

Mon Dieu, mon Dieu, pense Schultz. Qui sait ce qui peut bien arriver dans ce livre. Qui sait ce qui arrivera pendant que je lis ces épreuves. Des cheveux et des poils pubiens de pauvres et de riches, des inconnus qui se rencontrent, des tarots et des boules de cristal... Si des phrases lues çà et là au hasard l'intriguent à ce point, la lecture ordonnée du livre, à moins de surprises décevantes, devrait susciter en lui des sensations inestimables. Il se rappelle un certain ingénieur florentin qu'il avait connu au Mexique, un gros constructeur de gares ferroviaires, dont la vie entière avait été bouleversée par la lecture d'un mystérieux livre. Quel livre ? lui avait demandé Schultz. Oh, un livre peu connu, sûrement peu lu : *Histoire de l'ingénieur Maringoni* écrite par lui-même, un Argentin d'origine italienne auquel on devait la construction de quelques-unes des plus belles villes de la pampa, une vie exemplaire toute consacrée à son métier d'ingénieur. Lui, à une certaine époque, avait dit l'ingénieur, il faisait partie de ces malheureux qui parcourent le monde en quête de plaisirs et d'aventures, séjours intenses et brefs çà et là, rapports sans engagement, relations fugaces avec des jeunes femmes mariées, énormes sommes d'argent venant du patrimoine familial flambées dans les maisons de jeu, jusqu'au jour où, sur la table de nuit de sa chambre dans un grand hôtel d'Acapulco où il était logé avec une actrice américaine, livre oublié peut-être par un client ayant occupé cette chambre avant lui, arrivé peut-être là par des voies mystérieuses, il avait justement trouvé l'*Histoire de l'ingénieur Maringoni*, écrite par lui-même, il en avait lu d'abord quelques passages çà et là et en avait retiré aussitôt un plaisir obscur, puis la sensation que la découverte de ce livre ne pouvait être due au hasard, mais que ce livre l'attendait, l'attendait lui, lui précisément et personne d'autre, pour extirper quelque chose qu'il avait en lui et qu'il ignorait avoir et il avait continué à le lire pendant toute la nuit malgré les protestations de l'actrice américaine qui avait des idées tout autres sur ce séjour à Acapulco et une fois la lecture achevée il était un autre homme. Un autre homme ? Oui. Il avait rapidement obtenu son diplôme d'ingénieur et quelques années après il était l'un des plus célèbres constructeurs de gares de l'Amérique latine. Qui sait, pense Schultz, si ce livre aussi se trouvait sur l'armoire dans l'attente que lui et non personne d'autre le trouvât. Il se lève le livre à la main, un doigt encore enfilé entre les pages, il s'approche du lit, prend le coussin, le soulève un peu en l'installant dans l'angle formé par les deux murs contre lesquels le lit est placé, allume la lampe sur le prie-dieu, s'étend et, avant de se mettre à lire, commence à fumer un long et fin cigare. Et les épreuves ? lui demande l'autre. Au diable les épreuves, dit Schultz. Je leur donnerai un coup d'œil demain matin. Bravo, dit l'autre. Et la typographie ? Schultz hausse les épaules. Au diable aussi la typographie... Ah, tu vois comment tu es ? continue avec irritation Paso Doble. Toutes ces histoires pour ne rien faire ensuite. Tu n'as qu'à les passer, toi, ces épreuves, l'invite Schultz. Moi ? Tu es fou. Je n'y pense même pas. Il se frappe violemment la poitrine. Ce n'est pas un travail qui m'incombe. Moi ce livre je le déteste comme je déteste tous les livres publiés jusqu'ici par ton entreprise. J'ai déjà entendu cette phrase, dit Schultz. Bien sûr que tu l'as déjà entendue. Et tu l'entendras encore. Je la répéterai à en avoir la gorge sèche. Je la dirai sur les places et dans les hôtels, j'enverrai des lettres anonymes à tes lecteurs en les menaçant s'ils continuent à t'acheter. Jamais, je dis bien jamais, un livre qui me satisfasse. Jamais, je dis bien jamais, un livre, que sais-je, sur les problèmes du couple, sur la crise des intellectuels, jamais, je dis bien jamais, un sujet dans lequel les gens de maintenant puissent se reconnaître et dire, oui, c'est moi là, je suis là moi aussi. Des kilomètres et des kilomètres de paperasses inutiles... Tu as raison, dit Schultz, mais les livres dont tu parles ne me plaisent pas. Il y en a trop. C'est sûrement ma faute, mais ils m'assomment, ils m'ennuient... Il ouvre le livre qu'il tient à la main et commence à lire à partir de la première page.

Toujours plus souvent là où je me trouve un homme sans visage apparaît devant moi et s'arrête près de moi toujours plus longtemps que je ne puis le supporter. C'est un homme grand et sec, vêtu avec élégance, une longue redingote étroite de velours noir, lisse et sans plis, des pantalons ajustés de la même couleur et du même tissu que la veste, une chemise de soie blanche, des souliers à boucles d'argent, un tricorne démodé qui couvre en partie la surface vide et plate de son visage. Je ne sais si l'homme de chair et d'os dont je ne présente ici que le simulacre a jamais été vêtu ainsi : je ne l'ai jamais vu mais dès le jour où, hélas, j'eus la certitude de son existence je lui attribuai par hasard l'attitude et les vêtements, sinon le visage, caché d'ailleurs par son chapeau, du gentilhomme arrogant qui rentre chez lui après une nuit de débauche dans l'un des tableaux appelés *Le Cavalier* de William Beckford, qui fut un bon ami de mon grand-père et dont les œuvres furent accrochées pendant de nombreuses années dans la pinacothèque de ma famille avant d'être vendues à la National Gallery. Puisque je lui ai fait comprendre plusieurs fois que je me passerais volontiers de sa compagnie, l'inconnu a, surtout ces derniers temps, redoublé la fréquence de ses visites, disant que s'il doit être considéré comme une obsession c'est comme telle qu'il doit se comporter, que l'on ne peut attendre d'une obsession une conduite de gentilhomme discret et raisonnable et que donc il est de son devoir de me prendre par surprise quand je m'y attends le moins, de se glisser dans mes pensées quand je cherche à penser à autre chose, d'envahir ma mémoire quand je tente d'oublier. La souffrance que les visites de ce fantôme de velours me donnent multiplie avec de méchants résultats la frustration de ne pas être parvenu à savoir quelque chose de plus sur son compte, de ne pas connaître son nom, de ne pouvoir imaginer de son visage qu'une sorte de tache de plâtre à demi couverte par un tricorne. De lui je sais en effet bien peu. De lui je sais seulement, pour en avoir entendu parler une seule fois et pendant quelques minutes, qu'il est un gentilhomme vénitien de belle allure et de riche famille, qu'il aime par-dessus tout au monde celle qui, dans le dialecte de son village, est appelée Mona et qu'il en est aimé, qu'il possède à Venise un élégant petit palais aux pièces décorées de précieux objets orientaux et africains et de beaucoup d'autres témoignages de ses voyages et qu'il dispose aussi d'une belle demeure dans la campagne vénitienne où, je suppose, il emmène les jeunes dames que sa grâce et sa fortune lui permettent de séduire. Rien d'autre. À part naturellement ce qui a fait de lui mon obsession et l'objet de ma haine la plus profonde, c'est-à-dire d'être l'homme qui a plus que tout autre contribué à ma ruine juste à un moment où je pensais en être le plus éloigné, le profanateur d'un temple qui m'était sacré, le dernier de ceux qui saccagèrent ce qui m'appartenait et en jouirent. Je commence à raconter mon histoire en parlant de cet homme soit parce qu'il est ici près de moi pour l'une de ses visites habituelles, indifférent au fait que je suis en train d'écrire ou peut-être tout bonnement curieux de savoir ce que j'écrirai, soit parce que le point de départ du souvenir d'un passé qui a été heureux est toujours le présent malheureux.

Je m'appelle Jacob Flint et je suis né il y a vingt-quatre ans à Chetham, un village anglais situé non loin de Londres, officiellement du squire Derek Robert Flint et de Catenina Conti, une noble dame italienne dont le squire fit la connaissance durant l'un de ses voyages sur le continent et dont la beauté méditerranéenne à lui, hobereau anglo-saxon filiforme et exsangue, inspira un amour éperdu. Je dis officiellement parce que cette donnée de l'état civil n'est vraie que pour le registre des naissances de Chetham. Moi en réalité je suis un bâtard mis au monde par la jeune demoiselle Conti sans la participation de son mari mais avec la furtive collaboration d'un bohémien qui fut par elle surpris, un grand oiseau bohémien au poing, en train de faire pipi sous sa fenêtre. Voilà du moins ce qui s'est raconté pendant des années dans le village où je suis né. De mon père, mon père naturel, le bohémien que je n'ai jamais eu la chance de connaître, j'ai hérité, comment dire ? un tempérament passionné et vagabond, sensuel et inquiet, turbulent, visionnaire et, de ma mère, outre les caractères communs à tous les fils de pute, le fait de pouvoir, à l'égal de la langue de mon pays, parler et écrire aussi l'italien. Et c'est à l'italien que je confie le récit de mon histoire parce que c'est la langue de la personne qui l'a inspiré, de la femme qui est le pivot de mon histoire et à laquelle je dois, tout ou presque, le bien et, tout ou presque, le mal dont il m'arrivera de parler dans ces chapitres. Je ne vais pas raconter en détail les vingt premières années de ma vie qui ne jouent aucun rôle ici. Je me bornerai à les résumer brièvement en disant que je fus un enfant précoce en tout, aux multiples vocations, aussi doué pour la musique – à quatre ans je commençai à jouer du violon et du clavecin – que pour la composition poétique ou l'escrime, art auquel m'initia monsieur Lafitte, l'un des maîtres les plus estimés de l'époque, porté particulièrement, moi et non lui, sur les choses du sexe qui, si elles se limitèrent dans les années de mon enfance à fureter innocemment entre les cuisses de mes cousines ou des servantes de la maison, virent leur accomplissement dans mon adolescence quand, favorisé par une très belle prestance, il m'arriva de séduire l'épouse de l'un de mes cousins (ou d'être séduit par elle) et d'en devenir l'amant pendant quelques années. Jamais ne me troubla le fait de savoir, et que l'on sût de moi, que j'étais un fils illégitime. Bien au contraire. Je n'avais aucune affection pour le squire ; en revanche j'admirais ma mère Catenina à qui, tout en ne sachant pas exactement comment les choses s'étaient passées, j'attribuais le courage d'avoir su sauter par la fenêtre et d'avoir suivi jusqu'à la lande ce gros membre jaillissant dont elle s'était éprise.

Perplexe, Schultz suspend sa lecture. Catenina ? Est-ce une coquille commise pour la deuxième fois ou bien la mère de celui qui parle s'appelle-t-elle vraiment Catena, Catenina[1] ? Qu'en dis-tu ? demande-t-il à Paso Doble.

1. Chaîne, Chaînette.

Certes si elle s'appelait vraiment Catenina le nom serait magistral. Qu'est-ce que j'en sais, dit l'autre. Ce doit être pour Caterina. Voyons un peu. Peut-être la retrouverons-nous plus loin. Schultz recommence à feuilleter le livre à la recherche de confirmations, ou de démentis, et il s'aperçoit qu'il y a quelque chose qui ne va pas, que le livre s'est ouvert sur un petit nombre de pages blanches qui n'ont sur leur surface d'autres marques que celles du temps et que s'il cherche bien, d'autres zones blanches apparaissent çà et là, avant et après celles qu'il vient de voir, comme si le livre n'était pas achevé, comme si une partie du texte l'avait déserté ou comme si, mieux encore, ce texte attendait d'être écrit. Mon Dieu, dit Schultz, et moi qui espérais trouver une belle œuvre bien pansue. Un livre dont les personnages ont des noms aussi beaux n'a pas le droit d'avoir des pages manquantes. Catena, Catenina, que Dieu la bénisse. Paso Doble, près de Schultz, émet une sorte de grognement. Il pense à autre chose. Il pense, même si c'est confusément, à quelque chose qui a émergé des pages du livre et dont Schultz semble ne pas s'être aperçu. Quelque chose qui pour l'heure l'intrigue mais qui pourrait plus loin l'inquiéter. Il lance un regard à Schultz et si Schultz n'avait pas déjà recommencé à lire il lui prendrait le livre, il le feuilletterait à rebours jusqu'à ce quelque chose qui a échappé à son compagnon mais qui ne pouvait lui échapper à lui, sentinelle attentive.

Moi aussi je m'éprenais facilement tantôt de celle-ci tantôt de celle-là, plus souvent de toutes les deux, incapable de me fixer durablement sur aucune. J'étais surtout attiré par celles qui avaient un mari, devaient rentrer chez elles à une certaine heure ou me chasser de chez elles avant que le mari ne revînt et qui venaient frémissantes aux rendez-vous et savaient ne pas pouvoir me demander plus que je n'étais disposé à leur donner. Elles avaient, par rapport aux jeunes filles, un parfum différent, une peau différente, des sentiments plus ardents et, surtout, une voracité, un désir de ne pas perdre de temps, un tremblement, comme si le spasme final était déjà là tout prêt en elles et qu'il me suffît d'apparaître pour le libérer. Ce fut cette inclination pour les femmes mariées qui fut cause de tous mes ennuis et me poussa, sans aucune réticence de ma part, sur ce chemin au terme duquel était le lieu où je me trouve à présent. Voilà comment les choses se déroulèrent. Quand ma dernière maîtresse, épouse d'un médecin allemand, partit vivre sur le continent, où malheureusement elle devait mourir peu après, je regardai autour de moi en quête de celle qui pourrait la remplacer et mon regard se posa sur une certaine Rosalynd Trenthan, épouse d'un douanier très connu dans la région pour son mauvais caractère et pour avoir le visage et vraisemblablement aussi le corps, couvert de pustules. Comment Rosalynd, qui était blonde et pulpeuse, avait la taille mince et brûlait de désirs, avait pu épouser un homme comme Jeremy Trenthan qui préférait avec ostentation passer ses nuits à la chasse aux contrebandiers plutôt que dans le lit conjugal, je ne l'ai jamais compris ni ne me suis jamais soucié de demander des explications. Mais c'est comme cela. La vie est pleine de combinaisons bizarres destinées évidemment à se défaire à la première occasion. Celle que formaient Rosalynd et Jeremy Trenthan se défit, comme beaucoup d'autres d'ailleurs, par mon œuvre. Mais à la différence des cas précédents où le nœud se défaisait sans aucune conséquence à part quelque violent tremblement, quelque scène pénible, quelque mensonge, le mariage entre Rosalynd et Jeremy Trenthan s'écroula de manière désastreuse. Quand l'inspecteur des douanes – telle était sa qualification – découvrit (je n'ai jamais su exactement comment mais je présume qu'il s'était servi de son réseau d'informateurs et d'espions pour surveiller son épouse) que Rosalynd avait un amant et que l'amant c'était moi, il frappa au sang sa femme et me défia en duel. À part le fait qu'elle était belle et malheureuse auprès d'un mari pustuleux et que moi j'étais sensible à une situation comme celle-là et disposé à y porter remède, de Rosalynd Trenthan il ne m'importait guère. Et toutefois je ne pouvais me soustraire au défi qui m'avait été lancé sans me déshonorer. De sorte qu'un matin à la fin de l'été je rencontrai le douanier dans la lande et, comme il était prévisible pour un élève du maître Lafitte, je le tuai après n'avoir échangé que quelques coups d'épée. Il se trouve malheureusement qu'à cette époque-là les duels étaient strictement interdits et que le prince régent lui-même qui ne savait pas tenir une épée et enviait quiconque était capable de le faire, avait exercé des pressions sur la magistrature pour que l'on arrêtât et punît non seulement ceux qui étaient surpris en plein duel mais toute personne à propos de laquelle courait le bruit qu'elle s'était récemment battu en duel : cela dans la claire intention de faire place nette de ceux qui avaient l'habitude de ne pas croiser le fer par pur exercice. Je ne m'étais pas arrêté à mesurer les conséquences du duel avant de le livrer, mais maintenant que j'avais le corps de Jeremy Trenthan à mes pieds, ce corps auquel j'avais enlevé la vie sans toutefois avoir eu l'intention précise de le faire, je fus envahi par la peur de ce qui maintenant allait m'arriver, l'arrestation, le procès, la condamnation, de longues années à passer en prison, mon ardeur frustrée, mes désirs privés de toute satisfaction possible, cloué, enfermé derrière les barreaux pendant toute ma vie à venir. Je ne parvins pas à supporter cette pensée, je tournai le dos au cadavre et je m'enfuis. Voilà, mon histoire, celle qui compte, celle que je veux raconter en détail, commence avec cette fuite dont je devais inévitablement évoquer les raisons sans pour autant m'y attarder. Je fuis à travers la lande en ne sachant exactement où aller, sans prévoir que la décision de me soustraire aux conséquences du duel me conduirait loin de mon centre, d'abord à Londres où je rencontrerais Nina, la femme grâce à laquelle je comprendrais combien les demoiselles ou les dames que j'avais possédées avant elle comptaient peu pour moi et que je n'aurais jamais rencontrée s'il ne m'était arrivé de tuer le mari de l'une d'elles, ce pourquoi pendant longtemps je nourris un sentiment de gratitude pour Rosalynd et son époux, puis à travers le continent européen jusqu'à la ville de Venise.

Ah, dit Schultz, tandis que son regard se déplace brusquement du livre jusqu'à l'armoire sur laquelle le livre a été trouvé, où exactement à Venise ? Il fixe du regard le réceptacle de choses perdues qui dépasse de la niche, suffisamment grand pour héberger un homme qui parle de l'intérieur d'un livre. De même que Jacob confesse sa gratitude à l'égard de Rosalynd, de même Schultz est reconnaissant à son compagnon de ses mauvaises habitudes sans lesquelles qui sait combien de temps encore le livre serait resté sur l'armoire. Non seulement l'histoire de Jacob en soi qui ressemblant pourtant à d'autres histoires d'époque paraît avoir une singulière tournure canaille, mais aussi le fait qu'elle se situe dès les premières pages en Angleterre – pays que Schultz connaît bien – puis à Venise, comme on l'a annoncé et entrevu, pour ne pas parler de la façon obscure dont le livre est arrivé jusqu'à lui, semblent titiller subtilement son intérêt d'éditeur et lui donner aussi une sensation incertaine entre perplexité et surprise... Schultz réfléchit un moment, cherchant à comprendre d'où elle lui vient exactement. Ah, voilà, oui. Parmi les passages qu'il a lus peu auparavant pendant qu'il feuilletait le livre et que son regard se posait au hasard sur les pages, il y en avait un – la description peut-être plus magique que littéraire ou technique d'un petit palais, le vide qui soutient le plein, le reflet de la lumière sur l'eau d'un canal qui se confond avec la lumière d'une boule de cristal, une image qu'il n'avait alors pas ressentie pleinement mais qui l'avait néanmoins pénétré et était maintenant sur le point de se présenter à sa conscience – qui lui rappelle en quelque sorte le palais où il vit. Oui, lui aussi, il vit dans un palais comme celui-là... Schultz veut feuilleter le livre à la recherche de la page où il a lu ces lignes mais l'idée qu'il s'agisse du même palais lui semble trop extravagante pour pouvoir être prise au sérieux... Au fond des petits palais comme le sien à Venise il y en a des centaines... Paso Doble s'insère dans les réflexions de Schultz presque brutalement. Oh oui certes, il y en a par centaines, mais combien, observe-t-il, se trouvent près d'une église ? Schultz le regarde surpris. Il était question aussi d'une église ? Oui, continue l'autre, il était aussi question d'une église, et non seulement d'une église, mais aussi d'un gentilhomme vénitien grand, sec et amant de Mona, d'une belle demeure dans la campagne vénitienne où le gentilhomme emmène les jeunes dames que sa grâce et sa fortune lui permettent de séduire, de précieux objets orientaux et africains rapportés de ses voyages... Cela fait un bout de temps que j'y pense. Je me demandais quand tu t'en apercevrais. Eh bien, dit Schultz qui hésite entre perplexité et amusement, tout en repensant rapidement à ce qu'il a dit jusque-là, eh bien il est plus facile de croire qu'il y a abondance de gentilshommes vénitiens propriétaires de palais et de belles demeures à la campagne et amants de Mona que de croire que ce livre, oui... que ce livre... enfin tu comprends ce que je veux dire. Quant aux objets africains et orientaux, à part l'idole papoue que tu m'as cachée ils ne sont pas si précieux que cela. Schultz regarde de nouveau l'armoire. Une cloche sonne les heures quelque part. Ce qui paraît certain, dit Schultz, c'est que je passerai une soirée mémorable, peut-être pleine de surprises. Ce sera autre chose que de relire l'*Histoire des lupanars vénitiens*... Paso Doble se passe nerveusement une main sur les cheveux. Attends, dit-il. Il est dix heures et demie. Si je vais au lit après minuit je ne pourrai plus m'endormir... Pourquoi ne vas-tu pas te coucher à présent ? demande Schultz. L'autre fait avec ses mains un geste d'ennui... Primo, dit-il, parce que je ne parviens pas à m'endormir tant que dans la maison tout le monde n'est pas déjà en train de dormir. Je suis fait ainsi. Une vraie sentinelle. Secundo parce que si tu lis un livre sans mon contrôle tu le fais régulièrement devenir autre chose.

Moi ? Schultz lève son visage surpris. Comme la mère de Lola, continue l'autre, quand elle raconte un film. Schultz se met à rire. Elle est bien bonne celle-là. Est-ce que ce n'est pas toi qui as commencé à dénaturer ce livre en jetant là, comme si de rien n'était, l'idée que c'est de moi qu'il s'agit ? Et n'est-ce pas moi peut-être qui considère cette idée comme on ne peut moins extravagante ? Justement, confirme Paso Doble. C'est pourquoi je dis que c'est toi qui le dénatures. Schultz lui lance un long regard et reprend sa lecture.

... où s'attacherait à moi comme une sangsue ou un vampire vêtu de velours cet homme sans visage dont je parlais peu auparavant. Mais continuons. L'idée de rentrer à la maison ne me vint même pas à l'esprit. Je savais que bientôt on viendrait me chercher et que le squire qui n'avait nourri pour moi aucune sympathie comme je n'en nourrissais aucune pour lui, ne se ferait nul scrupule pour me livrer aux gardes. Je restai presque toute la journée caché parmi les arbustes puis, quand la nuit tomba, je me dirigeai vers Chetham décidé à m'en remettre à un ami, Brian Cage, qui avait été palefrenier chez mon père et qui m'avait toujours montré une certaine bienveillance. Les rues du village étaient désertes, de rares lumières brillaient çà et là dans les maisons, des voix s'élevaient au loin dans l'obscurité. Je frappais à la porte de Brian quand j'entendis le crieur public : « Avis à la population ! » criait-il en avançant lentement dans la rue une lanterne à la main. « Au nom de Son Altesse Royale le prince régent, le bourgmestre de cette ville offre une récompense de cinquante guinées à qui contribuera à la capture de

Jacob Flint, fils du squire Derek Robert Flint de Oakley Manor, accusé d'avoir tué en duel Jeremy Trenthan, inspecteur des douanes, de Goldstone Street, après lui avoir traîtreusement pris son épouse. » Comme je l'avais prévu, que le duel ait été régulier avec le nombre requis de témoins et que l'on ne pût nullement parler de traîtrise puisque Rosalynd Trenthan avait largement contribué à se laisser séduire, importait alors bien peu. On me recherchait comme un vulgaire assassin sans tenir compte de mon jeune âge ni des circonstances particulières dans lesquelles la mort du douanier était survenue. S'ils me prenaient ils me condamneraient sans aucune considération. Mais moi j'étais décidé à ne pas me faire prendre et, heureusement, l'homme auquel je m'étais adressé ne pensait pas différemment de moi.

– Vous avez entendu, master Jacob, me dit-il après que je fus entré dans sa maison, on vous donne la chasse. C'est la troisième fois que le crieur passe par cette rue.

Nous étions dans la cuisine de Cage, un veuf sur la soixantaine, avec deux jolies filles de mon âge ou à peine plus jeunes que moi qui à présent, en chemise de nuit, par la porte entrouverte de leur chambre, regardaient vers nous en se chuchotant quelques mots, peut-être en riant doucement entre elles. Leur présence, si discrète et riante, conférait au drame dans lequel soudain je me trouvais impliqué un certain degré d'invraisemblance, quelque chose qui permettait peut-être de penser que ce qui était arrivé était lointain ou irréel : je n'avais tué personne, personne ne me cherchait, demain je me retrouverais dans les bras de Rosalynd Trenthan ou peut-être ce soir même, dans ces yeux qui me regardaient intrigués, je trouverais l'occasion pour une nouvelle expérience. Je peinais à éloigner de ma conscience ce que je voyais et pressentais pour laisser place à ce qui était réellement arrivé.

– Je suis entre tes mains, Brian, dis-je. Tu peux me livrer aux gardes si tu veux.

Cage ferma les fenêtres de la cuisine pour éviter que quelqu'un pût me voir de l'extérieur et fit quelque pas vers moi.

– Ne dites pas cela, master Jacob. J'ai été palefrenier chez votre père pendant plus de trente ans et je le hais comme vous le haïssez. Je suis fier que vous soyez venu vous réfugier chez moi.

Un flot d'émotion m'empêcha pendant quelques instants de parler.

– Merci, Cage, dis-je ensuite, merci, mon ami. Mais je ne pourrai pas rester ici éternellement.

Je regardai vers les deux jeunes filles qui soutinrent un court instant mon regard jusqu'à ce que, intimidées, elles se retirent dans l'obscurité et disparaissent. À l'évidence je n'aurais pas été mal chez Brian même pour un certain temps. Mais je ne pouvais faire courir des risques ni à lui ni à sa famille. Peut-être suis-je un désœuvré mais je ne suis pas un inconscient.

– Vous pouvez rester cette nuit, master Jacob, dit Cage, il est trop tard pour vous chercher un refuge plus sûr que celui-ci. Mais avant demain j'espère pouvoir vous trouver un abri quelque part. Londres vous conviendrait-il ?

– Londres ou n'importe quel autre endroit pourvu qu'il soit loin d'ici.

— Non, ce doit être Londres et ce le sera. J'y ai un ami sûr. Il prendra soin de vous tant qu'on n'aura pas cessé de vous rechercher. Puis, qui sait... votre père... un bon avocat... quelques pièces ici ou là... On sait très bien comment finissent ces histoires dans votre milieu. Allons installez-vous confortablement... Je vais vous donner quelque chose à manger puis vous pourrez vous coucher.

Je mangeai, malgré tout avec bon appétit, je n'avais pas pris de nourriture de toute la journée, et Brian Cage me tint compagnie. Il me dit que je ne devais pas trop m'affliger pour avoir tué un homme comme Jeremy Trenthan. C'était une fripouille cruelle, une crapule. C'était lui qui avait dénoncé le beau-frère de Cage, un certain Sidney Markham, une pâte d'homme dont l'unique crime avait été de vendre le bateau du juge Pelhan comme si c'était le sien. Inspecteur des douanes, oui ! si seulement il s'était contenté d'être inspecteur des douanes ! mais lui il voulait être tout, policier, espion, vicaire, magistrat, soldat, tout ce qui impliquait un peu d'autorité lui faisait envie. Quant à son épouse Rosalynd elle avait déjà une renommée de fille légère avant de se mettre avec moi. Voyons. Des amants elle en avait eu beaucoup et le fait que Jeremy ne se fût aperçu que du dernier et non de ceux qui l'avaient précédé ne témoignait certes pas en faveur de son intelligence. La découverte que Rosalynd Trenthan s'était donné du bon temps avec d'autres hommes avant de me rencontrer me causa un léger sentiment d'agacement. J'étais secrètement convaincu à cette époque-là et peut-être le suis-je encore que j'étais doté d'un charme très rare et tout ce qui apparaissait comme un démenti à ma conviction me mettait dans l'embarras, me laissait un sentiment de malaise. Je sentis que j'étais tenté de défendre la renommée de Rosalynd du moins pour m'assurer le mérite exclusif d'avoir été moi et moi seul celui qui l'avait souillée. Mais je laissai tomber. Les circonstances demandaient une conduite différente et puis j'étais fatigué et je sentais un grand besoin de me reposer. Brian Cage me guida jusqu'à une chambre modeste mais propre et me quitta en m'invitant à dormir tranquillement. Je me déshabillai, me jetai sur le lit, restai quelques minutes à penser mais avant que le souvenir de ce qui était arrivé ce jour-là, la préoccupation de mon avenir, le trouble que me causait la proximité des deux jeunes filles, peut-être encore éveillées dans une chambre voisine, ne prennent le dessus sur ma fatigue et ne m'empêchent de dormir, je tombai dans un sommeil profond. J'ai toujours été porté à rêver et il ne faut donc pas s'étonner si, au terme de cette journée si différente des autres, cette journée qui avait si brutalement changé ma vie, le visiteur nocturne que je connaissais si bien et que jusqu'à ce jour j'avais cordialement reçu venait s'insinuer dans mon sommeil. Mais cette fois ce que je rêvai ne me plut pas. Je rêvai qu'une énorme mégère nue, grasse, ébranlée par une toux caverneuse s'était installée dans mon lit et tentait de me posséder. Je cherchais à la repousser, à défendre non mon improbable vertu, mais ma vie même, à trouver un espace pour respirer, mais elle parvenait à rendre vaines mes tentatives, je ne sais comment dire, en se gonflant, en dilatant son corps, en continuant à se reproduire, en tirant de son corps qui sait comment toujours plus de chair nouvelle, si bien qu'à chacun de mes mouvements je me trouvais suffoqué ou immergé dans ces chairs ravagées par le désir et par la toux. Je parvins à m'en libérer en me réfugiant sur le dessus d'une armoire, au milieu de la poussière qui habituellement se trouve sur les armoires et de vieux papiers, de lettres, de documents, de livres atterris là-haut qui sait comment.

Schultz et Paso Doble échangent un rapide regard.

Du haut de l'armoire je voyais cette chose informe en laquelle s'était transformée la mégère frustrée me regarder avec des yeux de pieuvre et je l'entendais au milieu de ses gémissements quintes de toux crachats et jurons siffler des menaces à mon égard, me dire, là, là-dessus, sur cette armoire tu resteras toute ta vie, immobile effrayé oublié assiégé, personne, pas même un miracle ne pourra te tirer de là et si tu sautes tu me trouveras en bas à t'attendre. Et de nouveau un flot de gémissements jurons quintes de toux. Mon libérateur fut un inconnu dont la tête apparut inopinément à la hauteur de mon refuge, il me prit, me descendit et commença à me dépoussiérer et à me demander ce que diable je faisais là-haut, comment j'y avais atterri...

Ombre de l'ingénieur Maringoni, dit Schultz, le cigare à présent éteint encore à la bouche. Cela me semble un peu trop pour être dû au hasard... De la main droite il se gratte une joue, enlève le cigare de sa bouche et l'écrase contre le cendrier posé au pied de la lampe.

Paso Doble reste dans une attente muette. On peut me taper dessus, dit Schultz, mais ce livre a quelque chose... Quelque chose comment ? demande l'autre. Un quelque chose que je ne sais définir, mais dès que je le saurai je te dirai ce que c'est. Cher vieil ami, dit Paso Doble, j'ai l'idée que quelle que soit cette chose elle ne me plaira pas. C'est ce que disait la noble madame Bragadin à propos de la mort, qui d'une certaine façon l'intriguait mais aussi la dégoûtait. Les dernières années elle allait tous les jours en bateau à Sacca Fisola pour méditer. On n'entre pas de cette manière dans la vie d'autrui sans une bonne raison, disait-elle. Il en est de même pour ce livre. On ne monte pas sans une bonne raison sur les armoires des autres... Ouais ouais, dit Schultz distraitement en reportant son regard sur le livre. L'autre a un mouvement agacé. Et ne dis pas ouais ouais, comme n'importe quel adolescent. Chez nous l'on dit oui, non, bien sûr que oui, ce que tu veux mais on n'utilise pas cette horrible expression. Ouais ouais. Il y a des mots, des locutions que je ne peux supporter. Je les connais, je les connais, dit Schultz. Je sais que tu les connais, admet l'autre. Je n'en ai jamais fait mystère. Même certains mots vénitiens. Je les évite comme j'évite les chats noirs, les taons, les papillons et les moustiques. Schultz lève le regard sur lui. Il m'en vient un à l'esprit, un d'excellent, dit-il. Si tu ne me laisses pas continuer je te le ressasse cent fois à l'oreille. Un exorcisme auquel tu ne pourras résister. Il pourrait te faire taire pendant un bon bout de temps... L'autre lève une main en signe de capitulation réticente. Non, non, dit-il tandis que Schultz reprend sa lecture.

... curieux plus qu'empressé mais sans jamais me faire comprendre clairement qui il était ni d'où il venait. Je me réveillai en sursaut et respirai soulagé quand je me rendis compte qu'il s'était agi d'un rêve et qu'il n'y avait pas trace dans la chambre de cette mer de chair qui l'avait occupée peu auparavant. Je me rendormis, cette fois d'un sommeil apaisé qui dura jusqu'au matin quand je fus réveillé par une voix qui chantait une chanson dont je me rappelle encore les premiers vers « Rumine au fond de toi[1] quelque doux petit mot, tout en l'entrelaçant avec quelque soupir... » C'était une des filles de Brian qui était en train de chanter d'une belle voix limpide mais tenue sur les tons bas d'une berceuse utilisée à l'envers comme si celle qui chantait voulait me réveiller avec délicatesse. « Rumine au fond de toi quelque doux petit mot, tout en l'entrelaçant avec quelque soupir... » Je restai à l'écouter pendant quelques minutes. Y avait-il un contenu érotique dans cette chanson ou était-ce moi qui le lui attribuais ? Je me levai, me lavai en hâte et sortis de la chambre. Le bruit de la porte qui se fermait fit s'interrompre la chanson d'un coup. J'entrai dans la cuisine. Les deux filles de Brian étaient là. L'une, Mary, coupait du pain, l'autre qui étrangement s'appelait Rosalynd comme Rosalynd Trenthan, était en train de poser sur la table le pot à thé rempli d'eau bouillante. Elles rougirent en me voyant et me saluèrent intimidées. Elles étaient toutes les deux très belles, encore plus belles que je ne les avais trouvées la veille au soir quand je les avais vues m'épier de la porte de leur chambre. Blondes toutes les deux, une épaisse chevelure, l'attitude timide et en

1. Le pronom est féminin dans le texte.

même temps pleine de dignité si commune aux gens du peuple quand ils vont offrir quelque chose à quelqu'un qui appartient à une classe supérieure à la leur. Ah la vie, pensais-je en les regardant, que d'occasions contradictoires elle m'offrait ! Peu auparavant elle m'avait tourné le dos, à présent elle venait de nouveau à ma rencontre tout sourire sous les traits de ces délicieuses jeunes filles. « Où est votre père ? » demandai-je. Elles m'expliquèrent qu'il était en train de s'occuper de moi, de ma fuite et que le soir même je pourrais quitter avec une relative tranquillité leur maison et rejoindre Londres. On me recherchait dans toute la région et non seulement la police mais encore les dragons de la garnison voisine étaient chargés de me donner la chasse. Brian ne reviendrait pas avant le soir... Oh, oh, commençai-je à penser de nouveau... Mais je n'eus pas le courage de saisir cette occasion-là. Non, je ne pus par respect pour Brian qui si généreusement s'était mis à ma disposition, et aussi à cause d'une certaine résistance de ma part qui m'empêchait de faire une brève et probablement désastreuse irruption dans la vie de ces deux créatures. Nous passâmes ensemble une journée difficile. Cachée, sous-tendue dans les bavardages banals et pourtant agréables que nous échangions la possibilité que je m'étais refusée était toujours présente. Elle remontait à la surface de temps en temps rappelée par un mot ou par un regard, elle flottait autour de nous comme un souffle frémissant, prenait le parfum et la saveur de nos désirs. Nous nous étreignions mutuellement en pensée, moi je sentais leur humidité comme elles devinaient ma densité, les jupons volaient au loin arrachés, les corps roulaient, de leur côté aussi elles atteignaient des audaces bien plus impudiques que celles que nous aurions atteintes si nous avions pu nous aimer réellement. Une journée pénible remplie de déchirements. Quand Brian revint nous étions épuisés et frustrés. Brian fit signe à ses filles de le suivre, il entra dans leur chambre et peu après en sortit seul en tenant dans ses mains une robe et un manteau de femme.

– Déshabillez-vous et enfilez ces choses, master Jacob, dit-il, sous peu nous nous en irons. Dehors il y a une vieille voiture qui nous attend.

Ah était-ce donc là le moyen de fuir que le palefrenier m'avait préparé ?! Je me déshabillai et pendant que Brian rangeait mes vêtements dans un sac j'enfilai la robe et posai sur mes épaules le manteau à capuchon.

– Vous avez vraiment l'air d'une belle fille, dit Cage, même si les vêtements vous sont serrés et courts. Dans l'obscurité on vous prendra pour une de mes petites.

– Alors partons, Cage, partons.

L'idée d'arriver à Londres vêtu en fille ne me plaisait guère mais encore moins l'idée de ne pas y arriver du tout. Je sortis de la maison sans revoir les deux jeunes filles mais avec la sensation de laisser derrière moi comme un vide, un regret pour quelque chose de perdu. Nous montâmes dans la voiture et prîmes le chemin de Londres. Nous étions sortis du village depuis environ une heure quand nous vîmes au loin des lumières, nombreuses, trop nombreuses pour être celles d'un petit groupe de passants.

— Des dragons, dit Cage au bout d'un moment. Ils viennent vers nous. Ce sont les hommes qui vous cherchent, master Jacob.

Je ressentis un frisson de peur.

— Pouvons-nous les éviter ? chuchotai-je.

— Non, répondit le palefrenier, autant les affronter tout de suite.

Il tira de sa poche quelque chose et me le donna.

— Mettez ce morceau de tabac dans la bouche et faites semblant d'avoir mal aux dents. Pour le reste laissez-moi faire.

La voiture roula lentement pour aller à la rencontre de ces lumières qui semblaient menaçantes et d'une certaine façon inéluctables

quand tout à coup, le trot du cheval, le grincement des roues, l'obscurité de la campagne, l'attention, l'intensité même avec laquelle Schultz en lisant suit cette scène nocturne, sont transpercés, perforés par un son déchirant, incongru et insolent : le téléphone a sonné dans la chambre de Schultz. Schultz pose le livre sur son lit et allonge la main vers le prie-dieu sur lequel le téléphone continue à sonner exaspéré.

— Allô, dit Schultz.

— Schultz, ici Baffi, lui répond une voix.

— Baffi ? Que veux-tu, Baffi, à cette heure-ci ?

L'intérieur d'un restaurant presque obscur avec les jeux d'ombres et de lumières qui se forment dans de tels lieux quand ils sont déserts, quand tous les clients s'en sont allés, les lumières presque toutes éteintes, le sol couvert de sciure, les tables poussées et mises l'une sur l'autre, le comptoir nettoyé, les bouteilles derrière le comptoir comme endormies sur les étagères, les petits poulpes, les œufs mollets, les anchois, les haricots assaisonnés, les petits artichauts violets qui invendus sont enfermés dans des vitrines comme les joyaux de la couronne, le patron qui se prépare à fermer et à rentrer chez lui. C'est l'heure où les restaurants vénitiens, beaux déjà pendant la journée, deviennent très beaux comme les femmes que l'on voit se déshabiller à travers une fenêtre. Le restaurant dont on parle n'est d'ailleurs pas aussi désert qu'il peut sembler à première vue. Pour le moment dans un coin du sol épargné par la sciure il y a un homme étendu, un corps d'une longueur démesurée, aux cheveux longs lisses et tout blancs, un personnage vêtu de sombre élégant et noble même si la position dans laquelle il est vu n'est nullement convenable, qui à présent forçant sur le coude de son bras droit tente sans y parvenir de se lever. Un peu plus loin derrière le comptoir, le téléphone à la main, il y a Baffi, le patron. Il est en train de parler.

— Ton père est tombé par terre, Schultz.

— Tombé par terre ?

— Oui.

— Est-il ivre ?

— Non, non. Il est tombé, comme ça.

— Que veut dire : il est tombé ? Il s'est fait mal ?

— Non, il ne s'est rien fait.

— Eh bien, relève-le alors.

— Il ne veut pas. Il dit que c'est la première fois de sa vie qu'il tombe. Tu sais comment il est. Ou il se lève tout seul ou il reste là.

— ?

— ... et qu'est-ce que je fais moi s'il ne se relève pas ? Je reste là toute la nuit à lui tenir compagnie ? Si tu viens, tu le convaincras peut-être de se faire aider.

— Mais je suis sur le point de me coucher, Baffi.

— Moi aussi je veux aller me coucher. Mince ! Je t'avertis que si tu ne viens pas je l'enferme ici dedans.

— ?

— Alors ?

— D'accord, Baffi, je viens.

Schultz s'est levé du lit et il enfile maintenant son gros manteau. Le livre est resté là où il l'a laissé, à une autre époque, avec les lumières des dragons qui avancent vers la carriole et la carriole qui avance vers les lumières des dragons. Que de choses peut contenir la page d'un livre, pense Schultz : une carriole sur laquelle se trouvent deux hommes tirée par un cheval, une patrouille de dragons, des lanternes, des fanaux, des gens qui cherchent et des gens qui sont recherchés, la campagne anglaise. Il retourne vers le lit, prend le livre et se dirige vers la porte. Que fais-tu ? lui demande Paso Doble. Tu l'emportes ? Tu continues à le lire en chemin ? Je l'enferme quelque part, dit Schultz. Il ouvre la porte et sort dans la grande salle du palais. La salle est sombre, éclairée seulement par la lumière extérieure qui filtre à travers une série de fenêtres à demi fermées. C'est une lumière presque inexistante, neigeuse et sombre. La table de ferme, le grand bureau, les autres meubles de la pièce sont des choses informes qui restent cachées : on les devine plus qu'on ne les voit. Tu n'as pas confiance en moi, hein ? rit Paso Doble qui a suivi Schultz dans la salle. Je ne veux pas te tenter, dit Schultz. Tu serais capable de le cacher ou carrément de le jeter. Il allume une lampe sur un meuble, un bureau espagnol du XVIIe siècle plein de tiroirs, de pendeloques, heurtoirs, clefs et marteaux. Eh bien, dit Paso Doble, peut-être pas. Peut-être que dans ce cas je devrais suspendre mes opérations de commando. Schultz ouvre un tiroir et y enferme le livre à clef. Ce n'est pas que ce livre ne m'inspire pas quelque répugnance, continue l'autre, comme me répugnent toutes les choses mystérieuses... Il élève soudain la voix. C'est comme si, dit-il, comme s'il avait été écrit par un de ces êtres qui rien qu'à les approcher vous font venir la peste, le choléra, la gale ou la chair de poule. Mais je ne nie pas qu'il m'intrigue. Je veux savoir moi aussi jusqu'à quel point il te concerne. Il se met tout à coup à chanter d'une belle voix de baryton et sur un air inventé à l'instant : « Rumine au fond de toi quelque doux petit mot tout en l'entrelaçant avec quelque soupir, garde bien ton secret jusqu'au matin tantôt, de ton secret ne va alentour discourir. » Schultz marche vers la porte. Il semble que tu le connaisses, dit-il. Non, non, répond l'autre. Des vers improvisés. Ils lui donnent je ne sais quelle touche. Il ouvre la porte à Schultz. Sois tranquille, dit-il. Je ne forcerai pas le tiroir. Tout le monde connaît mon respect pour les antiquités, surtout de l'époque baroque. Schultz sort en fermant la porte derrière lui et il est aussitôt assailli par des embruns de neige et par le vent qui tourbillonnent ensemble dans la cour, de haut en bas de l'escalier de marbre et autour du puits. Un moment après Schultz est dehors et se dirige vers le restaurant de Baffi poursuivi par la même neige et le même vent.

Dans le restaurant de Baffi, le vieux monsieur, c'est-à-dire le père de Schultz, encore étendu à terre, est en train de faire une autre tentative pour se lever. Il appuie le poids de son corps sur son bras droit plié en équerre, fait un demi-tour sur lui-même, met son bras gauche dans la même position que le droit, soulève un peu son bassin, courbe le dos, force sur ses avant-bras et donc sur ses mains avec l'intention de se donner une poussée de bas en haut et de sauter sur ses pieds. Au contraire à la moitié de son mouvement il s'écroule à terre épuisé. Ce n'est pas qu'il ait mal en quelque partie de son corps mais c'est ainsi, il tombe, ainsi, sans douleur, comme sans force. Baffi, les coudes appuyés sur le comptoir et les mains sous le menton, le regarde d'un air somnolent. À présent le vieillard cherche à retrouver son souffle avant de faire une autre tentative.

— Le malheur, Baffi, dit le vieil homme, c'est qu'il s'agit là d'une chute symbolique. Ce n'est pas seulement mon poids que je dois relever, mais c'est le poids de ce symbole et toute mon amertume.

— Des amertumes j'en ai eu moi, répond Baffi, mais elles ne m'ont jamais empêché d'accepter que l'on me relève quand je tombais.

— Si je n'y arrive pas tout seul je suis un homme fini... J'aurai perdu le droit d'être considéré comme un monument vénitien à l'égal des chevaux de Saint-Marc ou du Colleoni de San Giovanni e Paolo.

— Peut-être que si tu ne parles pas tu y parviendras mieux.

Le vieillard a un sursaut d'agonie comme un poisson mis encore vivant sur le feu et un instant après il est enfin debout : deux mètres de stature, d'élégance, de beauté, le visage couleur de cuir, les cheveux longs lisses et blancs qui lui tombent sur le front, non pas triomphant mais discret, tranquille, aristocratique comme si rien n'était arrivé : il prend déjà ses distances avec ce vieil homme qui jusqu'à il y a un instant était étendu à terre impuissant. Baffi en applaudissant sort de derrière son comptoir.

— Enfin. Le plus beau *vecio*[1] de Venise s'est remis debout.

1. Forme dialectale vénitienne pour « vieillard ».

Le vieillard passe une main sur son costume bleu marine pour enlever quelque poussière de sciure irrespectueuse, boutonne son gilet qu'il avait ouvert pour se redresser plus facilement et fait signe à Baffi de lui donner son manteau. À ce moment-là Schultz entre dans le restaurant.

— Il n'y a rien de plus triste, dit le vieillard, qu'une statue tombée à terre.

— Messieurs on ferme, dit Baffi. Voici ton fils qui arrive.

Schultz semble irrité.

— Je savais bien, dit-il, que je viendrais pour rien.

— Pardon, Schultz, mais il a mis quarante minutes pour se relever. Je croyais vraiment qu'il n'y parviendrait pas.

— Ce n'est pas moi qui t'ai fait venir, dit le vieil homme, au contraire. J'avais interdit à Baffi de t'appeler.

Le vieillard enfile son manteau, le boutonne jusqu'au cou, met les mains dans ses poches. C'est un beau manteau chaud, bleu marine, avec des manches raglan, un pied de col haut et épais, fait certainement sur mesure parce que la stature du vieillard n'est pas de celles que l'on peut habiller avec des costumes ou des pardessus de série même dans les grandes tailles. Schultz regarde à présent son père d'un air satisfait. Il est vraiment le plus beau *vecio* de Venise, il le prend sous le bras (il a sûrement fait les quatre cents coups dans sa jeunesse) et se dirige avec lui vers la porte vitrée pendant que Baffi, derrière eux, éteint l'unique lumière du restaurant restée allumée jusqu'à cet instant.

— Viens, dit Schultz, je t'accompagne chez toi.

— Mais oui, faisons quelques pas.

— Tu ne devrais pas être dehors à cette heure-ci et par ce temps.

— Et pourquoi cela ? J'écoute.
— Au revoir Baffi.
— Bonne nuit.

Le restaurant de Baffi se trouve sur le campo[1] dei Tre Ponti près du piazzale Roma, entre la fondamenta[2] dei Tabacchi et celle qui autrefois était la fondamenta Sant'Andrea et dont on ne sait aujourd'hui ce qu'elle est sinon un prolongement de l'horrible piazzale, lequel au lieu d'avoir honte de lui-même et de se cacher tend de manière arrogante à se répandre, à couvrir les canaux qui ont la malchance de couler près de lui, à envahir les cours des maisons et à les transformer en garages de Mestre. Même à présent, alors que Schultz et son père sortent du restaurant et que Baffi baisse le rideau, le piazzale semble continuer furtivement son expansion en montrant, là où autrefois il y avait un rio, un terre-plein de ciment rempli de voitures toutes renfrognées à cause du froid et couvertes de neige, de culs d'autocars en position d'attente et de repos, de pompes à essence. Toutefois le campo que personne, qui sait pourquoi ? n'a jamais véritablement considéré du point de vue esthétique est, avec son dessin triangulaire, d'une grande beauté ; il rappelle d'une certaine manière un tableau de De Chirico voire peut-être une section d'échiquier le long de laquelle, à présent, comme un cavalier et une tour, Schultz et son père avancent vers les ponts. Il a aussi l'air d'une plaine de l'esprit parcourue de pensées hâtives.

— Comment se fait-il que tu sois tombé ? demande Schultz.

1. Un *campo* est une place à Venise.
2. Une *fondamenta* est un quai longeant un canal.

— Je ne sais pas. Je me suis soudainement retrouvé à terre, lourd comme l'un de mes blocs de marbre. Quelqu'un doit m'avoir donné, pour ainsi dire, une poussée métaphysique.

— Je comprends. Cela arrive souvent par ici.

— Ne fais pas l'idiot. Je suis en train de parler sérieusement.

— Et pourquoi ne t'es-tu pas fait aider ?

— Oh allons ! Cette question je peux l'attendre de Baffi mais pas de toi.

Le vieillard semble perplexe, comme s'il était en train de repenser à ce qui lui est arrivé peu auparavant. Il s'arrête sur les marches du pont en forme de trident qui conduit dans différentes directions, droit au Gafaro et aux Tolentini, à San Pantalon et au-delà, à droite aux Carmini et aux Zattere, à gauche à la gare et à Cannaregio.

— Que j'aime ce pont, dit-il de manière inattendue.

Et puis, tandis que la neige tournoie autour des deux hautes silhouettes immobiles, comme dessinées sur les marches, il ajoute :

— Tu sais, ce n'est pas que le restaurant de Baffi me plaise tant que cela. C'est le pont que je viens voir. Regarde-le. Il va simultanément dans toutes les directions. Comme moi.

— Bien sûr, dit Schultz, c'est pour cela que tous les deux vous êtes toujours immobiles.

— Tu n'es pas tenu de faire le malin chaque fois que tu ouvres la bouche, réplique le vieillard en recommençant à marcher. Et pourtant…

Il s'arrête après quelques pas, regarde autour de lui.

— Et pourtant, dit-il, je continue à me demander pourquoi je suis tombé par terre, ce qui exactement m'a fait tomber.

— Puis-je, demande Schultz, hasarder l'hypothèse d'un malaise passager ou est-ce trop banal pour quelqu'un comme toi ?

— Ces choses n'arrivent pas par hasard, continue le vieillard sans lui prêter attention. Il doit y avoir une raison. Cela fait un bon bout de temps que nous ne nous voyons pas, non ? Et à présent nous sommes ici tous les deux, ensemble. Si je n'étais pas tombé, si Baffi ne t'avait pas appelé nous ne nous serions pas vus pendant qui sait combien de temps encore... Ces choses, je le répète, n'arrivent pas par hasard. Il y a des actes qui précèdent nos désirs inconscients et les révèlent... Peut-être voulais-je te voir... Peut-être voulais-tu me voir ? Voulais-tu me voir ? Dis-moi, voulais-tu me voir ?

— Non, dit Schultz.

— Ni moi pour ce que j'en sais, continue le vieillard qui n'est en rien frappé par la sèche réponse de son fils. Pour ce que j'en sais je ne pensais pas le moins du monde à toi... Et pourtant, tout ce qui est arrivé ce soir doit avoir une raison...

— Oh arrête, papa.

Schultz prend le vieillard sous le bras et recommence à marcher. Ils ont laissé les Tre Ponti derrière eux et à présent avancent le long du rio del Magazen vers le Gafaro, nom d'une ancienne famille vénitienne aujourd'hui éteinte mais qui autrefois habitait dans les parages.

— Qu'étais-tu en train de faire, demande le vieil homme, quand Baffi t'a appelé ?

— Je lisais un livre.

— Un livre ? Quel livre ?

— Un livre que j'ignorais avoir à la maison. Schultz hésite un peu. Un livre trouvé sur une armoire.

— Une armoire ? Ah ça alors… Et comment a-t-il atterri là ?

— Oh je ne sais. J'ai un alter ego désordonné et contrariant. Je suppose que c'est lui qui a dû le mettre là-haut même s'il le nie.

— Tu n'es pas encore parvenu à t'en libérer, hein ? dit le vieillard. Et pourtant tu as devant toi l'exemple de ma vie… Je les ai tous chassés, moi, les casse-pieds, tous un par un… Ce n'est pas que j'en aie rencontré beaucoup, grâce à Dieu…

Tout à coup il se tait, hausse les épaules puis, comme si malgré cette vantardise il avait suivi un cours souterrain de ses pensées, il dit :

— Un livre trouvé sur une armoire ne peut être là par hasard.

— Mon Dieu, dit Schultz à défaut de mieux.

— Comment s'intitule ce livre et qui l'a écrit ?

— Je ne le sais pas. Il n'y a pas de titre et encore moins de nom d'auteur… C'est un vieux livre déchiré et aux feuillets déliés… Il manque des pages çà et là…

— Ah. Le vieil homme lance à son fils un coup d'œil étrange. Et de quoi parle-t-il ?

— C'est trop tôt pour le savoir exactement… Il est situé en Angleterre, peut-être dans la seconde décennie du siècle dernier… Jusqu'à présent l'unique repère temporel est l'allusion à un prince régent et si je ne me trompe il y en avait un en Angleterre dans la seconde décennie du XIXe siècle… Mais il n'est pas dit qu'il ait été écrit alors.

Il s'interrompt. Il continue à marcher en silence pendant quelques instants.

— C'est vrai, dit-il ensuite, ce pourrait être n'importe quel livre, mais je ne sais, peut-être ne l'est-il pas.

Peut-être y a-t-il quelque chose, quelque chose qui ne le rend pas tel.

Le vieillard semble maintenant, plus qu'intrigué, étrangement tendu, attentif. Et cette attitude est d'autant plus étrange, pense Schultz, chez un homme tel que son père qui n'aime que parler de lui-même et avec lui-même, un de ces personnages irritants qui quand ils posent une question à quelqu'un ne se soucient guère de la réponse. Une question posée à autrui est un incident temporaire, la rupture très brève d'une logique qui tend immédiatement à se recomposer. À l'inverse de maintenant...

— Quelle chose ? demande-t-il.

— Des sensations, dit Schultz, peut-être quelque chose de plus... L'impression de faire de manière obscure partie moi aussi de ce livre... que le livre d'une certaine manière me connaît. Voilà... Je ne peux rien te dire de plus précis sauf qu'en le lisant, comment dire ? je m'embrouille beaucoup. Il me donne une sorte d'anxiété joyeuse, il déchaîne mon imagination... Je pourrais me tromper, mais il y a çà et là des choses, reflets, ombres, certainement pas en parfaite symétrie, que, tout en sachant que c'est absurde, je sens confusément comme miennes... jusqu'à un rêve qui semble finir dans ma chambre, justement sur le dessus de l'armoire où j'ai trouvé le livre. Je dis bien, je pourrais me tromper, mais que m'importe ?

Le vieil homme relève un peu plus le col de son manteau autour de son cou, passe une main sur ses cheveux humides de neige, une deux fois, soudain haletant comme si son rythme intérieur de statue avait subi un brusque sursaut. Il se tait. Il marche l'air absorbé aux côtés de Schultz, enfonce ses mains dans les poches de son manteau. Peu après père et fils s'arrêtent sous un petit palais rouge à deux étages qui sert de ligne de partage entre une longue fondamenta et une large calle. Les fenêtres du palais donnent sur la courbe du canal. Amarrée au bord il y a une grosse barque recouverte d'une bâche. Le vieillard est arrivé chez lui. Il enfile une clé dans la porte.

— Tu as dépassé la trentaine, n'est-ce pas ? demande-t-il à son fils.

— Oui, dit Schultz, depuis quinze ans.

— Depuis si longtemps ? Je ne te croyais pas si vieux. Quarante-cinq ans. Cela veut dire que c'est arrivé il y a plus de quarante ans.

— Qu'est-ce qui est arrivé ?

— Ah, les livres, continue son père comme s'il n'avait pas entendu la question, certains livres sont vraiment des mystères...

— Que veux-tu dire ?

— Ah, je ne sais pas. Laisse-moi y réfléchir un peu. Cette histoire me rappelle quelque chose. Bonne nuit.

Il ouvre la porte et entre. Pendant un moment encore il regarde vers la rue.

— Retourne à l'endroit où tu étais quand Baffi t'a interrompu.

Schultz regarde en souriant la porte qui se ferme derrière son père. Il n'a pas pris très au sérieux ses propos. Il le connaît trop bien... La très brève rupture d'une logique qui tend immédiatement à se recomposer. Pas seulement, mais aussi un profond sentiment de possession pour tout type d'expérience, surtout les expériences d'autrui. Toujours disposé à n'importe quel jeu de prestige. Schultz tourne le dos au palais et se remet à marcher dans la neige en direction de sa maison.

Dans la campagne anglaise nocturne cachée dans le livre la voiture de Cage a atteint le poste de contrôle des dragons. Un officier lève sa lanterne sur le vieillard qui tient les rênes du cheval et sur la fausse jeune fille au visage enflé qui est assise à côté de lui. Un soldat contrôle la voiture. Schultz, revenu chez lui, a retiré le livre du tiroir et a repris sa lecture.

La voiture avança lentement à la rencontre de ces lumières qui paraissaient menaçantes et d'une certaine façon inévitables et quelques instants plus tard elle s'arrêta devant les lanternes d'une patrouille de dragons que commandait un officier. Cage ne s'était pas trompé. C'était l'un de ces postes de contrôle mis en place dans la région par ceux qui me recherchaient.

– Qui êtes-vous ? Où allez-vous ? demanda l'officier.

Cage le regarda avec un calme que je ne parvenais pas à atteindre. Je tremblais dans mon manteau mais, heureusement, pas jusqu'au point de perdre la tête. J'eus en effet la présence d'esprit de mettre ma robe bien en vue et de cacher de la main, mais sans exagération, exactement comme l'aurait fait une jeune fille désireuse de masquer une imperfection de son visage, ma joue enflée grâce au tabac que je tenais entre les dents.

– Je m'appelle Cage, je suis le palefrenier, disait pendant ce temps mon ami, je conduis ma fille Mary à Londres chez un dentiste.

– N'y a-t-il pas de dentiste à Chetham ?

– Oui, il y en a, répondit Cage. Il y en a trois. Mais l'un ne vaut rien, le deuxième encore moins.

Le troisième je ne le connais pas, mais on dit qu'il a mauvaise haleine et que ses dents sont gâtées. Vous comprendrez...

Tout en l'écoutant, le soldat examinait l'intérieur de la carriole à bord de laquelle Brian n'avait chargé qu'un sac où étaient rangés mes vêtements soigneusement recouverts d'un paquet contenant des fruits, du fromage et du pain, exactement ce qu'un paysan en route pour Londres et décidé à éviter les tavernes trop dispendieuses de la capitale aurait emporté avec lui pour un court séjour. L'inspection dura quelques secondes puis le soldat dit que tout était en ordre et que nous pouvions aller notre chemin.

– Il s'est passé quelque chose ? demanda Cage donnant une touche finale à une scène si bien jouée.

– Rien qui te regarde, répondit l'officier. Tu peux y aller, vieil homme.

Brian donna un coup de rênes sur la croupe du cheval qui reprit la route. Je poussai un soupir de soulagement. Le premier poste de contrôle avait été passé et il n'y avait pas de raison de croire que la comédie de la rage de dents jouée par Cage, plus que par moi, avec une admirable désinvolture, serait moins efficace si nous étions arrêtés une nouvelle fois. Mais personne ne nous arrêta. J'avais laissé derrière moi pour toujours peut-être ceux qui me donnaient la chasse. Après Rochester, je me libérai de cet embarrassant vêtement féminin et remis mes habits. L'aube pointait à notre arrivée à Londres. Nous entrâmes en ville par Glengall Road, Willow Walk, Tower Bridge Road, le Tower Bridge et nous descendîmes jusqu'aux docks près desquels vivait le capitaine Viruela. Nous laissâmes la voiture dans une écurie et gagnâmes la maison du capitaine. Nous entrâmes sans frapper - la porte était ouverte - et nous nous retrouvâmes dans une vaste pièce aux meubles frustes et massifs des tavernes, pleine de cuves aux parfums de vin et de whisky, encombrée de sacs de marchandises en tout genre. Viruela était encore dans son lit et nous dûmes attendre son réveil.

– Qui est le capitaine Viruela, Cage ? demandai-je à mon compagnon. Que fait-il ? Comment vit-il ?

– Qui est-il ? demandez-vous, master Jacob. Que fait-il ? dites-vous. Il est juste que vous vouliez le savoir. Très juste. Mais il est plus facile de poser cette question que d'y répondre. Vous me comprenez ?

– Non. Pourquoi dis-tu qu'il est difficile d'y répondre ?

– Vous ne croyez pas, master Jacob, dit Cage, que je pourrais vous confier aux soins d'une personne de votre rang, d'un gentilhomme ? Le capitaine Viruela est un excellent marin mais, aux yeux de la loi, imaginez-vous qu'il est considéré comme un criminel parce qu'il fait un peu de contrebande avec la France. Si on l'attrape, on lui coupe la tête.

– Il est recherché lui aussi ?

– Je ne sais pas, je crois que non. Mais par ici tout le monde est plus ou moins recherché... Ne vous faites pas de souci. On sait comment ne pas se faire prendre. De toute façon le capitaine Viruela sera ravi de vous rencontrer.

À ce moment-là, Viruela entra en ajustant son pantalon. C'était un homme petit, âgé, mais costaud, avec des bras et des épaules puissantes. Il avait un visage méditerranéen, d'Espagnol ou de Maure, d'une couleur noir de fumée, un anneau à l'oreille droite. Sur une de ses épaules était posé, selon l'usage de nombreux marins pirates et contrebandiers de l'époque, un perroquet aux longues plumes bigarrées.

– Ravi, tu parles ! Cage, dit-il en me lançant un regard. Avec tous les problèmes que j'ai tu m'en apportes un de plus. Qu'est-ce que j'en fais de celui-là ?

– Eh bien, capitaine, dit Cage, master Jacob pourra vous aider. Il ne restera certainement pas les bras croisés.

Non, je n'avais aucune intention de rester les bras croisés mais je n'avais pas non plus la moindre idée de ce que je pourrais faire pour l'homme auquel j'étais en train de demander l'asile. Je m'efforçais de penser à ce que j'aurais pu proposer quand, tout à coup, le perroquet posé sur l'épaule de Viruela s'éclaircit la gorge et s'exclama d'une voix parfaitement intelligible :

– Eh, toi, tu connais Molly Jackson ?

Je me mis à rire.

– Non, dis-je, je ne la connais pas.

Viruela sembla ne pas avoir entendu la question du perroquet ni ma réponse non plus. Il me regardait distraitement.

– Que sais-tu faire, jeune homme, demanda-t-il, à part enlever les femmes des autres et en trucider les maris ?

– Eh bien, m'apprit le perroquet qui semblait suivre un ordre de pensée différent du nôtre. C'est une fieffée putain.

J'aurais volontiers poursuivi avec lui la conversation mais il me paraissait plus urgent de répondre à Viruela.

— Je suis un artiste, dis-je, je joue du violon et du clavecin, je compose des sonnets, j'ai du talent pour le dessin et la peinture.

— Comme tu vois, on a vraiment besoin d'artistes par ici.

— Eh, toi, tu connais Molly Jackson ? répéta le perroquet.

— Toi, tais-toi, dit Viruela à l'animal qui parlait du haut de son épaule.

J'avoue ma curiosité et combien à ce moment-là, plus que toute autre chose, je brûlais de savoir qui était la femme dont parlait l'oiseau.

— Qui est Molly Jackson ? me hasardai-je à demander.

— Une fieffée putain, répondit Viruela. Bernie que voici lui en veut à mort. Cela fait quinze ans qu'il l'insulte.

Il prit le perroquet d'une main et le lança à travers la pièce. L'animal vola pesamment en criant et en soufflant, s'engouffra dans une porte et disparut.

— Il faut aussi prendre en compte, dit Brian Cage, que l'homme tué par master Jacob était un douanier.

— Ah oui ?

Pour la première fois, le capitaine Viruela sembla me témoigner un certain intérêt.

— Et qui était-ce ?

— Trenthan. Jeremy Trenthan, l'inspecteur.

— Celui à la figure pleine de pustules ?

— Celui-là même.

Viruela se mit à rire et me donna une chiquenaude affectueuse sur la joue.

— Et pourquoi ne l'as-tu pas dit tout de suite ? Il est évident que cela change tout à présent. Quiconque tue un douanier sera toujours le bienvenu dans cette maison.

J'avais été accepté et une fois de plus je devais remercier Brian non seulement de m'avoir conduit dans ce lieu, mais aussi d'avoir su dire au moment opportun les mots qui devaient vaincre la réticence première du capitaine. J'embrassai le vieux palefrenier et le priai de laisser passer quelques jours puis de faire savoir à ma mère que j'étais en sécurité sans lui révéler toutefois où je me trouvais. Certes, je ne me méfiais pas d'elle, mais ma mère avait coutume de parler dans son sommeil - c'était comme cela que l'histoire du bohémien avait été connue - et je craignais que de la même façon le squire vînt à savoir où j'étais et me fît chercher pour me faire payer ma dette.

Je me trouvai sur-le-champ à mon aise en compagnie du capitaine Viruela et de ses amis, contrebandiers voleurs et putains dont le mode de vie, peut-être à cause de mes origines bohémiennes, était bien plus proche du mien que celui du milieu dans lequel j'avais grandi. Viruela avait mis à ma disposition une chambre de sa maison où je pouvais faire ce que bon me semblait, aller et venir, recevoir des visites. Je ne courais aucun risque à me déplacer dans les rues du quartier, qui était une sorte d'îlot peuplé de malfaiteurs où les lois étaient bien différentes de celles qui réglaient la vie du reste de la cité, un territoire souverain où n'osait s'aventurer aucun policier venu de l'autre côté de la frontière. Viruela appartenait à une organisation de contrebandiers qui opérait entre l'Angleterre et le continent, particulièrement en France et en Hollande. Il importait des vins français en Angleterre et exportait en France du whisky écossais. Je ne sais exactement quels liens commerciaux il entretenait avec les Pays-Bas. Il avait navigué de nombreuses années comme commandant d'un navire de contrebande et y avait gagné ses galons, puis l'organisation l'avait, pour ainsi dire, promu à un poste moins périlleux et plus prestigieux et il dirigeait à présent à Londres le trafic du whisky écossais outre-Manche. Il était d'origine espagnole et, malgré son air d'assassin sarrasin, c'était un homme à l'âme noble et aux manières raffinées qui inspirait bienveillance et respect. Il me fit connaître plusieurs personnes, parmi lesquelles un certain capitaine John Rottenbury, fameux contrebandier qui obtiendrait plus tard une réputation posthume supérieure à celle dont il jouissait de son vivant, grâce à la publication d'un journal intitulé *Memoirs of a smuggler*, dans lequel il racontait jour après jour les vicissitudes et les émois de sa vie de hors-la-loi. Je le mentionne car le capitaine Rottenbury, en partance pour Calcutta où il allait faire je ne sais quoi exactement, me proposa de m'embarquer sur son navire, un voilier appelé *The Swallow*, offre que j'aurais sans doute acceptée si Viruela ne s'y était opposé. Il avait décidé que ce métier n'était pas fait pour moi. Au fond j'étais un gentilhomme et bien qu'en fuite je devais continuer à vivre comme un gentilhomme.

— Mais, répliquai-je, je ne peux rester les bras croisés toute la journée et vivre à vos crochets. Si vous ne voulez pas que j'aille à Calcutta envoyez-moi au moins en France avec l'une de vos expéditions.

– Tu es fou, répondit-il. Les Français, même si la guerre est terminée, dès qu'ils voient un gentilhomme anglais, ils le mettent en charpie.

– Cela ne vous empêche pas d'envoyer vos bateaux comme et quand bon vous semble.

Viruela ne se démonta pas.

– Pour nous c'est différent, dit-il. En premier lieu nous ne sommes pas des gentilshommes et nous avons dans ces régions de nombreux amis qui préparent notre venue tout comme nous préparons la leur quand c'est à leur tour de venir ici. Nous sommes une confrérie internationale et nous nous fichons bien des frontières.

– Quant à cela, poursuivis-je, je m'en fiche moi aussi. Donnez-moi l'autorisation de m'embarquer.

– Hors de question, dit Viruela, c'est la corde pour ceux qui comme toi ont déjà des problèmes avec la justice et sont pris à faire de la contrebande. J'ai d'autres projets pour toi.

– D'autres projets ? demandai-je. Et lesquels ?

– Mettre à profit ton talent d'artiste, si tu en as. Tu en as ou tu n'en as pas, du talent ?

– Eh bien, je crois que oui, répondis-je.

– Alors ce soir je te conduirai à la Taverne du doge Loredan, un endroit que fréquente la crème de notre milieu. Là, il y a un clavecin, une estrade, tout ce dont tu as besoin pour donner un petit concert. Tu pourras gagner plus de quelques shillings par jour. J'en ai déjà parlé avec la patronne et elle est d'accord. C'est une amie, tu sais. Une Italienne, veuve d'un acteur vénitien, vénitienne elle aussi. Une grande et belle femme qui a fait perdre la tête à la moitié de Londres mais qui ne doit en aucune façon te faire perdre la tienne.

Schultz lève les yeux au-dessus du livre. Une grande et belle femme qui a fait perdre la tête à la moitié de Londres. Là donc, à l'intérieur du livre, du fond de ces pages une belle et jeune aubergiste enjôleuse veuve d'un acteur commence à apparaître. Nina presque sûrement. Il y a dans les premières pages une allusion à une Nina, la femme qui est le centre de l'histoire. C'est une amie, tu sais, une Vénitienne. D'où peut bien venir, pense Schultz, cette faiblesse qui fait que l'on est toujours surpris de trouver dans un livre étranger un personnage de son pays. Certes cela n'arrive pas fréquemment, mais c'est comme se rencontrer entre compatriotes dans les endroits les plus lointains, non pas en Angleterre en France ou en Amérique dont les villes sont pleines de compatriotes de toutes les nations, mais au bout du monde, hors des routes du tourisme et des migrations, au plus profond des mers du Sud, dans les forêts de Malaisie, le long des rives du Sepik. Et cela n'a rien à voir, dit Schultz, avec le voyons un peu ce que pensent de nous les étrangers ou ce qu'ils pensaient autrefois. L'intérêt de ces rencontres a une autre origine, du moins je le crois, il y a un rappel, pour ainsi dire, spéculaire... Pensée subtile, commente Paso Doble, noble concept. Mais moi je veux savoir ce que faisait ce rêve sur l'armoire. Voilà ce que je veux savoir et rien d'autre... À moins que, continue Schultz sans faire cas de lui, à moins que l'on ne rencontre un imbécile, mais celui qui aboutit dans ces régions-là peut difficilement avoir mené une vie d'imbécile, on établit avec lui en un clin d'œil un rapport de complicité, d'indulgence réciproque... Un large sourire se forme sur ses lèvres. Je me rappelle, dit-il, quand jeune garçon en lisant *Victoire* j'ai rencontré le personnage de Zangiacomo. Paso Doble fait une sorte de bond tranquille. Zangiacomo était allemand, dit-il. Zangiacomo était un nom de guerre. Je le sais, admet Schultz, mais moi je l'ai vécu comme s'il était italien, bien plus comme s'il était vénitien, entre autres parce qu'il me rappelait le campo San Giacomo dall'Orio où, après la classe quand j'étais à l'école primaire, j'allais jouer au football avec Fastelli. Du reste elles étaient italiennes les filles qui formaient l'orchestre. « Tournée orientale Zangiacomo », disait, si je ne me trompe, l'affiche. Aucune d'elles n'avait de nom et moi, je me souviens, je passai des heures et des jours à me demander ce qu'elles faisaient, quel destin avait un jour conduit chacune d'elles à jouer dans un hôtel de Surabaya, île malaise conradienne. Je parvins à inventer dix-huit noms et dix-huit histoires, un nom et une histoire pour chacune, les aventures les trames les malheurs les intrigues qui avaient conduit ces musiciennes d'orchestre dans cet hôtel infâme... Je me souviens encore de quelques-unes. Si tu veux je te les raconte... Il ne manquerait plus que cela, dit l'autre, ce qui m'intéresse... J'ai compris, l'interrompt Schultz et il abaisse de nouveau les yeux sur le livre qu'il tient à la main.

Ce même soir, guidé par le capitaine Viruela je me dirigeai vers la Taverne du doge Loredan. Dois-je dire aussi que mon cœur battait fort comme s'il savait, lui mon cœur et non moi, que j'allais au-devant de mon destin ? Nous parcourûmes l'Old Church Street, traversâmes Barbican, entrâmes dans Aldersgate jusqu'au moment où, sur une petite place arborée près de Smithfield Market, sans me dire que nous étions arrivés et sans donc me laisser le loisir de jeter plus qu'un coup d'œil sur l'édifice de style Tudor dont nous longions les murs, le capitaine Viruela me prit par le bras et me poussa dans une entrée au-delà de laquelle, comme si nous avions passé une frontière, un pays nouveau vint à notre rencontre. Nous avions pénétré dans la Taverne du doge Loredan. Des grappes de fiasques de vin, de saucissons, de jambons et de coppas pendaient du plafond au-dessus du comptoir, à côté de tresses d'ail et d'oignons et de filets de pêche où semblaient se débattre quelques espadons empaillés et de grandes barriques placées çà et là et un parfum de sauces en tout genre qui me donna sur-le-champ l'idée de ce qu'aurait dû être et n'était pas le parfum des sauces italiennes de ma mère les rares fois qu'il lui arrivait de les préparer et la présence invisible des haricots, des seiches, des petits calmars, des viandes cuisinées en ragoût, du barolo et du tokay. Et comme si le nom de la taverne ne suffisait pas à indiquer quelle partie du monde se cachait dans la mémoire du lieu, était suspendue sur un mur pour le rappeler une imitation en grand format d'ailleurs pas si mal réussie d'*Une fête sur le Grand Canal* de Canaletto. Nous avions véritablement franchi une frontière. Nombreux étaient ceux qui, assis aux tables, mangeaient ou attendaient pour manger, il n'est pas utile de les décrire. Il suffira de dire que la taverne était fréquentée par des contrebandiers et des voleurs et que le visage de chacun des clients (à l'exception de l'un d'entre eux qui n'était pas encore arrivé et dont je parlerai bientôt) portait d'une certaine façon les marques d'une vie d'aventures faite de coups d'épée et de mousquets, de fuites luttes et meurtres. Les tables étaient en chêne, mais frustes, à l'exception d'une qui, située dans un coin entre deux fenêtres ouvertes et recouverte d'une nappe de dentelle apparemment de grande valeur, ennoblissait toute la salle. Cette table alors était vide mais à en juger par le couvert déjà mis, le chandelier qui l'éclairait, le vase de fleurs qui la parfumait, on déduisait qu'elle serait bientôt occupée. Au fond, presque contre un mur, il y avait une estrade avec un clavecin. Nous nous assîmes et commandâmes à manger. Je ne m'attarderai pas à décrire ce qu'on nous servit. C'est avec une grande émotion que je revis cette soirée et il me tarde d'arriver au plus vite à ce qui surviendrait peu de temps après, à l'événement qui à mon insu se préparait dans un des coins de la taverne.

– À présent, tu finis de manger, dit Viruela, après quoi tu te mets au clavecin et tu nous joues quelque chose. Tout ira bien tu verras. Avant la fin de la soirée tu auras une demi-guinée en poche. Tu as compris ?

– J'ai compris.

D'avoir à jouer devant tous ces gens qui devaient connaître bien peu de chose en matière de musique ne m'intimidait pas, au contraire, l'idée de donner mon premier concert public - je n'avais jusqu'alors joué que chez moi ou dans les salons de nos amis - devant cet auditoire de repris de justice m'amusait plutôt.

– En attendant, jette un coup d'œil autour de toi et essaie de bien te mettre en tête ce que je te dis. Cela te servira si tu dois travailler ici.

Il indiqua de la main la table d'angle recouverte de la nappe de dentelle.

— Cette table là-bas c'est la table de Fielding. Tu ne dois jamais y toucher.

— Fielding ? demandai-je. Qui est Fielding ?

— Un type dont on ne peut se passer, dit Viruela. C'est le chef de ce que l'on appelle, qui sait pourquoi ? la pègre londonienne. C'est lui qui paie la police pour qu'elle nous laisse tranquilles. Ne t'approche pas trop de lui.

— Et pourquoi donc ?

— Parce qu'il pue. Il pue comme cent rats crevés depuis huit jours. Où qu'il aille, il rend l'air pestilentiel. C'est une calamité, une maladie. Il a dépensé une fortune pour se soigner, mais cela n'a servi à rien.

Il regarda autour de lui, alluma un cigare, aspira une longue bouffée.

— Si les fenêtres derrière la table sont ouvertes, continua-t-il, cela signifie qu'il viendra le soir...

Il me jeta un coup d'œil. J'avais fini mon repas.

— Allez, vas-y, dit-il, fais-nous entendre quelque chose.

Je me levai et me dirigeai vers l'estrade et le clavecin, m'assis sur le tabouret pivotant et me mis à jouer, tandis que tout autour de moi des regards de voleurs ruffians contrebandiers et putains se levèrent pour me regarder, tout d'abord un peu surpris ou distraits, puis intéressés et amusés. J'attaquai par une passacaille à basse obstinée avec des variations en mesure simple à trois temps et un mouvement grave, je poursuivis avec une gavotte et conclus par une sarabande elle aussi grave et lente dans son mouvement plus encore qu'un menuet. Je ne ferai qu'évoquer modestement le succès que j'obtins.

Comme je l'ai dit il me tarde d'arriver à quelque chose d'autre, à quelque chose qui m'advint ou plutôt à quelqu'un qui apparut peu après que j'eus fini de jouer.

— Bravo, me dit Viruela avec une admiration sincère et étonnée, tu es meilleur que je ne le pensais...

Mais je ne l'écoutais pas. Une femme était apparue derrière le comptoir, une femme dont on ne voyait que la lourde chevelure brun doré qui retombait sur ses épaules et le dos qui paraissait appartenir à un corps grand et mince mais charnu et vigoureux, aux gestes assurés qui, pour ainsi dire, faisaient comprendre qu'elle était la maîtresse des lieux. Elle se déplaçait paisiblement d'un point à l'autre du comptoir dans la lueur de mille bouteilles rangées au-dessus d'elle sur de longues étagères, occupée à quelque chose que je ne saisissais pas mais d'une certaine façon en train de parler, de me parler, car chaque geste était une parole ou une phrase comme si elle vivait entièrement et uniquement avec son corps ; et ne pouvoir contempler son corps tout entier me donnait la sensation de mutilation que peut éprouver celui qui ne parviendrait à saisir que peu de choses de ce qu'on lui dit, mais aussi un sentiment d'expectative et le désir qu'elle se tournât et rendît plus clairs ses mots en s'exposant et en montrant son visage, sa poitrine, ses yeux, son ventre et sa façon de marcher qui ne pouvait être qu'incomparable, celle d'un cheval de pure race... La femme sortit enfin de derrière son comptoir avec deux bouteilles à la main, traversa la salle en direction de la table à la précieuse nappe dentelée et passa à côté de moi me donnant l'occasion de la voir de face et de près et se donnant aussi celle de me voir, de me jauger, car pendant que Viruela lui faisait un signe courtois de salut et qu'il disait, bonsoir madame, elle me regarda elle aussi... Ne vous est-il jamais arrivé d'avoir le souffle coupé devant le visage d'une femme et de sentir votre désir monter tout d'un coup, votre sexe se gonfler et votre sang se mettre à courir dans vos veines simplement parce que le regard de cette femme s'est arrêté dans le vôtre un instant de plus que nécessaire ? Eh bien, tout cela m'arriva à ce moment. Oh Seigneur, comme j'aurais voulu la posséder sur-le-champ, fût-ce même devant tout le monde ! Ayez la bonté de me suivre attentivement tandis que je la décris : les yeux brun doré, brun doré la peau de son visage de ses épaules et de ses bras, brun doré ses cheveux, rouge sa bouche avec quelque chose d'aristocratique et de bohémien qui, Dieu sait pourquoi, me rappelait des territoires que je n'avais jamais vus et dont je n'avais qu'entendu parler, du café et des noix de coco du Brésil, des croquants et des nougats et aussi, je n'ai pas de honte à le dire, le tigre de la poésie de William Blake qui dit ceci :

> Tiger, Tiger burning bright
> in the forest of the night
> what immortal hand or eye
> could frame thy fearful symmetry.

Elle passa près de moi une autre fois en me lançant un autre bref regard et retourna d'où elle était venue.

On entend au loin le sifflement d'un train, le ferraillement des roues sur les rails puis, comme dans un flash qui soudainement s'allume, l'express de nuit Zurich-Milan-Venise passe dans la mémoire de Schultz avec toutes ses fenêtres éclairées, les ombres de ses passagers assis. L'Orient-Express d'un certain type de littérature, non pas le vrai évidemment qui est un train comme tous les autres où il n'arrive rien de différent de ce qui arrive dans les autres trains, serait probablement plus indiqué pour la situation que ce train Zurich-Milan-Venise qui peut-être n'existe même pas. Mais il faut admettre que l'Orient-Express a été trop utilisé, il a fait son temps, bref c'est un train à bord duquel il est déconseillé à tout auteur, même le plus modeste, de faire voyager ses personnages. Quoi qu'il en soit dans le train qui passe en ce moment, dans un compartiment éclairé, il y a lui, Schultz, assis face à la statue de cire vue au début de cette histoire dans une chambre voisine, mais plus qu'à la vraie statue, à la femme qu'elle représente et qui se tient là assise, les jambes croisées, enveloppée dans un manteau de poil de chameau. Entre Schultz et la femme quelque chose est en train de se produire. Ils se regardent en effet sans rien dire, conscients de ce quelque chose qui est en train de se produire et peut-être incertains sur ce qu'est exactement cette chose, sur la forme, le mode, la manière qu'elle doit prendre. Mais le train est rapidement passé et Schultz est de nouveau et encore là devant le livre. Pour quelle raison t'est-elle revenue à l'esprit ? demande son locataire. Hé bien, dit Schultz, cela me paraît clair. Des mots comme brun doré, bohémien et aristocratique, des yeux brésiliens, café, noix de coco, croquants et nougats, et tigres qui brûlent dans les forêts de la nuit, à ton avis que me feraient-ils venir d'autre à l'esprit que le train express Zurich-Venise via Milan et une femme au manteau de poil de chameau ? Tu commences à être un peu inquiet, hein ? demande l'autre. Schultz lève la tête. Inquiet ? Et pourquoi donc ? Mais oui, dit Paso Doble, le petit palais, la demeure à la campagne, le rêve et maintenant cette ressemblance... Qu'est-ce qu'il y aura plus loin ? Il semble que le fils de pute qui a écrit ce livre te connaisse d'une façon ou d'une autre... À un moment on découvrira que c'est un sorcier du siècle dernier... Schultz écoute avec un intérêt poli. Ne crois-tu pas, demande-t-il, que c'est ce Jacob Flint qui l'a écrit ? Non, dit l'autre. Il est peut-être fils de bohémien, mais il ne me semble pas avoir les qualités d'un voyant. Il aime trop les femmes, à ce qu'il dit, signe d'intérêts plus que raisonnables... Il y a au contraire quelque chose de sinistre dans la direction qu'a prise la lecture. Mais non, mais non, dit Schultz. Il hésite pendant un instant. Il est certain, reprend-il, qu'il est en train d'arriver des choses, des choses qui n'ont rien à voir... Qui n'ont rien à voir avec quoi ? demande son compagnon. Ah je ne sais, dit Schultz, avec tout le reste. Il voudrait se lever, jeter le livre sur le lit, sortir de la chambre et rejoindre la pièce où la statue de cire est assise et aussitôt après se trouver devant le même visage, les mêmes yeux, le même corps qui peu auparavant quittait la scène dans quelque angle sombre des pages... Mais voici encore le train qui roule bruyamment et joyeusement comme seuls certains trains de nuit parviennent à le faire, voici encore le compartiment où Schultz et la femme se regardent sans rien dire, dans une position identique à celle d'avant, mais un peu plus proches de cette chose qui doit se produire entre eux. Oui, c'est peut-être bien l'imminence de quelque chose qui doit se produire qui la lui a fait venir à l'esprit. Qu'attends-tu, mon amour ? Et toi qu'attends-tu ? Je ne voudrais pas commettre d'erreurs. C'est justement à cause du respect que je te porte et parce que nous sommes sur l'Orient-Express que je voudrais dire un mot qui fasse la mise au point, comme une longue-vue ou un microscope. Pouvoir quand même t'avoir ici, tout de suite, maintenant tandis que le train roule et puis t'emmener au loin… Schultz reporte son regard sur le livre et recommence à lire.

Elle sortit de la salle et moi je restai quelques minutes bouche bée, abasourdi. Jamais aucune femme ne m'avait fait un tel effet. D'autant plus, pensais-je, qu'elle aussi, oui elle aussi, à en juger par sa façon de me regarder, devait avoir éprouvé quelque chose à mon égard. Au bout d'un moment je dus choisir entre rester bouche bée indéfiniment et reprendre mes esprits. Je repris mes esprits. Je jouai encore quelque chose et empochai ma demi-guinée. Puis j'éprouvai le besoin de respirer un peu d'air frais et je sortis. La Taverne du doge Loredan était un cottage Tudor de deux étages, tout blanc, exception faite des poutres sombres des murs, et disposé de la façon suivante : le devant était occupé par l'auberge, l'arrière – je l'ignorais alors mais je le vérifierais bientôt – servait de logement à la propriétaire, l'étage supérieur était réservé aux chambres du personnel de service. De hauts arbres entouraient le cottage, formant tout autour de lui une sorte de bosquet. Je me mis à marcher parmi les arbres sans m'éloigner de la taverne avec un état d'âme étrange et confus : certes je voulais prendre une bouffée d'air, mais je ne parvenais pas à me détacher du lieu que je venais de quitter comme si quelque chose de profond me retenait dans ses parages, un lien, un nœud en formation. Je marchai lentement en faisant le tour de l'édifice jusqu'à me trouver soudain près de la fenêtre éclairée d'une chambre d'où, un peu rauque mais douce et sensuelle, venait la voix d'une femme en train de chanter la chanson qui m'avait éveillé ce matin-là dans la maison de Brian Cage : « Rumine au fond de toi quelque doux petit mot, tout en l'entrelaçant avec quelque soupir... »

A-t-elle vraiment quelque chose d'érotique cette chanson ? demande Paso Doble. Je n'y vois rien de tel. Jacob doit être un maniaque sexuel, de ceux qui voient des jarretières partout. « Rumine au fond de toi quelque doux petit mot, tout en l'entrelaçant avec quelque soupir... » On dirait de ces vers que le pauvre Silvestri obtenait en prenant une phrase par-ci une phrase par-là chez les auteurs classiques et en les mettant ensemble. D'érotique je ne vois rien... Moi si, dit Schultz. Cela me fait venir à l'esprit quelque chose, attente, désir, quelque chose à faire furtivement et dans l'obscurité... Cela me fait venir à l'esprit ce soir de l'été dernier où j'ai surpris Maddalena sur sa terrasse toute recroquevillée et gémissante, ruminant des soupirs et des mots doux, la main plongée dans son intimité. J'en parlais justement avec elle ce soir... L'effrontée, dit Paso Doble, n'a-t-elle pas d'autre sujet de conversation ? Bien sûr que tu t'en es allé comme si tu n'avais rien vu. Je m'en suis allé, oui, dit Schultz, mais non comme si je n'avais rien vu. Je lui tournai poliment le dos en laissant les choses suivre leur cours. Je n'y étais pour rien. Il y avait entre nous un partenaire imaginaire irrésistiblement plus fort que moi. Tout à coup Schultz se met à rire. D'autre part je ne voulais pas subir le même sort que Salvagno, mon ami italo-américain, je ne sais si je t'en ai jamais parlé. Salvagno ? dit l'autre. Je n'ai jamais entendu prononcer son nom. Quel fut son sort ? Eh bien, sort n'est pas le mot approprié. Disons son expérience. Lui aussi, à New-York non pas ici à Venise, d'une fenêtre en vis-à-vis il avait surpris une jeune fille comme j'ai surpris Maddalena. Certes on peut perdre la tête dans des cas comme celui-là et lui la perdit. Il courut chez elle pour lui offrir ses services, il lui dit, me voici, je suis là, c'est moi, je peux être celui auquel tu penses. Elle au contraire appela la police. Schultz rit encore doucement. Peut-être était-elle en train de penser à un policier, dit l'autre, peut-être au corps entier de police, on ne sait jamais avec les filles d'aujourd'hui. Quand tout cela est-il arrivé ? Oh je ne sais, dit Schultz, il y a plusieurs années. Salvagno en parlait, à part l'arrivée de la police, comme d'un des grands moments magiques de son existence. Et qui sait si, déjà composés, produits par les circonstances, lui sont aussi venus à l'esprit les mêmes vers « Rumine au fond de toi quelque doux petit mot... »

La fenêtre était ouverte mais pas complètement, entrouverte. Je m'arrêtai et restai là à regarder la chambre où elle, la femme que j'avais vue peu auparavant, à demi nue, le sein presque totalement exposé sous une molle et courte chemise, était en train de se déshabiller ou de se vêtir, bref troquait l'habit qu'elle portait contre un autre, plus élégant, voire splendide, alors posé, presque assis avec grâce, sur un fauteuil comme une personne vide, sans corps. Elle sentit qu'elle était observée, leva les yeux et vit celui qui était en train de la regarder ouvertement avidement et qui, pour mieux la voir, osait pousser la fenêtre et l'ouvrir tout grand exposant la pièce entière à l'extérieur. Je m'étais oublié moi-même pour être seulement ce regard qui avait la chance extrême de se poser sur un objet si précieux, plutôt, de saisir de cet objet le moment le plus précieux. Elle ne fit rien pour se couvrir, ne chercha pas à fermer la fenêtre, mais resta là à demi nue, l'ombre de son sexe filtrant peut-être même comme une lumière sous la transparence de sa chemise, pour se faire regarder et regarder elle aussi de ses yeux, de ses tétins, de tout son corps le garçon qui l'épiait. Tout à coup je me retrouvai à califourchon sur la fenêtre, porté là par la force de mon désir. Elle vint alors vers moi mais non pour m'accueillir, d'abord dans sa chambre puis en elle-même, ainsi que sa conduite jusque-là m'avait, je crois légitimement, fait espérer, mais pour me repousser bien qu'avec douceur, caressant mon visage de sa main ouverte et la laissant sur mon visage pendant un long instant, ferme, un refus caressant, un renvoi et une promesse.

– Non, dit-elle, pas maintenant. Attends. C'est moi qui te ferai savoir quand ce sera le moment.

Oui, elle me repoussa avec douceur et moi je me retrouvai dehors devant la fenêtre qui se ferma, mes sentiments partagés entre la joie et la frustration, joie parce qu'elle aussi me désirait comme je la désirais, frustration parce que je n'avais pu l'avoir aussitôt. Peu après la lumière s'éteignit et je m'éloignai lentement en titubant et, respirant à fond pour calmer mon émoi, je rentrai dans la taverne. Entre-temps quelque chose avait changé. Une puanteur horrible, malsaine, épaisse, une odeur implacable empestait l'air comme si pendant les quelques minutes où j'étais resté dehors les nombreux clients s'étaient libérés tous ensemble de gaz intestinaux bruyants retenus trop longtemps, une odeur qui était aussi douceâtre comme si on avait essayé de neutraliser ces gaz avec un encensoir rempli de coûteux parfums français. Je me rappelai les paroles de Viruela et je compris que Fielding était arrivé. En effet, il était là, assis à sa table, un homme grand maigre grisonnant très beau, vêtu avec une suprême élégance, fin même, le visage sec et dur, marqué toutefois autour de la bouche et des yeux de plis qui dénotaient un avilissement ancien. Une canne d'ébène au précieux pommeau d'argent, sibylline et imposante comme un sceptre, était appuyée au dossier de la chaise sur laquelle Fielding était assis. Devant lui et formant avec lui un couple mondain raffiné, parfaitement assorti, elle était là, d'une beauté quasiment impossible, elle qui ne daigna pas m'accorder un regard quand je passai près d'elle et que me frayant un chemin au milieu de la forte puanteur je rejoignis la table de Viruela.

— Où diable étais-tu allé ? me demanda le capitaine.

— Prendre une bouffée d'air... C'est lui Fielding ?

— Oui, c'est lui. Tu as senti cette odeur, hein ? Qu'est-ce que je t'avais dit ? Mais malheur à qui veut s'éloigner. Il faut faire semblant de rien.

— Et elle que fait-elle avec lui ?

— Elle qui ?

— La femme. La patronne. C'est sa maîtresse ?

– Qui le sait ? Certains disent que oui. D'autres que non. Dans tous les cas Fielding est fou d'elle. Mais que t'importe ? Pourquoi me poses-tu tant de questions ?

– Je l'aime.

Viruela eut un sursaut.

– Tais-toi, imbécile. Veux-tu te faire tuer ? Si Fielding t'entend dire une chose pareille tu sors d'ici les pieds devant.

– Je ne sais même pas comment elle s'appelle.

Elle avait, m'expliqua Viruela, un drôle de nom italien. Nina Manfrin, veuve Binelli.

Schultz abaisse un peu son livre, découvrant un visage pensif qui exprime montée des profondeurs la suspension, l'incertitude de qui est momentanément distrait par un souvenir. Nina Manfrin veuve Binelli. Ce nom, clairement, ne lui dit rien. Mais lui, pense Schultz, il n'a jamais su comment la dame de cire s'appelait. Il l'appelait Rosa, Rosina, Pina, pour ridiculiser un peu son mystère et dans certains moments de faiblesse Enrichetta, citation littéraire, Maria ou Marta... L'express Zurich-Venise via Milan réapparaît roulant implacablement dans la nuit. À l'intérieur, dans le compartiment que l'on a déjà vu, Schultz et la femme encore assis l'un en face de l'autre pourraient faire penser à deux âmes indécises, inhibées, incapables d'agir et qui à présent courent vraiment le risque de gâcher par une réflexion excessive l'occasion miraculeuse, peut-être unique, qui se présente à eux (même si c'est dans des circonstances je suis prêt à le reconnaître assez banales). Mais il n'en est pas ainsi. En réalité seules quelques minutes se sont écoulées depuis que nous les avons vus la dernière fois, le regard de l'un saisi par celui de l'autre. En outre ils ont fait un autre pas en avant, peut-être définitif, vers ce qui doit arriver entre eux. Soudain, pense Schultz, je lui adressai la parole.

— Voulez-vous que, comme ça, histoire de passer le temps, je vous raconte la trame du film *Les Lanciers du Bengale ?*

— Je vous en prie, répond la femme sans broncher. J'ai espéré pendant tout ce temps que vous me le demanderiez.

Schultz se lève, fait quelques pas dans le compartiment, regarde dehors un instant pour voir si quelqu'un s'approche ou pour quelque autre raison, on l'ignore, puis il s'adresse à la femme qui est en train de le regarder d'un air sérieux. Mon Dieu, comme elle ressemble à l'actrice inconnue du film d'Orson Welles, celle qui continue à se promener de long en large, altière et sans raison, dans les rues d'Ibiza pleines d'aigrefins. *Fake* veut dire tromperie, escroquerie, quelque chose qui semble vrai et ne l'est pas, une pièce de monnaie, un faux tableau, la statue de cire d'une femme. Schultz le sait et toutefois il court courageusement le risque de s'exposer devant quelque chose qui n'est pas là.

— Donc, dit-il, nous sommes en Inde. Deux jeunes officiers, Gary Cooper et Franchot Tone, sont envoyés en mission par le colonel Stone pour racheter un autre officier qui a été fait prisonnier par Mohamed Khan. Vous me suivez ?

— Parfaitement. Vous êtes un narrateur formidable.

Le train poursuit sa route et Schultz reprend sa lecture. « Ce fut ainsi que je la connus », explique-t-il comme à lui-même. Il recommence à lire et se retrouve face à Jacob qui continue son récit.

Je les regardais dévoré par la jalousie quand se produisit quelque chose d'horrible : imprévus déchirants sifflants comme deux coups de fusil foudroyants dans la nuit, deux corbeaux noirs s'enfilèrent par la fenêtre ouverte de la taverne, destination d'un vol commencé qui sait où, firent un vaste tour dans la salle en volant de leurs grandes ailes et tandis qu'une lueur de fureur s'allumait dans les yeux de Fielding et que Nina criait, oh non, encore eux, non ! se levait et courait se réfugier derrière la cloison de la salle, les corbeaux descendirent, non ils ne descendirent pas, ils s'abattirent plutôt sur Fielding et commencèrent à criailler autour de lui comme s'ils voulaient le railler, l'insulter. Fielding leva un bras pour se défendre, puis il saisit sa canne au lourd et précieux pommeau d'argent et se mit à fendre l'air de coups mortels, sans parvenir pourtant à toucher une seule fois les deux oiseaux, les effleurant à peine cependant... Je voulus me lever, mais Viruela me retint.

– Ne bouge pas et n'en fais pas cas. Cela arrive très souvent. C'est l'odeur de Fielding qui attire les bêtes.

Un croassement strident irrespectueux sortait de la gorge des corbeaux qui, brusquement, comme satisfaits de leur entreprise, enfilèrent en sifflant la fenêtre et s'évanouirent dehors, dans l'obscurité. Quelques longues plumes de corbeau tourbillonnèrent encore pendant quelques instants dans la taverne aux odeurs infâmes. Fielding revint à sa table, se laissa tomber sur sa chaise, livide et épuisé. Il avait les yeux humides de larmes. Nina le rejoignit, s'assit en face de lui, regarda son visage et voyant que ses yeux étaient embués elle lui prit une main et la lui serra. « Non, Terry, non », dit-elle. Elle l'attira à elle, le contraignit à se lever et le tenant toujours par la main le guida hors de la salle vers une porte qui probablement conduisait à son appartement, indifférente au fait que tous savaient, que tous imaginaient ce qui allait arriver là-bas. Je les suivis du regard tandis qu'un nœud se formait dans ma gorge, un frisson me passait dans la nuque. Elle l'emmena, comprenez-vous ? Devant mes yeux elle emmena dans sa chambre ce monstre avili et malodorant et elle transperça mon cœur.

Quelque chose contraignit Schultz à suspendre sa lecture, quelque chose qui pourrait ressembler au nœud dans la gorge, au frisson dans la nuque et même à cette blessure au cœur dont parle Jacob tandis que Nina conduit jusqu'à sa chambre le très beau monstre avili. Jalousie ? *Romantic temptation*, pense Schultz en anglais, parce qu'en italien deux mots comme ceux-là il ne pourrait jamais les penser. Identification, *identification* avec Jacob ? Schultz ne sait pas ce qu'il éprouve exactement, imaginant les choses qui en ce même instant dans une page peut-être non écrite du livre qu'il est en train de lire, dans une scène qui, c'est prévisible, ne sera pas montrée sont en train d'arriver : Fielding et sa tragédie étendus sur le corps ouvert de Nina prête à accueillir Fielding dans son corps, qui l'accueille même avec sa tragédie et, au-dessus de la chambre, autour des toits de la taverne les deux corbeaux qui volent encore en riant divertis par leur entreprise. Une page non écrite, une scène qui n'est pas racontée et qui pourtant est là, même si elle n'est pas racontée, dans les espaces de ce livre. C'est cela qui le fascine et qui d'une certaine façon l'émeut même si des tentations d'autres émotions plus anciennes cherchent confusément à remonter à la surface. Tentations ou *temptations* ? Commotions ou *commotions* ? Un café, dit Schultz, j'ai besoin d'un café. Mais il ne se lève pas. La lecture s'articule en lui, grandit, se ramifie comme une plante, avance comme un voilier dans les espaces de son esprit.

Peu après il me sembla plus convenable de m'en aller que de rester à attendre leur retour. Je voulais qu'elle remarquât mon absence, qu'elle se rendît compte que je m'en étais allé et qu'elle attribuât à ma décision sa signification qui était sans équivoque : oui, c'était blessé, mortellement blessé que je m'en étais allé pour protester contre un crime, un assassinat... Quelque chose s'était pourtant passé entre nous à travers la fenêtre quand elle m'avait caressé le visage et dit, dit ? susurré, « attends, pas maintenant, c'est moi qui te ferai savoir quand ». Quelque chose était né qui nous impliquait tous les deux et qui prétendait justement être respecté par nous deux, qui s'attendait justement à l'être et non à être tué par elle de cette façon. Je m'en allai. Chez Viruela, naturellement, qui était devenu mon chez moi. Viruela prouva cette nuit-là qu'il avait une sensibilité inhabituelle pour un contrebandier. Que je fusse tombé amoureux de Nina aussitôt après l'avoir vue ne lui sembla pas tant une folie qu'un danger. D'ailleurs lui-même avait, quinze ans auparavant, fait l'expérience d'un grand amour pour cette Molly Jackson devenue aujourd'hui l'objet des obscénités de son perroquet. Cette Molly, épouse d'un pickpocket en prison et pickpocket elle-même, lui avait brisé le cœur en mille morceaux quand, après avoir été sa maîtresse pendant quelques années, elle l'avait plaqué pour les faveurs plus riches d'un mercier de Westminster, puis d'un chevalier de Mayfair, enfin d'un député tory au Parlement, marié et père de nombreux enfants, dont deux au moins étaient eux aussi mariés, donc un homme d'âge avancé qui lui avait acheté un appartement au-dessus du marché aux poissons de Billingsgate où elle entretenait son amant ainsi que, paraît-il, de robustes commis de la poissonnerie et un bon nombre d'élégants employés d'une étude notariale proche. Quand son mari était sorti de prison elle l'avait fait, avec la complicité de son protecteur, arrêter de nouveau et condamner à vie pour un crime qu'il n'avait pas commis, histoire de s'en débarrasser. Quant à Viruela il était presque mort de douleur, douleur dont beaucoup plus tard il s'était miraculeusement libéré en apprenant avec succès à son perroquet la question et la réponse suivantes : « Hé, toi, connais-tu Molly Jackson ? Eh bien, c'est une fieffée putain ». Je raconte tout cela pour expliquer que Viruela connaissait l'amour et donc pouvait me comprendre. Ce qui le préoccupait au contraire sérieusement était que Nina, elle aussi, pût avoir montré à mon égard une certaine inclination, comme il fut lui aussi porté à le croire, après que je lui eus raconté ce qui s'était passé devant sa fenêtre et ce qu'elle m'avait dit et la promesse qu'elle m'avait faite. Cela le préoccupait parce que, disait-il, si Fielding l'apprenait, s'il comprenait que nous étions pris d'un désir réciproque, il n'hésiterait pas un instant à me tuer. Personnellement, disait-il, je n'aurais même pas le temps de m'en apercevoir.

À présent il se repentait, je veux dire Viruela, de m'avoir amené à la Taverne du doge Loredan qui avait été la tombe de nombreuses personnes parmi lesquelles un officier des dragons, un chirurgien, un avocat de Burton Lane, un abbé italien joueur de flûte qui, à tort ou à raison, s'étaient épris de Nina. À des époques différentes, mais chacun de la même façon mystérieuse, ils avaient tous disparu sans laisser de traces, ils n'avaient jamais été retrouvés ni vivants ni morts. Bien qu'il n'y eût point de preuves il était certain que c'était Fielding qui les avait fait disparaître. Fielding en personne ou ses plus fidèles hommes de main. Mais elle, demandais-je à Viruela, elle Nina, le savait-elle ? Acceptait-elle aussi passivement d'être considérée comme la propriété de cet homme ? Elle m'avait semblé si maîtresse d'elle-même que j'excluais l'idée qu'elle pût appartenir à quelqu'un. Viruela haussait les épaules. Le bruit courait, disait-il, que le mari de Nina, Ludovico Binelli, un acteur vénitien, mort deux ans auparavant, s'était dans la dernière partie de sa vie endetté jusqu'au cou et que Fielding, un homme par ailleurs d'une grande générosité quand il décidait de l'être, l'avait sauvé du bagne en lui prêtant, sans obligation de remboursement, c'est-à-dire en lui offrant, la somme nécessaire pour faire taire les créanciers. De là, disait Viruela, étaient peut-être nés le sentiment de possession que Fielding manifestait à l'égard de Nina ainsi que la disponibilité de Nina ou sa décision de se considérer comme propriété de Fielding. Viruela me suggéra de m'en aller. Lui en personne me conduirait avec sa barque en Hollande où il avait des amis et où, disait-il, je pourrais vivre plus longtemps que ce qu'il me serait permis si je restais à Londres à tourner autour de Nina. Mais moi je préférais mourir. Il était clair, et Viruela s'en rendit compte tout de suite, que je préférais courir des risques extrêmes et carrément mourir pour laisser à ce quelque chose qui était arrivé devant la fenêtre l'opportunité de croître, de s'étendre, d'escalader la fenêtre et d'entrer dans la chambre de Nina. Que m'importait Fielding ? Son pouvoir ne me faisait pas peur, au contraire, je disposais d'une certitude qui me donnait de la force et m'invitait à le défier. Je restai. Et le soir suivant, tandis que mon cœur battait la chamade, je revins à la Taverne du doge Loredan pour jouer du clavecin. Mais je ne vis pas Nina ce soir-là ni les soirs suivants. Tout simplement elle ne se montra pas. Où était-elle ? Était-elle enfermée dans quelque coin de la taverne ou s'en était-elle allée, avait-elle été invitée par Fielding dans une de ses maisons de campagne ou dans sa résidence en ville ? Il n'y avait pas de lumière à la fenêtre de sa chambre et ladite fenêtre était fermée. L'idée qu'elle se trouvait avec Fielding me torturait, comme me torturait ce qui se produisait à l'intérieur de moi, un phénomène que je ne parvenais pas à contrôler. J'ai dit plus haut que j'avais une certitude sur laquelle je pouvais compter. Eh bien cette certitude commençait à s'évanouir. Au fur et à mesure que les jours passaient et que Nina n'apparaissait pas, le souvenir même de ce qui était arrivé devant la fenêtre se brouillait, s'éloignait, s'éparpillait à tel point que je commençais à penser que rien ne s'était produit. Avez-vous jamais fait l'expérience d'une certitude qui s'effrite, qui devient possible, puis à peine probable et enfin, par un total renversement, improbable et impossible ? Ce n'est pas seulement une incertitude de la mémoire, mais c'est un trou qui s'ouvre peu à peu dans votre âme, qui s'élargit et devient un gouffre où, en tombant, vous pouvez perdre votre identité. Eh bien je risquais de perdre toute identité si Nina ne réapparaissait pas et ne me confirmait par un regard, un sourire ou peut-être par sa seule présence que ce jour-là, ce premier jour, quelque chose était véritablement arrivé. Jusqu'au soir où je revis les corbeaux. Oui, un soir je revis les corbeaux. Il était tard et plus personne n'était resté à la Taverne du doge Loredan où les garçons avaient déjà commencé le ménage du soir. Je me levai de la table où j'étais resté assis pendant des heures à attendre inutilement que Nina réapparût. S'attarder encore était du temps perdu. Bientôt la taverne fermerait ses portes pour la nuit. Je sortis et les corbeaux étaient là au fond de la place, l'un à côté de l'autre, comme s'ils attendaient quelqu'un. Je les reconnus aussitôt. Il ne me passa même pas par la tête qu'ils pouvaient ne pas être ceux que j'avais vus se jeter sur Fielding, mais deux corbeaux quelconques qui seraient arrivés ou se seraient rencontrés par hasard sur la place où se dressait la taverne. Je sus aussitôt que c'étaient eux. Je le sus parce que même de loin – ils se trouvaient au moins à une centaine de pas de moi – me parvenait de leurs ombres une sorte de joie féroce, ce sentiment de suspension amusée chuchotante rieuse que doivent éprouver deux voleurs à la tire postés à l'angle d'une rue dans l'attente que passe un gras et riche marchand. Tantôt immobiles, tantôt sautillants, ces deux corbeaux avaient l'air de bien s'amuser aux dépens de quelqu'un qui n'était pas encore là mais qui le serait sous peu. Et si Fielding était vraiment sur le point d'arriver il en serait probablement ainsi pour Nina. On n'entendait pourtant aucun son, aucun bruit de roues ou de pas se rapprochant ni, encore moins, on ne sentait dans l'air, cet air frais et limpide d'une nuit d'automne à Londres, pas même l'ombre, pas même le présage de la terrible puanteur qui accompagnait Fielding dans tous ses déplacements et qui, probablement, en annonçait les arrivées. Toutefois les corbeaux étaient là et leur présence devait signifier quelque chose. Je décidai de rester, de me tenir caché derrière un arbre ou derrière un mur de la taverne pour attendre les événements. Je me mis à chercher un refuge, mais tout à coup les deux corbeaux me virent et, dois-je le dire ? se comportèrent comme si eux aussi m'avaient reconnu. Voilà. Le mot corbeau, si l'on consulte n'importe quel dictionnaire, vous donnera des réponses vagues et inexactes : il dira gros oiseau ayant une envergure d'ailes de plus d'un mètre, de couleur noire aux reflets bleutés, avec un bec fort et recourbé, une queue droite et arrondie, il niche, dira-t-il encore, dans les rochers inaccessibles et sur les arbres, il se nourrit d'insectes et de charognes. On ira jusqu'à faire la distinction entre les principales espèces de corbeau, entre l'impérial, le royal, le grand et le commun et rien de plus. Sottises que tout cela. Moi j'estime que les corbeaux sont quelque chose de plus que ce qu'ils sont censés être dans les dictionnaires, voire dans les traités d'ornithologie. Quelque chose de plus sans que je sache dire exactement quoi. Ce qu'ils firent en est la preuve. Ils volèrent bas de leurs grandes ailes et planèrent devant moi. À présent ils étaient tous les deux devant moi, Dick et Severino, je les appelai ainsi spontanément, avec leur bec ouvert dans lequel se devinaient leurs langues écarlates et leurs grands yeux ronds qui me regardaient avec bienveillance comme si j'étais un ami. J'ai dit que mon vrai père est un bohémien et les bohémiens, on le sait, ont des dons que d'autres n'ont pas. Eh bien, moi, jusqu'à ce moment-là j'ignorais que mon père m'avait aussi transmis ces dons. Je me trouvai d'un coup et presque à mon insu en train d'en faire usage. Je veux dire que je me mis à parler avec les corbeaux et que les corbeaux me répondirent. Un dialogue muet, c'est évident, mais très ouvert, franc et sincère, de gentilshommes.

– Ils arrivent ? demandai-je.

– Oui, répondirent-ils.

– Tous les deux ?

– Oui, oui.

– Et où sont-ils allés ?

– Dans notre pays, dans les Cornouailles.

– Et que sont-ils allés faire dans les Cornouailles ?

Ils se mirent à rire et j'eus l'impression, plutôt la certitude, que l'un d'eux, Severino si je me souviens bien, pendant quelques instants faisait bouger son corps en avant et en arrière dans un mouvement clairement obscène. Je me sentis mourir.

– Mais elle, demandai-je en balbutiant, comment peut-elle rester à ses côtés ?

– Tu as senti cette puanteur, hein ? dirent les corbeaux. Cela nous dégoûte nous aussi. Mais nous

nous amusons tant à lui sauter dessus. Oh, que nous nous amusons !

– Comment peut-elle rester auprès de lui ? répétai-je.

Ils haussèrent les épaules.

– Pour moi elle est folle, dit l'un d'eux.

– C'est une honte, dit l'autre, qu'une belle femme comme elle s'étende auprès de cette pourriture.

Ils parlaient en se servant de mes propres termes, ils suivaient un ordre de pensée analogue au mien. Je compris qu'ils étaient mes amis naturels, mes complices, mes alliés et que je pouvais leur demander de l'aide.

– Qu'est-ce que tu deviens ? me demandait Dick pendant ce temps.

– Écoutez, répondis-je, je vois qu'une belle amitié est née entre nous. Je vous demande une aide qui vous sera rendue quand et où vous le jugerez opportun.

Ils continuèrent à me regarder avec bienveillance, mais aussi avec un certain soupçon.

– De quoi s'agit-il ? me demandèrent-ils.

– Il est tard, dis-je, et elle sera fatiguée par le voyage. Il est probable que Fielding l'accompagnera jusqu'à sa porte et puis la quittera. Ne l'attaquez pas aussitôt, je vous en prie. Retardez votre guet-apens. Laissez Fielding s'éloigner et puis faites ce qu'il vous plaira. Si vous lui sautez aussitôt dessus elle est capable de s'attendrir encore une fois et de le mettre à l'abri dans sa chambre.

Je fis une pause, puis j'ajoutai :

– Cette nuit dans cette chambre c'est moi qui veux y entrer.

Ils se regardèrent pendant un long moment et dans ce même moment l'air qui jusqu'alors avait été frais et parfumé grâce à toute la verdure de la place et aux premières feuilles jaunes de l'automne commença, sans que rien eût annoncé ce changement, à se gâter, à se corrompre comme si un immense intestin se fût allégé sans bruit près de nous. Fielding arrivait. Et en effet, aussitôt après, comme le tonnerre suit l'éclair, on entendit le bruit d'une voiture qui s'approchait.

– Je vous en prie, implorai-je.

– D'accord, dirent les corbeaux, d'accord. Mais nous ne te perdrons pas de vue.

Dick fit palpiter ses ailes et se souleva de terre, dessina un cercle bas et bruissant autour de moi et prit son vol. Severino au contraire me tourna le dos et s'en alla en sautillant, puis il se tourna de nouveau vers moi et dit de manière énigmatique :

– Nous pouvons être beaucoup plus dangereux que ce que tu crois. Oh oui nous pouvons l'être !

Et il s'envola lui aussi sans me donner d'autres explications.

La place autour de la Taverne du doge Loredan resta déserte, immobile, occupée seulement par cette terrible puanteur qui se faisait toujours plus épaisse et en même temps, si cela est possible, grasse, humide, une montagne de pourriture invisible. Je me postai derrière un arbre et aussitôt après une voiture fit irruption sur la petite place, tirée par quatre chevaux qui couraient de manière insensée comme pour échapper à l'odeur putride qui les accompagnait et guidée par un cocher frénétique qui se tenait debout sur son siège pour chercher certainement dans les hauteurs un air plus respirable. La voiture s'arrêta devant la porte de la taverne et Nina en descendit en même temps que Fielding. Ah, comme de la revoir fit battre mon cœur après tous ces jours d'attente et ces nuits durant lesquelles, épuisé, j'avais presque commencé à douter de son existence ! Fielding pendant ce temps lui prenait une main et se courbait un peu pour y déposer un suave baiser. Ah, comme il aurait été dangereux pour moi ce gentilhomme grand élégant très beau et puissant s'il n'avait eu cette imperfection qui neutralisait ses qualités. Je remerciais le ciel d'avoir choisi son corps comme siège d'un cloaque cosmique. Je remerciais le ciel même si dans le cas de Nina ce cloaque semblait ne pas avoir grande importance parce qu'elle se comportait comme si elle ne le remarquait pas. Fielding la suivit du regard tandis qu'elle entrait dans la taverne puis il remonta dans la voiture et reprit le chemin par lequel il était venu. J'ignore en quel endroit de la ville les corbeaux l'ont attaqué ni ne sais exactement ce qui s'est passé. D'ailleurs ce n'était pas ce qui m'importait à ce moment-là. Nina était rentrée. Je me dirigeai furtivement vers la fenêtre de sa chambre toujours obscure et fermée. Je m'adossai au mur et attendis. Je n'eus pas à attendre longtemps. Quelques minutes plus tard la fenêtre s'ouvrit et la lumière encore faible d'un candélabre qu'on allumait alors atteignit la rue. Je pensai un instant que d'une manière ou d'une autre elle devait savoir que j'étais là, qu'elle allait m'appeler et me dire, viens, le moment est arrivé. Mais rien ne se produisit. Je me déplaçai prudemment et regardai dans sa chambre. Elle était déserte et la porte était en train de se fermer. Nina venait d'en sortir. Je ne restai pas là à me demander ce que je devais faire. Je me retrouvai soudain à califourchon sur la fenêtre dans la position où je m'étais trouvé de nombreux jours auparavant entraîné par la force de mon désir à achever cet acte que de nombreux jours auparavant j'avais commencé, qui était resté en suspens en moi et dont je me sentais mutilé. Voilà, j'étais entré. Au fur et à mesure qu'elles grandissaient les flammes des chandelles depuis peu allumées éclairaient la chambre qui ainsi se découvrait à mes yeux : la commode, la glace à trumeau, le lit vaste comme une terre promise, des fauteuils, des chaises, des fards et des poudres de riz sur la table de toilette, et des parfums, une présence féminine si enveloppante qu'elle faisait de ce lieu non la chambre d'une femme, mais quelque chose de plus profond, l'emblème d'une profondeur humide chaude pénétrable. Je fermai la fenêtre derrière moi pour rester prisonnier de cette profondeur. Je ne tremblais pas, je n'étais pas agité, je me sentais très calme prêt à courir tous les risques comme celui qui agit enfin après de nombreux jours de passivité. J'avais pour la première fois la sensation que j'étais arrivé chez moi, je ne sais si je me fais comprendre.

Schultz fait un signe de la tête pendant que le train fait de nouveau irruption en sortant de la même profonde obscurité nocturne dans la pâleur de la lagune vénitienne. Tu te fais très bien comprendre, pense Schultz. Seule la pudeur inhérente à son caractère de personnage post-romantique l'empêche de se revoir lui-même dans le compartiment du train, à la place qu'il occupait auparavant, mais à présent avec la femme au manteau de poil de chameau assise près de lui, la tête d'un brun doré appuyée contre son épaule, sa cuisse droite brûlant au contact de la cuisse gauche de la femme. Car le souvenir de ce moment de sa vie doit être traité avec délicatesse. Ce n'est pas une quelconque aventure ferroviaire que la sienne, mais c'est quelque chose dont un homme peut sortir exalté ou détruit, quelque chose aussi qui d'une certaine façon rappelle de grands précédents historico-littéraires, par exemple la rencontre de Casanova et d'Enrichetta. Ou pire : au fond le récit du film *Les Lanciers du Bengale* a été pour eux ce que la lecture des amours de Guenièvre et de Lancelot a été pour Paolo et Francesca. Casanova, Dante, le metteur en scène Henry Hathaway, des noms qui mettent Schultz dans l'embarras. Mais cela confirme qu'ils sont tombés amoureux et que, du moins pour le moment, leur amour a tout l'air de vouloir durer.

— Viendras-tu avec moi ? demande Schultz.

— Oui, répond-elle.

— N'y a-t-il personne qui t'attende ? demande-t-il encore, question extrême qu'il peut lui poser, au-delà de laquelle il n'y a plus rien.

— Je ne te donnerai aucune explication, dit-elle aussi mystérieuse qu'Enrichetta.

Et peut-être que telle Enrichetta si elle n'a personne qui l'attende, elle a quelqu'un qui la suit. Qui sait ?

J'aurais pu alors m'asseoir dans un fauteuil, j'aurais pu m'étendre sur le lit, me déshabiller, me glisser sous les draps de façon à me faire trouver déjà prêt quand Nina rentrerait. Mais je n'étais pas du tout sûr que c'était la meilleure voie à suivre. Comment réagirait Nina ? Je lui avais déjà fait violence en entrant comme un voleur dans sa chambre sans attendre d'être appelé. Me faire trouver au lit pouvait avoir des résultats incertains parmi lesquels peut-être le plus probable serait d'être chassé dehors d'une méchante manière. Qui sait ? Il valait peut-être mieux attendre ainsi, habillé, debout près de la fenêtre fermée, le dos appuyé à la fenêtre et les bras grands ouverts de celui qui veut se faire pardonner mais aussi de celui qui se sent crucifié et lui faire comprendre tout de suite, quand elle rentrerait, que c'était elle qui m'avait crucifié. J'imaginais que Nina rentrerait dans toute sa splendeur, me verrait adossé à la fenêtre et ne montrerait pas d'étonnement, mais que son cœur se mettrait à battre d'une folle allégresse parce que pour elle aussi ce geste commencé plusieurs jours auparavant et puis suspendu s'était conclu en cet instant. Nous nous regardions longuement en silence. Des répliques préliminaires, que fais-tu ici ? tu n'as pas su attendre ? ou, comment es-tu entré ? passaient sur son visage comme des ombres à peine perceptibles, passaient et restaient inexprimées parce qu'elle n'aurait jamais pu les prononcer. Je lui disais :

– Madame, de toute ma vie jamais je n'ai accompli à l'égard d'une femme un seul geste qui ne fût, même secrètement, désiré par elle. Plaise au ciel que je ne me sois pas trompé cette fois et justement avec vous, la femme dont je ne sais si je l'aime plus ou la désire plus. Vous m'attendiez, n'est-ce pas ? Dites-moi que vous m'attendiez. Dites-moi que dans peu de temps nous nous coucherons l'un près de l'autre sur votre lit nus et heureux ou bien je me jette sous vos yeux par cette fenêtre par laquelle je viens d'entrer...

– Nous sommes au rez-de-chaussée, tu l'as oublié ? disait-elle.

– Non, je m'en souviens fort bien. Et c'est l'unique raison qui m'inciterait à me jeter. Ce n'est pas que je m'aime moi-même aussi profondément, mais je me considère comme votre propriété et j'ai le plus grand respect pour tout ce qui vous appartient.

Mais Nina, en réalité, n'était pas entrée, ne rentrait pas, que faisait-elle donc ? Quelle était, me demandais-je, la bonne clé à utiliser avec elle : l'ironie, un peu d'humour oxfordien, une élégante moquerie de mes sentiments et de mon désir ? Je la ferais sourire, peut-être, mais un sourire suscité par une réplique ironique n'orienterait-il pas, en provoquant d'éventuelles réponses ironiques de sa part, notre conversation et tout ce qui suivrait, justement vers l'ironie, la courtoisie, le menuet galant ? Nous étions allés beaucoup plus loin que le menuet galant la première fois que nous nous étions rencontrés, mieux nous l'avions enjambé pour parler aussitôt le langage de la passion et du désir. Et c'était de là, de la passion et du désir et non de plus loin que je devais reprendre contact avec elle. Tout à coup je compris ce que je devais faire. Je rouvris la fenêtre et me plaçai dans la position identique à celle où je m'étais trouvé plusieurs jours auparavant, à mi-chemin entre la chambre et la rue, pour qu'elle me retrouvât à l'endroit même où s'était produit notre premier contact. Aussi quand Nina rentra à demi nue parce que là-bas, au-delà de la porte, elle était allée se déshabiller et même probablement, ô mon Dieu mon Dieu, oui, faire pipi avant de se mettre au lit, et qu'elle me vit à califourchon sur la fenêtre elle comprit tout, elle comprit parfaitement tout, je le vis aussitôt si bien qu'il n'était pas vraiment nécessaire de lui dire ce que je ne pus m'empêcher de lui dire :

— Madame, cela fait plus de trois semaines que vous me laissez ainsi à cheval sur cette fenêtre. Je n'en peux plus. Ayez la bonté de me faire descendre. Le gonflement qui m'a conduit ici devient intolérable. Il se peut fort bien que j'explose d'un moment à l'autre avec lui.

Nina se mit à rire, d'abord tout doucement puis toujours plus fort, un éclat de rire heureux sortit de sa gorge.

— Je vois que vous riez, madame, lui dis-je.

— Viens, dit-elle, viens vite à l'intérieur.

Voilà. J'avais touché juste. Je devais la faire rire et non sourire. Parce que le rire est beaucoup plus proche de la passion que ne l'est le sourire. J'entrai dans sa chambre et fermai la fenêtre derrière moi. Puis tandis que Nina éteignait avec une certaine hâte les flammes du candélabre je ne pus me retenir de m'approcher d'elle et de faire glisser de haut en bas sa chemise de nuit, si bien que, au fur et à mesure que les chandelles s'éteignaient, apparaissait, entretenant dans la chambre une étrange lumière, son corps nu plus lumineux et plus doré que tous les candélabres du monde.

Dans la chambre d'amis du petit palais la statue de cire de la femme vêtue d'un manteau de poil de chameau continue à sourire à quelqu'un. Le locataire est agenouillé près d'elle, la tête appuyée contre ses jambes, dans une attitude de prière, dirait-on. Ah ce n'est donc pas vrai, ce n'est absolument pas vrai que maintenant il la déteste ! Combien d'années sont passées, dit-il, depuis que tu es entrée dans cette maison ? J'y étais moi aussi dans ce train écoutant les stupidités que Schultz te racontait, alors que moi je t'aurais dit bien autre chose si j'avais eu le moindre avantage sur lui, je t'aurais parlé de bien d'autres façons et tu m'aurais répondu d'autres choses et comme notre histoire aurait été différente de celle qui s'est déroulée entre vous deux. Voilà ce qui me tourmente, ce qui m'étouffe. Être ce que n'a pas été ce maudit marin de la marine marchande, faire tout ce qu'il n'a pas fait, être quelque chose qui n'y est pas et toutefois avoir une existence ! Pourras-tu jamais me comprendre ? Quelqu'un pourra-t-il jamais comprendre l'effort qu'implique un exercice intellectuel comme le mien ? Voilà pourquoi je l'ennuie, je cache ses clés, son permis de conduire, son manuscrit. Voilà pourquoi je l'accompagne où qu'il aille, jusque dans sa mémoire. Pardi. Son âme s'endurcit au fur et à mesure qu'il récapitule ses raisons. À présent il ne se lamente plus. Il se lève, se redresse avec dignité comme qui, après un moment de faiblesse, en éprouve de la honte. Pardi, dit-il, jusque dans sa mémoire. Et il retourne vers la chambre de Schultz dont on ne sait quand il en est sorti.

Jacob est entré dans le corps de Nina et le cri qu'elle pousse sort du livre que Schultz tient à la main, fait irruption dans la chambre, enfle, se heurte contre les murs, rebondit, explose, se brise en une chute d'eaux, une cascade de sons où gémissement et rire se confondent.

Ah Nina, Nina, crie Jacob des profondeurs où il est parvenu, humidité de la veuve Binelli, torrent en crue, lac secret de la Taverne du doge Loredan, forêt pluviale, plage tropicale, vent jamaïcain, cyclone sur les Caraïbes, lagune des mers du Sud ! Un orgasme géographique, observe Schultz, ou peut-être cosmique, du genre dont parlent certains penseurs modernes qui probablement ne peuvent que l'imaginer. Lui au contraire, modestie à part, a éprouvé cela et quelque chose d'autre, quelque chose au-delà de quoi on ne peut aller...

Il exagère, dit l'autre en entrant dans la chambre et en se faufilant sans sourciller dans la mémoire de Schultz. Toujours il exagère. J'y étais moi aussi, je le répète, à bord de ce train. En même temps que Schultz et que la femme au manteau de poil de chameau il descend du train qui vient d'arriver à la gare de Venise. (S'il y a des trains qui arrivent à Venise à l'aube c'est l'aube, s'il n'y en a pas c'est que c'est encore la nuit.) Elle ne s'aperçoit pas qu'il y a quelqu'un d'autre avec eux et elle marche aux côtés de Schultz sous la marquise, la tête un peu baissée, le corps étrangement ramassé comme si elle avait froid. Mais elle n'a pas froid. « Je suis venue », dit-elle tout à coup et elle rit de ses yeux d'or. « Il y a un moment, alors que le train arrivait, il y a un moment, alors que je me tenais toute courbée et repliée sur moi-même et que le train a eu ce sursaut avant de s'arrêter, ce fut moi, c'était moi, c'est moi, je viens encore. » Schultz la soutient avec un bras tandis qu'elle s'arrête, appuie la tête sur son épaule et reprend sa marche, le corps agité de longs frémissements, retenant le cri qui presse et hurle dans sa bouche. Un petit agent de la Polfer, nom énigmatique, la regarde et soupire. Il ne sait ce qui se passe en elle, toujours est-il qu'en bon policier il en devine la portée. Comprends-tu ce que je veux dire ? demande Schultz. En pleine gare, devant un agent de la Polfer, avoir en outre le courage de le dire ouvertement et faire de moi, à l'improviste, son partenaire absolu, celui que l'on sous-entend, que l'on imagine, celui que l'on ne trouve jamais dans aucun lit, mais qui est toujours là, présent-absent, dans tous les couples qui s'étreignent. Allons donc, dit l'autre en marchant avec eux vers la sortie de la gare. Schultz sourit. De toute façon, demande l'autre, crois-tu que le mérite t'en revienne ? Mais qu'est-ce que tu as à y voir, dit Schultz. Réponds, je t'ai posé une question. Oh non, dit Schultz, je ne suis pas assez stupide pour croire que le mérite m'en revienne. Le mérite revient à ce qui reste dehors, chaque fois dehors, exclu de la fréquentation habituelle de l'amour, quelque chose qui reste dehors et qui s'accumule, s'accumule, s'accumule et reste là en attente ou aux aguets, jusqu'à exploser n'importe où, même au milieu d'une gare ferroviaire, faisant de celui que l'on rencontre par hasard, moi toi un autre cela est absolument indifférent, le partenaire absolu. Le hasard a voulu que j'aie été présent à ce moment-là. Et toi, demande l'autre, et toi ? avec une extrême méchanceté, t'est-il arrivé la même chose ? Schultz rougit. Occupe-toi de tes affaires, dit-il. Et, après être sorti de la gare en donnant le bras à la femme, il se retrouve devant le livre qu'il tient à la main.

Je ne vous ai fait entendre que le cri de Nina au moment de l'extase, mais il y a autre chose. Une chose que vous n'avez pas entendue et que vous ne pourrez pas entendre jusqu'au bout, mais dont cette histoire ne peut se passer parce qu'elle précise le trait de caractère le plus intime de Nina et explique aussi la manière réticente, évasive peut-être, avec laquelle Nina est représentée et les raisons pour lesquelles elle s'exprime si peu et presque toujours à travers moi... Je vais donc devoir raconter cette chose même si elle me met dans l'embarras. Nina parlait mal. Non pas dans le sens qu'elle ne sût s'exprimer parce que, bien que d'origine populaire, elle avait eu une bonne éducation, mais parce que son langage, surtout dans les moments d'extrême abandon amoureux, était à ce point grossier qu'il m'est impossible de le reproduire ici. En matière de langage sexuel le sien était fabuleusement obscène et jamais je n'avais rien entendu de tel ni dans la bouche d'une dame ni surtout dans celles qui sont portées naturellement aux obscénités. Des mots abominables dans des langues et des dialectes variés – elle avait beaucoup voyagé bien qu'elle fût encore plutôt jeune – notamment dans son dialecte vénitien sortaient avides crépitants joyeux et hurlants de ses lèvres. Non seulement elle nommait de leur vrai nom le membre viril et le vagin, mais elle leur inventait aussi sur le moment mille autres noms, métaphores parfois vraiment élégantes, mais dont la substance, comment dire ? exposée de la sorte faisait voler en éclats la grâce de la forme. Elle parlait en somme avec son corps, sa vulve, son vagin, sa figue, sa *mona,* sa *concha*, sa *cunt,* sa moule, sa chatte, son con, son cul, ses tétins, les poils de son pubis, sa bouche et en faisant l'amour elle faisait l'amour aussi bien avec ces parties qu'avec les mots qui les représentaient. Le résultat était bouleversant. Elle provoquait de telles décharges à en rester foudroyés. Et dans le même temps elle offrait à l'étreinte des reprises exceptionnelles. Parce que chacun des mots qu'elle prononçait enflammait de nouveau nos corps épuisés comme si chaque parole avait le pouvoir magique de redonner vie à la chose quand elle s'était éteinte. Elle l'appelait la chose, lui parlait tant que cette dernière ne lui donnait pas de réponse. En faisant l'amour avec elle on avait l'impression d'atteindre la totalité absolue à laquelle tout un chacun aspire presque toujours en vain. Rien de semblable ne m'était jamais arrivé pas même lors de mes rapports les plus heureux. Nina. Plus tard lorsqu'on ne pouvait plus rien exiger de nos corps désormais apaisés, le langage sauvagement érotique de Nina subissait une métamorphose progressive : sans pour autant changer de contenu il s'adoucissait, devenait caressant, riche en diminutifs joyeux et tendres comme ma couillette, mon petit oiseau et autres douceurs comestibles comme croquant et massepain nougat et sorbet et ainsi de suite. Mais était-ce moi qui ouvrais les pages les plus secrètes de son dictionnaire ou s'exprimait-elle de la sorte habituellement ? Fielding avait-il lui aussi entendu cette avalanche de mots, cette pluie alluvionnaire de paroles ? Telle était la question. Parce que si, au fond, je pouvais comprendre que Fielding, si partagé, si loin de toute possibilité totalisante pût avoir perdu la tête pour elle et avoir tué pour elle je n'étais certes pas disposé à partager avec lui cette expérience renversante. Cette expérience-là était à moi, devait être à moi. La seule idée qu'un homme ou plusieurs aient pu avoir entendu ce que j'avais entendu déchirait mon âme. Je devais éclaircir ce point au plus vite, sur-le-champ, ce qu'il y avait eu entre elle et Fielding, ce qu'il y avait, ce qu'ils étaient l'un pour l'autre. Parce que, pensais-je, si Fielding avait lui aussi, comme cela était malheureusement probable, entendu ce que j'avais entendu, il n'y avait pas assez de place dans ce monde pour nous deux, l'un de nous devait mourir et je ferais en sorte que ce fût lui qui mourût. J'étais jaloux. Oui, bien sûr que j'étais jaloux. Mais je considérais et considère la jalousie comme un sentiment hautement respectable, de type religieux. Le jaloux, le jaloux viscéral, maladif, celui que méprise d'habitude son entourage, le jaloux dont la tragédie suscite les rires et non pas le banal mari trompé qui ne cherche qu'à défendre son honneur comme c'était le cas de Jeremy Trenthan le douanier que j'avais tué, cause première même si indirecte de cette histoire, le jaloux véritable, disais-je, que sa passion rend fou et cramoisi est un homme qui a connu l'absolu et ne veut ni y renoncer ni le partager avec autrui. Quelqu'un donc de hautement estimable bien que peut-être un peu égoïste, aux sentiments raffinés, accoutumé à vivre au-dessus des conventions, un saint ou un assassin en puissance. Nina dormait et ce fut avec le plus grand respect de moi-même que je l'éveillai et l'interrogeai sur ce qu'il y avait entre elle et Fielding.

— Qu'as-tu dit ? demanda-t-elle.

— Qu'est Fielding pour toi ? répétai-je.

Il y eut un long silence. Puis elle dit :

— Va au diable... Et tu m'as réveillé pour ça ?

— Je dois savoir, lui dis-je, je ne peux plus attendre. Cela fait des jours que je me le demande.

Elle passa lentement sa main sur son visage, sur sa tête, puis l'enfonça dans sa longue chevelure lourde et fournie.

— À cet instant, dit-elle, rien ne me vient à l'esprit...

— Rien ?

— Non, rien... Sauf une chose peut-être... *one thing*.

— Quoi donc ?

— Oh, je ne crois pas que cela t'intéresse...

— Mais si, dis-je, tout ce qui te concerne m'intéresse.

Elle haussa les épaules.

— L'unique chose qui me vienne à l'esprit c'est combien j'ai de la chance d'avoir une chevelure, si belle, si lourde, de femme riche...

— Si quoi ? repris-je perplexe.

— Si belle, répéta-t-elle, si lourde, de femme riche.

— Mais quel rapport cela a-t-il ? demandai-je.

— Quel rapport... Bien sûr qu'il y a un rapport. *It's important you know*, avoir des cheveux de riche...

— Parce qu'il y a aussi des cheveux de pauvre ?

— Bien sûr... Tu n'en as jamais vu, n'est-ce pas ? des cheveux de pauvres... Ils sont *empty*, creux, sans poids... ils n'arrivent pas aux épaules... ils commencent à frisotter ici... presque à la racine... ils peinent à pousser et s'ils y parviennent... ils poussent inégalement, çà et là, comme les orties ou les herbes folles... Remarque-le. Les cheveux... les poils... tout type de poils... même ceux de la *cunt*, *you know*, et ceux qui sont autour du *cock* des riches, *if you know what I mean*, sont différents de ceux des pauvres... et moi, bien que je ne sois née ni vraiment pauvre ni riche non plus, j'ai toujours eu les poils et les cheveux des riches... même là, autour de ma *mona*, *you know*, j'ai les poils... comme tu as pu voir, si longs et si doux, non *twisted, if you know what I mean*, que pas même l'épouse du prince régent n'en a de semblables.

— Tu n'as pas répondu à ma question, dis-je.

— Et je n'ai pas l'intention d'y répondre d'ailleurs, dit-elle.

— Je dois savoir...

— Tu dois savoir un *bloody* de merde.

— Cela fait des jours et des jours que je me le demande.

— Continue à te le demander encore un peu.

Mais elle n'était pas en colère. Elle parlait sur un ton mi-affectueux mi-ironique mais aussi, d'une certaine façon, plein de lassitude comme si déjà dans d'autres occasions, elle avait dû répondre à des questions semblables à celles que je lui posais et faire probablement les mêmes réponses. Elle donnait en outre l'impression que sa situation, cette situation, ne durerait pas longtemps. Moi en revanche j'étais inquiet, je me sentais pour ainsi dire renvoyé par son attitude à un état nouveau d'incertitude et de maladresse lyrique.

À ma grande surprise je repris :

— Je peux bien imaginer ce que Fielding est pour toi. C'est ton amant, l'un de tes amants.

— *Yes, sure*, poursuivit-elle dans une langue qui mélangeait l'anglais et l'italien, *one of my amants* ? *The one* qui me le met *behind* et aussi derrière.

— Lui aussi t'a entendue, dis-je, il t'a entendue... Il a écouté à tes portes et il a entendu tes bruits... Je le hais. Je pourrais le tuer de mes mains.

— Il est plus probable que ce soit lui qui te tue.

— Crois-tu ? Je n'en serais pas aussi sûr.

— Allez, viens par ici le parfumé, dit-elle avec douceur.

— Le parfumé ? hurlai-je. Tu m'as appelé le parfumé ? Et lui comment l'appelles-tu ? Putréfaction, putrescence, moisissure, pourriture ? Comment peux-tu te coucher près de lui ? Qu'y a-t-il de pourri en toi pour que tu puisses coucher avec cette pourriture ?

Il y eut un long silence.

— Quel âge as-tu ? demanda-t-elle.

— Vingt ans, répondis-je.

— Allez, continue... Je te laisserai dire des bêtises encore un peu. Moi j'en ai trente...

À ce point du récit il vaut peut-être mieux que Schultz suspende pendant un moment sa lecture et fasse quelque chose comme replacer le coussin dans son dos ou arranger le dessus-de-lit qui s'est chiffonné sous son corps étendu. L'autre en profite aussitôt pour faire à son tour quelque chose. Il allonge une main vers les cigarillos en prend un et le met à sa bouche. Où sont les allumettes ? demande-t-il. Schultz regarde autour de lui. Qu'est-ce que j'en sais moi ? Il y a peu elles étaient ici, à côté des cigarillos. Tu as dû les cacher comme tu le fais toujours. Oh non, dit l'autre en se baissant et en ramassant par terre la boîte d'allumettes, je n'ai jamais caché une allumette de ma vie. Je ne suis pas encore tombé aussi bas. Tout autres sont les choses qui me tentent. Il allume son cigarillo et tire une longue bouffée. On est bien ici, soupire-t-il. Schultz soulève de nouveau son livre mais l'autre met une main sur son poignet et le lui abaisse. Attends, dit-il. Nous pourrions mieux nous entendre tous deux. À quelles conditions ? demande Schultz. Attends, répète Paso Doble.

Puis, en paraphrasant une élégante tournure ancienne il dit : Je chercherais à reconquérir ton amitié, je serais pour ce faire attentif et diligent, j'y apporterais du soin, je parviendrais avec toute mon attention et affection à mériter ce don, je mettrais tout mon soin et toute mon habileté à reconquérir tes grâces pour retrouver près de toi ce degré d'amour d'où je suis tombé, afin que tu me rendes ta bienveillance, que tu me redonnes la place que j'avais autrefois dans ton cœur. À quelles conditions, demande encore Schultz. Tu connais mieux que moi les conditions, dit l'autre en changeant de ton. Téléphone à Berengo.

Et maître Berengo, l'avons-nous oublié ? Pas du tout. Il est temps de toute façon de retourner à lui même si c'est brièvement. Lui aussi est en train de passer une nuit blanche. Dans la calle degli Avvocati où il habite et où il a son fameux cabinet dont il est, avec Bardella, le titulaire, une seule lumière brille, celle de sa chambre. Berengo, en robe de chambre, une longue chose qui descend jusqu'aux pieds et qui ne contribue certes pas à affiner sa silhouette, se promène inquiet à travers sa chambre en s'asseyant de temps en temps dans un fauteuil Frau pour se reposer. Il pense à Schultz. Pauvres et doux concepts, Schultz. Un pas en arrière avec le pied gauche, deux avec le droit. Quand bien même je porterais encore des pantalons courts et j'aurais les cheveux coupés à la garçonne. Il vaudrait mieux alors être commis dans un magasin d'articles de sport ou rester chez soi à lire la Gazzetta. Si au moins on connaissait leur essence. Si on pouvait les utiliser sérieusement et ne pas se laisser tromper davantage, lorsqu'on les utilise, par les apparences. Mais c'est là justement le hic, cher Schultz. C'est justement en considérant les choses de cette façon que l'on s'aperçoit comment de telles formes peuvent se rendre indépendantes de leur contenu. Quelle est la manière utilisée à Paris et non, disons, à Mestre. Il s'assied, se relève, recommence à marcher, dénoue la ceinture de sa robe de chambre et aussitôt la renoue. Il y a un miroir suspendu à un mur. Berengo s'y regarde et son image semble le frapper en plein front. Au même moment, mais loin, dans un autre endroit de la ville, Schultz reprend en souriant sa lecture.

Nous reparlâmes de Fielding quelques soirs plus tard lorsque nous nous retrouvâmes dans sa chambre pour renouveler l'événement cosmique jailli de la rencontre de nos corps. Elle, Nina, confirmant en cela l'anxiété de Viruela, me contraignit à respecter certaines règles, certaines précautions : les espions que Fielding avait sûrement dans la taverne ne devaient en aucun cas s'apercevoir qu'il y avait entre nous deux quelque chose qu'ils auraient ensuite à référer à leur chef. Nina, pour ce qui la concernait, n'était nullement préoccupée. Au contraire. Elle agissait comme si elle se croyait invulnérable ou mieux, elle était si maîtresse d'elle-même, si cohérente avec elle-même, qu'elle n'éprouvait aucun sentiment de danger ou était indifférente au risque qu'elle courait. Mais elle s'inquiétait pour ce qui pouvait m'arriver si Fielding découvrait que, entre la femme qu'il considérait comme sienne et le jeune claveciniste, il y avait eu ce qu'il y avait eu. Elle s'inquiétait aussi du fait que je vivais dans un état de renflement pérenne dont n'importe qui, à tout moment, pouvait s'apercevoir. Elle s'inquiétait même si par ailleurs cela la faisait rire d'une turgescence à ce point effrontée et que je ne cherchais nullement à dissimuler. Bref elle s'amusait, elle était heureuse, excitée et m'était reconnaissante de ma présence. Quand son regard tombait sur moi elle se mettait à rire sur-le-champ. Quand pour quelque raison nous nous trouvions l'un à côté de l'autre, au milieu des fumées de la pénombre des voix de la taverne, sa main effleurait mon architrave pour en mesurer la dureté et la taille. Et elle éclatait encore de rire. Et, soit dit en passant, je n'ai jamais connu personne qui sût rire aussi bien et aussi volontiers qu'elle. Bref ce que je tiens à souligner c'est cela : si elle me maintenait dans un état de gonflement j'avais pour ma part illuminé ses jours et rendu ensorcelant le souvenir d'une nuit. De sorte que, lorsque nous nous retrouvâmes, comme je savais qu'elle était attachée à moi autant que moi à elle, je pus revenir à Fielding. Et elle consentit à m'en parler. Une fois seulement, dit-elle. Puis elle n'en parlerait plus et ne tolérerait plus que j'en parle. Sans quoi je pouvais aussi bien m'en aller, tout de suite, sur l'instant. Voilà de quoi il s'agissait. Tout d'abord Fielding l'aimait comme aucun autre homme ne l'avait jamais aimée auparavant... Naturellement je cherchai alors à l'interrompre en lui rétorquant que ce n'était pas vrai, que je l'aimais autant et même plus que Fielding et que je saurais le lui prouver. Mais elle haussa les épaules et me dit de me taire. Fielding, ajouta-t-elle, avait fait plus pour elle que n'importe quel autre homme avait jamais fait et jamais ne pourrait faire. Qu'il fût un assassin lui importait peu. Du reste s'il était un assassin il l'était de la même manière que l'avaient été Jack Sheppard et Dick Turpin, les détrousseurs du siècle précédent qui ne l'étaient devenus qu'à cause de circonstances malheureuses et jouissaient cependant du statut de héros populaire pour avoir passé leur vie à voler les riches et à partager leur butin avec les pauvres. Fielding aurait pu avoir toutes les qualités du héros populaire mais il n'avait pu le devenir justement pour les motifs qui l'avaient poussé, à l'inverse, à devenir un hors-la-loi. Quelqu'un qui pue comme une montagne de merde, dit Nina, n'avait guère le choix. Ou bien vivre caché et apeuré comme un rat ou bien conquérir le monde pour être en mesure de s'acheter les parfums de France les plus coûteux. Fielding avait conquis le monde, celui des hors-la-loi tout au moins, en se mettant à faire en Angleterre la contrebande des parfums d'outre-Manche. Son premier voyage en terre de France il l'avait fait à neuf ans, tout seul, avec une barque construite par son père, un charpentier, après que ce dernier, les larmes aux yeux, lui eut dit mon fils, je ne sais ce que tu as, ce dont tu souffres, je sais seulement qu'ici tu ne peux vivre sans devenir la risée du village, pars et va vivre au grand large où soufflent les vents violents. Je pouvais imaginer, disait Nina, la barque, une coquille de noix de quelques mètres, guidée par un enfant de neuf ans, affronter la Manche en tempête ! Pouvais-je imaginer la Manche en rébellion, les poissons en train de se demander ce que diable il arrivait, les mouettes fuyant au loin, volant vers le sud, quand la barque approchait avec lui, un enfant, au timon et à la voile ? Mais, ajoutait-elle, il s'agissait d'un garçonnet exceptionnel en aucun cas disposé à accepter passivement l'état où la cruauté de la nature l'avait placé, prêt au contraire à se battre de toutes ses forces pour en changer. Il n'entendait pas suivre le conseil de son père et vivre à tout jamais au grand large. Il voulait aller en France où il savait que depuis toujours on manipulait, produisait, composait des eaux alcools huiles arômes parfumés, exhalaisons parfois suffisamment puissantes pour chasser la mauvaise odeur la plus tenace. Je n'insisterai pas sur ce moment de la vie de Fielding. Je n'insisterai pas non plus parce que cette image de l'enfant dans sa barque qui attendrissait tellement Nina ne suscitait alors en moi qu'agacement irritation et répugnance : dans ce petit monstre en fuite je ne voyais que l'homme qu'il deviendrait plus tard, le rival, l'ennemi, celui qui s'il s'était noyé dans la Manche en tempête comme on pouvait légitimement l'attendre d'un marin de son âge, n'aurait pas eu l'occasion plus tard de rencontrer Nina et, moins encore, d'entendre ses cris d'amour. Je ne m'attarderai donc pas plus qu'il n'est nécessaire sur les aventures de ce petit démon ; je dirai simplement qu'il arriva en France, pénétra nuitamment dans une fabrique de parfums de Calais, se plongea dans une vasque pleine d'essences odorantes où le trouvèrent le matin suivant les époux Vittell, propriétaires de l'entreprise. J'ajouterai que, au lieu de le remettre à la police et de l'accuser d'être entré illégalement dans le pays avec effraction, dégâts, usage illicite de parfums comme cela eût été leur devoir, les propriétaires de la fabrique, en voyant cet enfant plongé dans ce bain aromatique et après avoir écouté son histoire, s'attendrirent, s'émurent, s'intéressèrent à lui y compris d'un point de vue professionnel, l'adoptèrent en quelque sorte, l'utilisèrent pour leurs expérimentations et décidèrent d'essayer de le guérir. Bref, et que je t'attendrisse ici et que je t'attendrisse là, des marges du monde qui l'avait rejeté Fielding parvint malgré tout à se tracer une voie vers son centre. Lorsque les époux Vittell comprirent qu'il était impossible de venir à bout de l'odeur qui l'imprégnait ils l'aidèrent à monter, à organiser un réseau de contrebande de parfums entre la France et l'Angleterre composé d'enfants et de garçonnets presque tous déficients, malades, estropiés, loqueteux, abandonnés qui finirent par constituer les soubassements, les premiers éléments de soutènement, les structures portantes de l'empire que Fielding construirait plus tard hors de toute légalité. Fielding leur avait donné un rôle, une fonction, une perspective et cela était plus que suffisant pour lui assurer la gratitude et la dévotion de cette petite armée de malheureux. Deux de ces enfants déficients, racontait Nina, en grandissant auprès de Fielding avaient développé des facultés exceptionnelles et occupaient à présent des postes très élevés dans son organisation, parlaient plusieurs langues, jouaient de plusieurs instruments, composaient des vers et des madrigaux. Comment ne pas admirer, disait Nina, un enfant et donc l'homme qu'était devenu cet enfant qui avait su réagir dans des circonstances personnelles désastreuses en s'alliant à des malheureux comme lui et en assurant à lui-même et aux autres aussi des positions sociales moins humiliantes, pour ne pas dire prestigieuses ? Et qui étais-je, continuait Nina presque irritée en s'adressant à moi, un petit monsieur fils d'un comte – je n'étais pas en vérité le fils d'un comte mais elle décida à partir de cet instant que je l'étais et se mit à m'affubler de ce titre, comte par-ci comte par-là, et voilà qu'apparaît notre comte, affectueusement mais avec une pointe de mépris et d'ironie – qui étais-je moi, disait-elle, qui avais eu la chance de naître avec un corps parfumé, des cheveux et des poils pubiens de riche, moi le spadassin des chambres à coucher, le claveciniste des thés de cinq heures, avec toutes ces dames les amies de ma mère assises autour de moi pour m'écouter, avec leur air de pet coincé que devaient certainement avoir ces dames les amies de ma mère et leurs putains de filles, dit-elle, qui toutes au contraire pètent en secret et en silence, qui étais-je moi en somme pour regarder Fielding de haut ? Peut-être croyais-je pour avoir tué un douanier que, d'après les critères d'évaluation propres à leur monde, le sien et celui de Fielding, j'en tirerais quelque mérite ? Je n'en avais aucun et j'étais de surcroît une burne et une *mona*. Oui Fielding puait, et comment. Elle était la première à le reconnaître. Jamais il n'avait pu s'arrêter sous la fenêtre d'une femme et être convié à entrer comme cela m'était arrivé. Toutes les fenêtres se fermaient à son passage. Même les pires prostituées se bouchaient le nez, s'enfuyaient, refusaient les appartements cossus et convenables qu'il aurait pu leur offrir dans d'élégantes garçonnières sur les embankments de la Tamise ou même dans des immeubles de Belgravia ou de Mayfair. Il n'y avait qu'elle pour supporter d'être près de lui. Parce qu'elle en avait décidé ainsi. Pouvais-je comprendre qu'elle parvenait à rester près de lui seulement parce qu'elle en avait décidé ainsi ? La fréquence de ses rencontres avec lui était certes pénible pour elle. Mais pas tant que cela après tout. De toute façon elle n'en retirait pas grand-chose, c'est pourquoi tout en étant la maîtresse de Fielding, tout en couchant avec lui, tout en l'appréciant et en l'estimant elle cherchait ailleurs son plaisir. Où ? Dans les bras du chirurgien dont m'avait parlé Viruela et de l'abbé italien joueur de flûte et de l'officier des dragons et de nombreux autres peut-être jusqu'à moi qui, du moins pour le moment, étais le dernier de la liste. Mais je ne devais pas croire que ce qu'elle faisait pouvait être vraiment appelé des tromperies, commises en cachette, dans la peur et le secret et dont elle aurait à rougir. Pas le moins du monde. Fielding savait tout. Il comprenait qu'elle pouvait le tromper et du reste c'était elle qui lui avait dit dès le début de leur relation qu'elle aurait d'autres amants. Fielding acceptait, appelons-les ainsi, ses distractions : oui, il les acceptait, mais dans le même temps – et la profonde contradiction incurable dans laquelle il vivait devenait alors éclatante – dans le même temps, je le répète, il ne pouvait supporter ceux avec qui Nina le trompait. Il ne tolérait pas leur existence, la pensée même qu'ils puissent exister, mener une vie qui croisait celle de Nina, qu'ils puissent rôder autour de la Taverne du doge Loredan, entrer et sortir comme s'ils avaient le droit de le faire et, par-dessus tout, il ne tolérait pas qu'ils puent moins que lui. Il s'en débarrassait donc. Il les terrorisait et les obligeait à quitter le pays ou il les tuait tout simplement. Nina n'allait pas lui rapporter qui étaient ses amants et ne les lui présentait pas personnellement. Mais lui finissait toujours par les découvrir grâce à ses nombreux espions en place dans la taverne, des hommes à lui ou des serveurs. Le sort de ces gens, c'est-à-dire des amants de Nina, dépendait du degré d'antipathie, d'aversion, de répugnance qu'ils suscitaient en lui. Il n'y avait aucun doute par exemple sur le fait que le chirurgien avait été jeté dans la Tamise. L'abbé italien s'en était retourné précipitamment sur le continent où il avait fait disparaître ses traces. Au capitaine des dragons, un homme très grand, bien plus grand d'ailleurs que Fielding qui mesurait déjà six pieds deux pouces, on avait brisé les jambes et d'aucuns juraient l'avoir vu, à demi couché sur une brouette poussée par son ordonnance, demander l'aumône dans divers coins de Londres. Il y avait eu aussi au nombre des amants de Nina un ornithologue, un certain Peters, figure très en vue dans le monde scientifique, l'un des meilleurs spécialistes alors des corbeaux, un bel homme, disait Nina, sur la cinquantaine, dont Fielding avait saccagé le bureau à coups de canne et dont il avait brûlé un traité qu'il écrivait depuis vingt-cinq ans sur ses oiseaux préférés, un volume de sept mille pages qui aurait tout dit sur ces volatiles aimables et mystérieux – et c'était depuis lors, ajoutait Nina, que les deux corbeaux poursuivaient Fielding ou mieux, selon moi, c'était précisément des flammes du volume qu'avaient surgi à l'improviste, uniques survivants du carnage, les deux corbeaux auxquels j'avais donné les noms de Dick et de Severino, et qui, je le comprenais désormais, avaient à cause de l'odeur terrible de Fielding et surtout par vengeance personnelle consacré pratiquement leur vie à le harceler : ils ne pouvaient en effet lui pardonner de les avoir privés pour toujours de cette dignité culturelle que leur aurait certainement conférée le livre de Peters s'il n'avait été détruit. Et qu'était-il advenu de Peters ? Il avait très mal fini. La surprise, l'horreur, la douleur, à son retour chez lui, de découvrir que le manuscrit auquel il avait travaillé pendant plus de la moitié de son existence avait été jeté au feu et n'était plus que ce tas de cendres encore chaud dans la cheminée, avaient totalement paralysé son esprit et son corps, le privant à la fois de sa mémoire et de l'usage de la parole. Il vivait à présent avec sa mère dans un cottage du Yorkshire. Nina allait le voir parfois mais du brillant homme de science et du monde qu'il avait été autrefois il ne restait plus rien. Il reconnaissait même difficilement la femme qu'il avait aimée... Tout cela, je dois l'avouer, me laissait très perplexe. Mais elle, ne pouvais-je éviter de me demander, comment pouvait-elle, Nina, accepter sans rien faire, sans rien dire, que Fielding éliminât ainsi ses amants ? Je ne me plaignais certes pas de leur disparition. Au contraire. Je me réjouissais d'apprendre qu'il n'était resté qu'un petit nombre de témoins ayant tout oublié du procédé détonant qui conduisait Nina à son humidité la plus intense, mais diable ! n'y avait-il pas de quoi rester perplexe face au soupçon qu'une femme comme elle acceptât plus passivement qu'elle n'aurait dû cette folle hécatombe ? Si peu qu'aient valu – et il n'y avait pas l'ombre d'un doute qu'au contraire c'étaient des gens de valeur – ces hommes anéantis par Fielding, ils n'en étaient pas moins des hommes qu'elle avait aimés. Je pris mon courage à deux mains et le dis à Nina, en redoutant toutefois que sa réponse pût me donner d'elle une image différente de celle que désormais je m'étais faite et me permît de découvrir aussi dans les replis de mon caractère quelque chose de pusillanime qui m'empêcherait de prendre position contre ce qu'elle me dirait au cas où cela me semblerait insatisfaisant ou évasif. Telle était ma peur de la perdre. Mais Nina ne me déçut pas. Elle me lança un étrange regard qui hésitait entre surprise et irritation. N'avait-elle pas réagi ? Bien sûr qu'elle avait réagi ! Après la disparition du chirurgien, elle avait tiré sur Fielding deux coups de pistolets et si elle ne l'avait pas touché elle ne le devait qu'à sa mauvaise maîtrise des armes. Après la fuite de l'abbé italien elle avait frappé Fielding avec sa propre canne jusqu'à lui faire perdre connaissance. Après que Fielding eut brisé de façon irrémédiable les jambes du capitaine des dragons elle lui avait arraché, avec une pince de dentiste alors qu'il était au lit et dormait, l'ongle de l'orteil droit ce qui l'avait fait boiter deux mois durant. Et ainsi de suite. Mais l'amour que Fielding lui portait était tel, son humilité quand il lui demandait pardon était telle et les promesses qu'il lui faisait de ne plus toucher à un cheveu de personne si convaincantes qu'elle avait toujours fini par l'absoudre. Tout en sachant qu'en vérité aucune de ces promesses ne serait tenue et que sa fureur s'embraserait encore avec toutes les conséquences prévisibles dès qu'il la découvrirait dans les bras d'un nouvel amant. Quant aux malheureux dont elle avait indirectement contribué à faire la ruine elle ne les avait jamais vraiment aimés. Elle les avait utilisés pour son plaisir. Elle, naturellement, comme cela se produit toujours chez de tels personnages, elle n'avait eu qu'un amour dans sa vie qui n'était ni le capitaine ni le chirurgien ni Fielding ni l'homme qu'elle avait épousé et dont nous parlerons plus tard ni moi, mais un certain Bertotto, un cordonnier vénitien qui habitait et tenait boutique dans la paroisse de San Patalon, derrière le fameux campo de Venise appelé Santa Margherita où le père de Nina, Domenico Manfrin, possédait une modeste auberge.

Y a-t-il jamais eu une auberge à Santa Margherita ? Le regard de Schultz se détache du livre, sort de la chambre à coucher, descend les escaliers, passe par le lourd portail de la cour et se dirige rapidement vers le campo mentionné dans le livre. Il y arrive en moins d'un instant, intrigué. Il regarde autour de lui. Il se déplace lentement à travers le campo en laissant, comme l'homme invisible, d'inexplicables traces sur la neige. Il laisse derrière lui le vieux cinéma, glisse devant le nouveau, effleure les façades des maisons, se tourne de-ci de-là, à droite pour regarder le magasin de jouets, les fenêtres de quelques personnes connues, la rue qui conduit au rio Nuovo et au piazzale Roma, à gauche une calle sans issue et puis encore plus loin là où la rue s'élargit en une grande place qui d'un côté mène vers les Carmini et les Zattere, de l'autre à l'Accademia. Peu après il revient en arrière pour rapporter qu'il n'y a pas d'auberge à cet endroit mais que rien n'exclut qu'il y en ait eu autrefois. Puis il se penche de nouveau sur son livre et reprend sa lecture là où il l'a interrompue peu auparavant.

Ce Bertotto, disait Nina, était un homme d'une rare beauté, d'une beauté plutôt inhabituelle, difficile à trouver dans la corporation des cordonniers qui est pour l'essentiel constituée de gens plutôt insignifiants du point de vue physique. Brun de cheveux et de teint, les yeux gris, grand et athlétique, il eût été plus naturel de le croiser dans un noble palais du Grand Canal et dans un élégant bureau de l'administration que dans la boutique d'un cordonnier à San Pantalon. Pourtant non, et ce n'est pas tout. Pour quelque obscure raison jamais élucidée, peut-être à cause d'une peur dont il gardait le secret, Bertotto n'était jamais allé au-delà des limites de la paroisse où il était né, ne connaissait d'autres horizons que celui des maisons et des rues qui l'entouraient et, dans Venise même, il y avait toute une partie des rues, palais, ponts, calli, canaux, jardins suspendus, arcades, sottoportici, couvents, églises, fondamenta, qui était demeurée toujours inconnue de lui. On disait d'ailleurs, racontait Nina, qu'un jour un groupe d'amis, plus par affection que par envie de le moquer, incapables qu'ils étaient de comprendre cette absence de curiosité à l'égard du monde, avaient essayé de le traîner jusqu'à Saint-Marc tout en lui parlant des merveilles de la basilique et du palais des doges comme si, au lieu de se trouver à portée de regard et à quelques minutes donc de trajet, elles avaient été aussi éloignées que les temples de l'Inde et de la Chine. Ah la place, disaient-ils, avec son grand damier de marbre ! Ah les procuraties où se promenaient les doges ! Ah le campanile ! Ah la petite loge de Sansovino ! Et ainsi de suite. Mais Bertotto, une fois parvenu à la limite de sa paroisse avait refusé d'en sortir, de continuer, de pénétrer, fût-ce en compagnie de guides sûrs et amicaux, dans la mystérieuse jungle de pierres et d'eau qui s'ouvrait devant lui. Il avait littéralement menacé de frapper ses amis s'ils tentaient de le contraindre. Peut-être avait-il peur ? Enfin ! Peut-être avait-il prononcé un vœu qui lui imposait, pour ainsi dire, de ne pas voyager ? Pas même à l'intérieur de sa ville ? Il se comportait plutôt comme si un univers terrible et inconnu se trouvait à deux pas. Bertotto était heureux dans son petit monde, avec ses chaussures à réparer, ses clous, ses marteaux et ses pinces, ses boucles, ses pantoufles, ses lacets, ses talons et ses grandes bottes. C'était là son univers et il ne voulait en connaître d'autre. Nina était tombée éperdument amoureuse de lui à quinze ans, la première fois qu'elle l'avait vu, quand elle était entrée dans sa boutique pour faire réparer le talon décollé d'un de ses petits souliers. Elle était restée bouche bée en le voyant. Jamais elle n'avait vu un homme si beau, si gentil. En deux coups de marteau bien assénés et avec un peu de colle Bertotto avait réparé son soulier mais, au lieu de le lui rendre, il avait suggéré qu'elle le lui laisse quelques jours en observation parce que, avait-il dit, la glu qu'il avait employée pour le réparer était un nouveau produit sur l'efficacité duquel lui personnellement nourrissait quelques doutes. Elle, Nina, avait interprété ces propos non comme une preuve du sérieux professionnel de Bertotto mais comme un message qui lui était adressé, comme si Bertotto, en avançant ce prétexte technique, avait timidement voulu lui dire, reviens, je voudrais ne pas te perdre de vue, je veux te voir encore. Et de là les problèmes avaient commencé, et le quiproquo qui conditionnerait toute la vie à venir de Nina. Parce que Bertotto – Nina s'en rendit compte après une année d'espérances vaines et une douzaine de chaussures massacrées ou éventrées tout exprès pour pouvoir revoir le beau cordonnier – n'avait absolument rien voulu dire de plus que ce qu'il lui avait dit, n'avait eu l'intention de lui transmettre aucun message timide, mais simplement de lui donner une information technique relative à sa chaussure. En découvrant que Bertotto ne l'avait aimée ni au premier regard comme cela lui était arrivé à elle en le voyant, ni même par la suite, alors qu'il l'avait vue si souvent et que contrairement à elle il n'avait pas fait l'expérience des journées d'agonie qui s'écoulaient entre une visite et l'autre à la boutique, entre la réparation d'une chaussure et sa restitution, elle avait été bouleversée et avait sombré dans le découragement le plus profond.

Soudain, bien qu'il n'y ait pas de lien logique évident avec ce qu'il est en train de lire, mais ainsi, soudain, à l'improviste, Schultz perçoit ce qu'est, ce que représente pour lui et dans cette histoire la statue de cire de la femme. Il le perçoit ou peut-être le comprend clairement même si à cause de sa pudeur habituelle il tarde à accepter ce qu'il sent, à admettre que la statue de la femme au manteau de poil de chameau est peut-être sa vie qui est restée figée autour d'une expérience. Il pose le livre et soupire, le visage sérieux. Ce n'est pas qu'il y ait quelque chose de mal à rester figé. Au contraire. Il y a quelque chose d'extrêmement digne à rester figé, quelque chose d'antique et de noble mais qui trouve peu de crédit quand on vit dans le voisinage immédiat du présent. De plus on éprouve trop souvent le besoin de se réchauffer, de se mettre à sautiller sur ses jambes en battant des bras autour de son corps. Voilà pourquoi peut-être, pense Schultz, j'ai recours si souvent, même si je ne sais pas avec quels résultats, à l'ironie. Oh l'ironie, dit aussitôt l'autre qui à présent semble apprécier les pauses plus que la lecture, l'ironie a fait elle aussi son temps. Tu ne peux pas passer tes journées à l'utiliser... Il se lève, commence à marcher avec élégance à travers la chambre, enfile les mains dans ses poches. Et puis, continue-t-il, l'ironie n'est que manque de courage. Il faut être celui que l'on est sans médiations. Personnellement j'ai toujours détesté ceux qui font semblant d'être différents. Regarde moi par exemple. J'aime la danse et j'aurais plaisir à en faire la démonstration si tu m'en laissais le temps. Oui, j'aime la danse – je ne l'ai jamais dit – depuis le jour où j'ai vu cet acteur anglais, Rex Harrison, cet acteur qui entre autres me ressemble, danser seul dans ce film dont le nom m'échappe. *Masquerade* ? suggère Schultz. Oui, c'est bien ça, *Masquerade.* Ah c'est donc à cause de lui, rit Schultz, que tu te promènes à travers la maison en dansant comme Carla Fracci ? Voyez un peu comment s'expliquent certaines choses. Évidemment, dit l'autre. Moi j'ai le courage de mes actions. Toi au contraire tu as toujours le besoin de te cacher derrière quelque chose. Il revient s'asseoir sur le lit, les jambes croisées, près de Schultz. Il s'établit un long instant de calme silence. Rex Harrison appuie son dos contre le mur en savourant cet instant. Et pourtant, dit-il, nous pourrions mieux nous entendre tous les deux. Ne me ressors pas Berengo, éclate quasiment Schultz. J'en ai assez. Non, explique l'autre. Ce n'est pas à Berengo que je pense, même si ce devrait être de mon devoir et du tien... Ce n'est pas à lui que je pense, mais à moi-même, à ce sympathique jeune homme rassis contraint de rester près de toi on ne sait trop pourquoi. Schultz reprend le livre. Et que pensais-tu de toi-même ? demande-t-il. L'autre hésite pendant un court instant. Je voudrais, susurre-t-il, que le héros de cette histoire ce soit moi et non toi.

Mais que dire de moi ? La jalousie et une sorte d'agglutination visqueuse aux émotions de Nina me firent vivre ces jours lointains et pénibles comme si j'en étais témoin. Je me mis à voir la boutique de Bertotto à San Pantalon et, à travers ses vitres, la haute silhouette de Bertotto assis sur une chaise basse et entouré de souliers éculés. De puissants, de joyeux coups de marteaux provenaient de l'intérieur tandis que dehors Nina, seize ans, un châle noir lui couvrant la tête et les épaules, se tenait appuyée contre le mur, clouée sur place, en pleurs, à quelques mètres de la porte de sorte que Bertotto, de l'intérieur, ne pût la voir. Ainsi avec son châle noir sur la tête Nina ressemblait à une madone païenne, très belle, égoïste et sensuelle qui pleurait sur ses propres douleurs, sur toutes les choses qui n'avaient pas eu lieu, sur tout ce qui n'était pas arrivé et n'arrivait pas, la Madone du Bertotto Perdu. Je voyais cette scène horrible et muette qu'animaient seulement les coups de marteau joyeux de Bertotto et les pleurs silencieux de Nina et qui cependant cessait d'une façon tout à fait inattendue, comme si Nina se fût soudain rendu compte non tant de l'inutilité de pleurer que du fait que les larmes ne convenaient pas à un personnage comme le sien ou à l'image qu'elle avait d'elle-même. Et maintenant Nina se reprenait, ses larmes séchaient, ses yeux brun doré s'éclairaient de cette lumière pleine de dignité qu'ont les yeux de qui, pour un instant au moins, accepte sa propre défaite, son visage se faisait dur, son corps se détachait de la cordonnerie et Nina s'éloignait avec courage du cœur chaud de San Pantalon tout palpitant de coups de marteau vers des régions taciturnes et glacées. Un soir de je ne sais plus quelle année on fit une grande fête masquée sur le campo Santa Margherita, dont l'étendue se prêtait bien aux rassemblements populaires. Nina, naturellement, y participa soit parce qu'elle aimait les fêtes populaires et qu'elle ne voulait laisser passer une occasion comme celle-là (en vérité, malgré sa douleur, elle ne voulait rien perdre de ce que pouvait lui offrir la vie) soit parce qu'elle espérait y rencontrer Bertotto. Tout compte fait le campo Santa Margherita se trouvait à deux pas de la maison où Bertotto habitait, et l'on pouvait donc le considérer comme inclus dans les limites étroites de cette géographie à l'intérieur de laquelle le cordonnier avait décidé de se déplacer ou mieux, en dehors de laquelle il avait décidé de ne s'aventurer jamais. Mais Bertotto ne se montrait pas. Il n'était pas parmi les hommes dont le visage était découvert ni, à en juger par leur taille de quelques pouces inférieure à la sienne, parmi ceux qui portaient un masque ni, évidemment, parmi les clowns les musiciens et les acrobates. Pour qui donc se prenait-il ce fils de chien pour estimer qu'une célébration qui, si elle n'avait pas lieu sous ses yeux, était certainement à la portée de ses oreilles, ne méritait pas qu'il s'y intéressât ? Quel mystère le rendait insensible à toute chose qui fût étrangère à l'art de la chaussure ? Les premiers gros mots terribles dictés par la fureur et le désir commencèrent à sortir de la bouche de Nina. C'était une nuit humide et très chaude. Les corps excités en sueur explosaient à l'intérieur de vêtements pourtant légers. Avant que la fête ne commençât, tandis que sur le campo on allumait les lampions, ces lanternes de papier peint qu'à Venise on appelle *baloni* et qu'on met aux fenêtres ou ailleurs à l'occasion de feux de joie et alors que les organisateurs de la fête les soulevaient bien haut avec des perches et les attachaient à des fils invisibles qui traversaient le campo d'un bout à l'autre, globes rouges jaunes bleus verts écarlates et d'autres aux plis multicolores qui constituaient un seul plafond de lumière suspendu au-dessus du campo ainsi qu'aux baldaquins tréteaux éventaires et tandis que les gens accouraient, que les musiciens se mettaient en place pour jouer les forlanes d'autrefois ou de nouvelles danses, qu'hommes et femmes commençaient à s'échanger des mots galants et des sourires et de petits rires et que montaient les premiers murmures rouges de désir, Nina était étendue sur son lit à rêver que les mains de Bertotto la caressaient. Personne ne l'avait jamais touchée, Nina, jusque-là à l'exception de ces mains imaginaires qui exploraient son corps en en tirant des sons, des gémissements qui devaient être le premier signal, les premières notes d'une monodie encore inconnue et lointaine, immergée profondément, mais que pouvait cependant produire son corps. La Mona, pensa Nina, la Mona la Mona. Et soudain une décision brutale la conduisit à se lever de son lit, à éloigner d'elle ces mains absentes et à courir dehors, sur le campo, où la fête était en train de commencer, pour voir si ces mains étaient là, disposées peut-être à toucher pour une fois quelque chose qui n'était pas une chaussure. Mais comme je l'ai dit Bertotto n'était pas là. Et puisqu'il n'y était pas, Nina décida froidement de l'envoyer en enfer lui, sa boutique et tout ce qui le concernait. Ce soir elle se donnerait à quelqu'un. Aujourd'hui, tout de suite, le soir même. Le hasard voulut que ce fût à Ludovico Binelli. Cela vaut peut-être la peine d'en dire deux mots sans perdre de vue le fait que je parle au nom de Nina et que je ne dois pas trahir son récit en le filtrant à travers la piètre sympathie que j'éprouve pour cet homme. Ludovico Binelli était un jeune débauché bien connu dans la ville, d'aspect agréable, un acteur de la compagnie du théâtre de San Benedetto, spécialisé dans les comédies à canevas et dans l'improvisation de vers obscènes contre n'importe qui, dont l'ambition la plus noble était de redonner vie après des siècles de silence à ce qu'à Venise on appelait la Compagnia della Calza ; mais son vrai métier était l'arnaque. Ses victimes étaient pour l'essentiel des gens de passage, des étrangers qu'il approchait et auxquels il racontait qu'il avait ses entrées dans les demeures des nobles vénitiens, qu'il connaissait bien l'épouse de tel procureur, de tel chevalier ou de tel comte et qu'il savait de source sûre que telle ou telle noble dame au nom prestigieux, qui avait perdu une fortune dans les maisons de jeu et qui voulait n'en faire rien savoir à son mari, était disposée à concéder ses faveurs à quiconque serait disposé à les lui payer pourvu qu'il fût étranger et gentilhomme. C'était un métier sûr. Qui en effet en arrivant dans une ville étrangère saurait refuser l'offre de coucher avec l'épouse d'un haut fonctionnaire local, d'un aristocrate, d'un magistrat important ou carrément d'un prince ? Voilà en quoi consistait l'arnaque : les femmes que Ludovico Binelli fréquentait n'étaient naturellement les épouses de personne ni, encore moins, de nobles dames, mais de joyeuses putains du lieu qui se prêtaient bien volontiers à cette comédie des erreurs car, jouée dans l'obscurité sur des gondoles complices, elle était rarement découverte. C'était d'ailleurs un jeu fort ancien à Venise, qui se pratiquait depuis les origines, preuve du piètre respect que les Vénitiens nourrissaient alors déjà à l'endroit de leurs gouvernants et qui, dans le cas de Ludovico Binelli, revêtait un caractère de résurgence, historique et culturel. Parce qu'en plus de la Compagnia della Calza, Binelli s'était mis en tête de ressusciter aussi d'autres usages anciens. Soit dit en passant, je n'ai plus la moindre idée de ce qu'était cette Compagnia della Calza qui se trouvait au faîte des ambitions de Binelli. Je me suis souvent promis de le demander à Nina mais débordé à chacune de nos rencontres par des curiosités bien différentes et bien plus profondes j'ai toujours oublié de le faire.

Schultz pose le livre sur le lit et se lève. Il étire ses longs bras et passe avec force une main derrière son cou. Il regarde l'heure : il va être bientôt deux heures mais, étrangement, lui qui n'a jamais été un noctambule, il n'a pas sommeil. Qu'en dis-tu ? demande l'autre qui est toujours là avec lui, si nous faisions une pause et échangions quelques mots ? Hum, fait Schultz, nous n'avons pas grand-chose à nous dire. Il s'approche doucement d'une des étagères de la bibliothèque où, rangés l'un à côté de l'autre et même l'un au-dessus de l'autre sur plusieurs niveaux, se trouvent les livres d'histoire et de coutumes vénitiennes publiés par Schultz éditeur typographe et par d'autres maisons concurrentes. Te rappelles-tu, demande Schultz, ce qu'est exactement la Compagnia della Calza ? Vaguement, dit l'autre. Si je ne me trompe c'est ainsi que l'on appelait un groupe d'aristocrates bons vivants de je ne sais quel siècle. En effet, dit Schultz, mais il doit y avoir là des indications plus précises. Ce n'est pas, pense Schultz, qu'il soit important à cette heure de la nuit de savoir ce qu'est exactement la Compagnia della Calza. Mais Jacob lui a communiqué en quelque façon sa curiosité insatisfaite. Il lève son regard sur les livres au-dessus de sa tête. Il ne lui est pas difficile de trouver en haut et à droite entre l'*Histoire des doges* et celle du *Libertinage* le livre qu'il cherche, le *Dictionnaire du dialecte vénitien*, de Boerio. Certes, pense Schultz, passer de cette façon d'un livre à l'autre ne doit pas être très bénéfique pour la santé de l'esprit. Je finirai par avoir les idées confuses, peut-être même par ne plus savoir où je me trouve. Il ouvre le volume et voilà qu'à la page 120 il trouve un bref chapitre consacré au thème qui l'intrigue.

COMPAGNIA DELLA CALZA[1] : on désignait ainsi une célèbre compagnie ou société de noceurs qui, au début du XVe siècle, fut instituée dans cette ville et subsista pendant presque deux cents ans, très nombreuse, composée seulement de nobles et de quelques étrangers distingués ou de sang princier. Elle était divisée en Chambres qui étaient appelées des Courtois, des Éternels, des Florissants, des Ardents, des Paons, des Éthérés et des Réels.

1. Compagnie du Bas.

En outre, réglée par un statut approprié, parmi les nombreuses ordonnances qui constituaient sa discipline, il était décrété que s'il arrivait à l'un des sociétaires de se marier, tous ses compagnons devaient porter pendant trois jours la robe d'écarlate et l'Époux celle de soie, sous peine d'une amende de 25 ducats ; que ce dernier ensuite était obligé de donner deux repas au son des trompettes et des fifres, l'un chez lui, l'autre chez son épouse ; et qu'après le se-cond repas l'Époux devait donner une fête ou comédie que l'on appelait communément la Momaria, où il aurait à dépenser 30 ducats en plus du repas, sous peine d'une amende de 50 ducats à chaque fois. Ensuite au moment de prendre part à la noce, tous les compagnons devaient en signe distinctif porter à droite de la mi-cuisse jusqu'au pied un bas qui se distinguât par ses couleurs variées, tissé d'or ou d'argent ou bien garni de pierreries ; et les bas différaient d'une chambre à l'autre. C'est de cette célèbre compagnie que parlent divers écrivains de choses vénitiennes, parmi lesquelles le doge Foscarini sur la *Littérature vénitienne* et l'abbé Bernardo Giustiniano dans ses *Histoires chronologiques des ordres militaires.*

Schultz remet le livre à sa place, glisse les mains dans ses poches et fait quelques pas dans la chambre. La Compagnia della Calza, pense-t-il. C'est son scrupule d'éditeur qui l'a poussé à s'assurer de ce qu'elle était exactement, une vérification de la lecture destinée à devenir une note en bas de page. Pense-t-il vraiment publier le livre ? Schultz ne le sait pas. Il se le demande pour la première fois. Cependant il n'est pas à exclure que, peut-être sans s'en apercevoir, il ait jusqu'à présent lu le livre avec l'optique de quelqu'un qui pourrait le publier. Pourquoi pas après tout ? Il lui semble plutôt bon, fort rempli, tendu, rapide, charnu comme les livres d'autrefois. Le titre ? Eh bien, le titre ne devrait pas être difficile à trouver. D'ailleurs il est déjà trouvé, il est écrit là, c'est LA TAVERNE DU DOGE LOREDAN, parce que si ce livre a jamais eu un titre ce devait être LA TAVERNE DU DOGE LOREDAN, cœur de ce qui est en train d'arriver, zone franche, lieu de rencontres mythiques. Il ne devrait pas y avoir de problèmes de droits, mais même s'il y en avait il n'y aurait pas là de difficulté… La difficulté est ailleurs, pense Schultz, car le publier tel qu'il se présente, sans tenir compte des effets étranges qu'il a eus sur lui, des analogies qu'il a avec sa vie, lui semble un gâchis inutile, un choix qui peut-être dénature la substance même de ce qu'il est en train de lire. Il devrait, pense-t-il, écrire une sorte de journal de cette nuit, la découverte du livre, l'appel de Baffi, la rencontre avec son père, le retour à la maison, l'éternelle prise de bec avec son compagnon, la Compagnia della Calza et glisser ces récits, là où ils conviennent le mieux, entre une page et l'autre ou bien là où s'ouvrent les pauses… Il en sortirait quelque chose d'insolite, un livre où lui, Schultz, devient un personnage de l'histoire qu'il est en train de lire et même en quelque sorte le coauteur… Fais attention, dit Paso Doble, qu'un livre comme celui que tu entends, publié par l'entreprise Schultz personne ne le lira. Tu n'as pas un marché pour des livres comme celui-ci. Personne n'attend de toi un tel livre. Ton public est habitué à d'autres conneries. Qu'il sortît auprès de quelque grosse maison milanaise à la rigueur je pourrais le comprendre. Mais pas ici. Oh non pas ici. Je te l'ai dit bien des fois. Si vraiment tu ne veux pas t'occuper de ce qui m'intéresse moi tu dois publier un livret d'opéra, le livret d'opéra du maestro Cesare Mascagni. Il est là depuis un bout de temps tout prêt et tu n'as pas encore daigné lui accorder un regard. Il a aussi l'avantage que l'on prenne ce Mascagni pour son homonyme, celui de « mère ce vin est généreux... » Mascagni m'assure qu'aujourd'hui l'on s'arrache les livrets d'opéra comme des best-sellers... Les gens les chantent dans les rues, les récitent en famille, c'est un nouveau jeu, le père joue un rôle, la mère un autre, les enfants aussi, les tantes, les grands-mères, les voisins forment le chœur, chacun les met en musique à sa guise... Pourquoi, demande Schultz en l'interrompant, ne vas-tu pas *dar via i ciap*[1] ? Voilà une expression milanaise qui me plaît, observe l'autre. La forme, je veux dire, pas tant le contenu. Moi je suis ici, continue Schultz, occupé à faire des réflexions sophistiquées et toi tu me sors le livret d'opéra de Cesare Mascagni. Une œuvre hautement méritoire, dit l'autre. Un travail socialement utile... D'ailleurs j'en aurais le droit, dit Schultz en reprenant le fil de son discours intérieur. Si ce livre me concerne de quelque façon, de quelque façon il m'appartient et je peux faire de lui ce que je veux. Il retourne s'étendre sur le lit et reprend sa lecture.

Mais reprenons notre discours sur le caractère et le métier de Binelli pour dire que, une fois au moins, son petit jeu n'avait pas marché. Pris à la gorge par le besoin d'argent il avait imprudemment abordé dans le quartier de Sant'Alvise le premier gentilhomme à l'allure étrangère qu'il avait rencontré et lui avait récité sa petite histoire de la noble dame qui, en difficultés d'argent, était disposée à y remédier, disons, en franchissant le pas. Le hasard,

1. Au diable.

le diable, le Père éternel ou peut-être tous les trois ensemble avaient voulu, probablement en riant comme des malades et en se donnant de grands coups sur l'épaule, que ce gentilhomme à l'allure étrangère non seulement fût un noble vénitien mais que la dame raffinée que lui proposait Binelli fût bel et bien son épouse. Nina elle-même riait à gorge déployée en me racontant cet épisode. Ludovico Binelli s'était retrouvé en prison je ne sais pour combien de temps et à présent, libéré depuis peu, il errait sur le campo Santa Margherita habillé en bouffon. Voilà, je peux voir Nina, même si je ne la connais pas encore, dessiner parmi la foule le chemin qui la conduit vers Binelli Ludovico. Mon cœur bat de fureur et de jalousie. Mais c'est ainsi. Je dois accepter ce qui a lieu ne serait-ce que parce que cela a déjà eu lieu. De nombreuses mains la touchent. De nombreux bras essaient de l'arrêter. Il se pourrait que deux de ces bras soient ceux qui la serreront bientôt, il se pourrait que l'une de ces mains soit celle qui bientôt caressera son corps nu... Mais son dessin n'est pas encore achevé, elle est en quête de mains et d'yeux complices et rieurs... Ah, Nina, Nina ! Moi aussi à Chetham ou ailleurs, dans d'autres villages voisins de celui où je suis né ou à Londres même avant que je ne rencontre Rosalynd Trenthan et que je ne tue son mari, j'aimais fréquenter des lieux populaires bondés et chercher des yeux rieurs qui deviennent sur-le-champ complices lorsqu'ils croisent les vôtres, des bouches qui disent tout déjà sans qu'il soit utile de parler, des sens qui attendent ma venue, des douceurs et des humidités secrètement prédisposées ! Mais que j'aie eu cette habitude ne signifiait pas nécessairement que j'étais disposé à l'accepter chez toi ! C'est donc avec une douleur extrême que j'assiste à cette scène et que je la raconte. Soudain Nina sent une de ses mains emprisonnée par une autre main grande et forte. Elle s'arrête. Elle attend quelques instants avant de lever son regard et de voir à qui appartient cette main. Son contact est agréable. Elle a la sécheresse, l'expérience et l'allégresse que cherche Nina.

— À qui est cette main ? demande-t-elle.

Puis elle lève son regard et se retrouve face au visage rieur de ce coquin de Binelli Ludovico.

— C'est la mienne, répond-il sans qu'on sache de quelle main il parle, de sa propre main ou de la sienne.

— Et cette main à qui est-elle ? demande-t-il.

— C'est la mienne, répond-elle.

Assez, ils se sont compris et sont d'accord. Lui voudrait l'inviter à manger une friture de poisson, des beignets, des barbes à papa. Mais elle est pressée et, comme elle le fera avec moi et, hélas, avec tous les autres, elle brûle les étapes.

— Non, dit-elle, c'est moi qui t'invite à dévorer mon beignet tout chaud.

Et elle lui lance un regard de défi. « Ah », s'exclame Binelli bouche bée tandis qu'elle peu soucieuse de qui pourrait la voir saisit son membre qui, dans ses pantalons, dès qu'elle a prononcé cette phrase, a atteint sa dimension maximale. Où vont-ils à présent ? Binelli ne peut l'emmener chez lui : il y a toujours trop de gens. Chez une putain de ses amies ne lui semble pas opportun. Les musiciens pendant ce temps continuent à jouer, les gens chantent, courent, dansent, se poursuivent et s'amusent. Binelli regarde autour de lui et, soudain, voit où il peut l'emmener. Au milieu du campo, haut et muni de tours, encore recouvert d'une toile parce que le spectacle n'est prévu qu'une heure plus tard, il y a le petit château du théâtre de marionnettes qui appartient à un ami de Binelli et pour lequel lui, Binelli, l'acteur, doit travailler ce soir. Et c'est là que l'énergumène la conduit peu soucieux du risque qu'il lui fait courir. Voilà, ils sont maintenant à l'intérieur du petit château entre des Arlequins, Facanape, Fracurradi, Rosaure et Colombines et Binelli et Nina, comme pris de fièvre, arrachent leurs vêtements, cherchent et exposent leurs parties les plus secrètes et il la perce de son épée, s'enfonçant, s'enfilant, s'enfourchant... Assez, je coupe court. La scène me fait trop souffrir. J'essaierai d'arriver à sa fin au plus vite sans pleurer ni rire même si elle finit d'une façon tragi-comique. Pour Nina c'est la première fois. Des gémissements qui montaient de son corps lorsqu'elle rêvait des mains caressantes de Bertotto Nina pouvait avoir tiré une vague idée des explosions orchestrales, de la longue détonation musicale qui en sortirait lorsque quelqu'un la posséderait vraiment. Mais elle ne pouvait certes pas en prévoir la portée. Son hurlement (mais il est faux de le définir comme un hurlement : il n'y a pas encore de mot pour ce son) de joie de plaisir et de libération, cette chose qui deviendrait par la suite la source de mon bonheur et de mon tourment et les réactions convulsives de Binelli sont en effet telles que tout autour la place fait silence, les Facanape Fracurradi et Arlequins tombent de leur portant, le petit château tremble, vacille, oscille quelques instants avant de s'effondrer par terre et de découvrir les deux amants dénudés, qui se débattent, encore inconscients de ce qui leur arrive, sous les yeux de la foule.

Il a raison, dit Schultz, qui se penche une fois de plus sur son livre. À ses lèvres affleure de nouveau le sourire amusé qui si souvent est apparu et a disparu durant sa lecture. Qui a raison ? demande l'autre. Lui Jacob. Il a raison de faire quoi ? De dire, répond Schultz, qu'il n'y a pas de mot pour ce son. Cri, gémissement, hurlement sont des mots impropres, inadaptés. Et les mots techniques, en admettant qu'il y en ait, sont encore pires. Tant pis... Tu aimerais bien, hein ? dit l'autre, donner un nom à cette chose ? Que l'on se souvienne de toi comme éditeur pour le seul mérite d'avoir donné un nom à cette chose ? Mais oui, dit Schultz, pourquoi pas ? Tu as quelques idées à me suggérer ? L'autre réfléchit un peu. La Voix de Mona, dit-il ensuite. Schultz éclate de rire. Pas mal, observe-t-il, mais ça fait plutôt rire. Cela irait bien dans un contexte comique et puis ce n'est pas un nom... Il reprend le livre et cherche encore la phrase de Jacob. « Mais elle ne pouvait certes pas en prévoir la portée. Son hurlement... » Essaye un peu, dit-il, de remplacer son hurlement par la Voix de Mona et on a aussitôt envie de rire. L'autre hausse les épaules. Et où est le mal si l'on a envie de rire, dit-il. Donne-moi, laisse-moi lire. « La Voix de Mona, lit le locataire, cette voix qui deviendrait par la suite la source de mon bonheur et de mon tourment... » Moi je trouve cela très beau. C'est vrai, dit Schultz, cela sonne très bien. Mais c'est à l'onomatopée que je pense. Ah, dit l'autre, s'il en est ainsi tu n'en sors pas. Chaque Mona a sa propre voix, produit des sons différents des autres. Il y a un long moment de silence. À quoi penses-tu ? Schultz hésite à répondre. Je ne sais, dit-il ensuite, c'est comme si ce n'était pas moi qui pensais. Il plie sa jambe gauche et l'appuie sur la droite à la hauteur du genou. Pendant un instant il reste immobile à regarder la pointe de sa chaussure de daim. Il a toujours aimé les chaussures de daim à semelle de crêpe, les lacets couleur tête de nègre, il aime l'élégance avec laquelle le bas de soie dépasse du pantalon de velours et se glisse dans la chaussure. Je ne sais, répète-t-il ensuite. C'est comme si quelqu'un s'insinuait dans mes pensées possibles, changeantes, possibles développements de ce que je suis en train de lire. Et puis ces pauses, moi qui interromps la lecture, ces dialogues avec toi, la Compagnia della Calza, la Voix de Mona, le temps de respiration qu'elles incluent, les chaussures de daim, le déplacement d'intérêts, doivent pourtant vouloir dire quelque chose. Que devraient-elles vouloir dire ? demande l'autre. Mais oui, dit Schultz en continuant à regarder sa chaussure et en mettant un bras derrière son cou, mais oui, elles ressemblent un peu trop à un procédé narratif pour que je n'aie pas quelques soupçons. Les pauses... Voilà. Et si nous considérions les pauses... Non, toi considère tout ce que tu veux, éclate Paso Doble, moi je ne considère absolument rien, ce qui me rappelle cette réplique d'une pièce de théâtre anglaise où Untel, histoire de donner un exemple, dit : « *Take for instance the working class...* » et l'autre lui répond : « *No, you take it, I don't want it.* » Et si je considérais, reprend Schultz patiemment, les pauses de la lecture de ce livre comme faisant partie du livre lui-même, comme si elles étaient à l'intérieur, non hors du livre, créées exprès non pas par celui qui lit, mais par notre mystérieux auteur lui-même pour insérer dans le livre le temps de Schultz, éditeur typographe ? Ah, dit l'autre, nostalgie des choses d'autrefois, douceur des silences entre mari et femme, regret des hommes fatigués et affamés et même aussi du nain Zacharie ! C'était là le chemin, mon ami. À quoi te sert tout cela ? Essaie d'imaginer, continue Schultz sans l'écouter, qu'un écrivain est en train d'écrire un livre sur Untel qui lit un livre... De temps en temps, pour éviter des confusions le personnage qui lit sera contraint par l'auteur de suspendre sa lecture, de retourner en lui-même, de penser pendant un moment à ses affaires, pourquoi pas à l'express Zurich-Venise via Milan, à la statue de cire d'une femme, à ses propres chaussures de daim. En somme exactement ce que je suis en train de faire. Exactement ce que fait toute personne qui lit un livre, dit l'autre. Oui, confirme Schultz, mais à plus forte raison celui qui lit ce livre dont nous reconnaissons unanimement la nature mystérieuse. Pense donc, j'ai laissé Nina toute jeunette, campo Santa Margherita, nue, les jambes croisées sur le dos de Binelli, le château des marionnettes qui s'écroule l'exposant ainsi à la foule, à un moment chargé d'événements futurs, bondé, parce qu'il est clair qu'après ce qui est arrivé Nina ne pourra plus être la même et partira peut-être pour Londres afin de se confondre avec cette autre Nina plus mûre que nous avons connue auparavant... Et pourtant. Schultz s'interrompt pendant un instant comme s'il voulait mettre parfaitement au point l'obscure logique de son discours, avec l'air toutefois de quelqu'un qui ne croit pas un mot de ce qu'il dit. Et pourtant, reprend-il ensuite, ne voilà-t-il pas qu'à ce point du récit au lieu d'accélérer ma lecture et de voir ce qui se produit ensuite, je m'arrête, je mets le livre de côté, je commence à parler d'autre chose et toi tu nous sors la Voix de Mona et on laisse tout le reste en suspens. Exactement comme le requiert la technique narrative quand on raconte deux histoires parallèles. C'est comme si je faisais moi aussi partie du livre que je lis et que l'auteur se servît de moi pour créer une sorte de suspense... Paso Doble lui lance un regard amusé. Et moi ? demande-t-il. Qui serais-je moi dans ce cas ? Schultz réfléchit un court instant. Oh, toi, dit-il, il ne devrait pas être difficile de te trouver un rôle. Ta tâche pourrait être d'éviter la monotonie du monologue intérieur. Tu pourrais être l'expédient littéraire qui transforme le monologue en dialogue... L'autre se met à rire. C'est toi qui seras l'expédient, dit-il. Aucun égard pour mon passé, hein ? Et pourtant j'ai fait tant de choses moi aussi. Ton meilleur ennemi. Douleur au côté. Phare. Réflecteur. En sueur et fatigué sous de terribles lampes à arc. Il met une main sur la tête de Schultz et lui tâte le front et la nuque. De quel côté as-tu, demande-t-il en citant le grand auteur, la bosse de la connaissance ?

Je ne raconterai pas en détail le scandale qui s'ensuivit, la hâte avec laquelle les deux amants rassemblèrent leurs habits et s'enfuirent sous les rires, les moqueries, les lazzi, les quolibets de la foule. Je dirai simplement que l'épisode arriva, façon de parler, aux oreilles de la gazette de Venise et que la nouvelle qui se répandit partout en ville fit jaser la population entière, qu'elle était le sujet de toutes les conversations où se mêlaient rire et luxure, sur les ponts, dans les auberges, autour des fontaines où se rassemblaient les gens pour puiser de l'eau, de sorte que Nina en quelques jours fut montrée du doigt comme une putain... Nina, mon amour. Montrée du doigt comme une putain. Moi je t'aurais défendue en plantant mon épée dans la gorge de quiconque eût ri de toi ou dans les yeux de celui qui t'aurait lancé un regard qui manquât de respect. Mais j'ignorais alors ton existence et, guère plus âgé qu'un enfant, j'étais peut-être occupé à Chetham à soulever les jupes de mes cousines ou à épier les domestiques dans les toilettes. Il suffit. Nina, d'abord moquée puis abandonnée y compris par son père par sa mère par toute sa famille à l'exception de son frère dont j'aurai l'occasion de parler plus loin, fut obligée de quitter la ville et de chercher un endroit où se retrouver elle-même et où recommencer sa vie. Elle partit seule, mais Binelli, qui n'était peut-être pas dépourvu de sentiments honnêtes, dès qu'il eut appris son départ, la poursuivit et la rejoignit. Padoue, Ravenne, Ferrare, Parme, Livourne, Gênes, de là l'embarquement pour l'Espagne, Barcelone, Cordoue, Madrid si mes souvenirs sont bons, puis Toulouse, Lyon, Paris et enfin Londres. Comment ont vécu ces deux-là durant ces années de vagabondage, Dieu seul le sait. D'aucuns pourraient avancer l'hypothèse qu'ils vécurent elle en faisant la pute lui son maquereau. Mais je ne le crois pas. Non. Et je ne dis pas cela parce que son passé me terrifie. Vendre son corps n'est pas son genre. L'offrir oui, mais non le vendre. Le prêter, voire l'échanger, mais jamais pour de l'argent. Il est vrai qu'elle n'aime pas parler de ces années par gêne ou par honte pourrait-on croire. Mais, je le répète, je ne le crois pas. Elle est de cette sorte de femme capable de confondre même les astrologues. Il y a tant de choses dont elle ne parle pas. Je connais bien ses silences même si je n'ai jamais bien compris ce qu'ils signifient.

En effet, pense Schultz. Moi non plus je ne les ai pas compris. Il y avait beaucoup de silence derrière elle, une boule de silence probablement pleine de choses hurlantes. Mais elle, quelles qu'elles fussent, n'en parlait pas, elle les emportait avec une grande dignité, peut-être même en riait-elle, sinon elle n'aurait pas eu ces yeux. Fuyait-elle loin de quelqu'un ? Quelqu'un la poursuivait-il ? « Je ne te donnerai aucune explication, mon amour. » Mais elle monte avec lui sur le vaporetto qui, à la sortie de la gare, semble les attendre à l'embarcadère. Ils restent sur le pont au grand air, près de la cabine de pilotage malgré le froid. Il n'y a personne d'autre à bord que le pilote, un marin et un homme grand vêtu d'un manteau sombre et aux longs cheveux blancs, debout à la proue, une main posée sur le bastingage. À cette heure Venise est pâle, embrumée et les vaporettos qui la traversent semblent naviguer au milieu des palais à la dérive comme des vaisseaux fantômes sur les océans. Lui, pense Schultz, je veux dire le vaporetto, il avait le numéro 172, un numéro banal, sans histoire qui ne figure ni dans la cabale ni dans les livres du destin. Mais, étrangement, celui qui le pilote c'est Renato Levorato, son camarade d'études à l'Institut Nautique qui a choisi la navigation sur la lagune et non sur les océans. Quant au marin c'est le fils de Johnson, surnom exotique d'une pute qui est passée désormais à une vie meilleure mais qui trente ans auparavant a été la maîtresse d'un officier américain. Aujourd'hui le fils de cette Johnson regarde avec des yeux exorbités le visage de conte de fées sud-américain de la femme vêtue d'un manteau de poil de chameau.

— Renato, demande Schultz, tu m'emmènes faire un tour ?

— Un tour ? dit Levorato. Je termine ma journée. C'est mon dernier voyage.

— Il y a quelques années, dit Schultz d'un air indifférent, tandis que le bateau se détache de l'embarcadère, j'étais à Séville, à bord d'un autobus bondé.

— Ah, oui ? dit Levorato. Moi à Séville je n'y suis jamais allé.

— À un arrêt, continue Schultz, monte une très belle fille, grande, brune, de longues cuisses, les yeux bleus, la peau de pêche parfumée. L'autobus est alors pris comme par une flambée, son cœur se met à battre violemment. La jeune fille glisse une main dans son sac, cherche de l'argent pour prendre son ticket, mais le chauffeur lui dit : « Non, vous, vous ne payez pas. »

— Comment ? crie Levorato car les vibrations du bateau ont emporté la dernière réplique. Que dit le chauffeur ?

— « Vous, vous ne payez pas », répète Schultz. « Pourquoi ? » demande la jeune fille. « Parce que vous êtes trop belle », dit le chauffeur. La jeune fille alors se met à rire et le remercie. « Bien plus, crie l'homme qui sans cesser de bien tenir en main son volant, se tourne vers les passagers, si vous me dites où vous habitez et si ces messieurs-dames sont d'accord nous vous accompagnons tous chez vous. » Et il déroute l'autobus pour conduire la jeune fille chez elle.

La femme au manteau de poil de chameau rit doucement, passe un bras autour de la taille de Schultz et le serre fort ; mais le silence, pense Schultz, était encore là derrière elle, dans son dos, intérêt massif et impénétrable.

— J'ai compris, dit Levorato, où voulez-vous que je vous conduise ?

Il donne un coup d'accélérateur tandis que Schultz reprend sa lecture.

Par certaines allusions, par certaines choses exprimées incidemment, je serais volontiers tenté de dire que Nina et Ludovico gagnèrent de quoi vivre tantôt comme comédiens ambulants jouant sur les places, tantôt comme camelots, de ceux qui transportent avec eux leur boutique, une caissette de bois suspendue à leur cou par une bandoulière et contenant leur marchandise : colliers de fausses perles, petits miroirs, peignes fins, épingles, dés à coudre, petits ciseaux et peut-être aussi des Arlequins de bois et autres marionnettes en souvenir de l'aventure qui les avait réunis et fait rester ensemble. Dans les moments où mon imagination à son propos prend des chemins scabreux je n'exclus pas que Binelli ait voulu en user avec elle comme il en avait usé avec ses amies putains à Venise, c'est-à-dire en la faisant passer pour une grande dame, épouse d'un grand seigneur, disposée à s'abandonner à quelque étranger pour payer ses dettes de jeu ; mais cette hypothèse se heurte à ce que je connais du caractère de Nina capable de résister à dix Binelli à la fois ainsi qu'à ma réticence à croire que Binelli qui avait connu, disons, son humidité fût disposé à la faire goûter à d'autres. En France ils se marièrent. Je ne sais pourquoi elle le fit. Je ne le sais vraiment pas. C'est là encore l'un des chapitres de sa vie demeurés dans le silence. Elle, lorsque je le lui demandai, haussa les épaules, geste qui pouvait vouloir dire tout et n'importe quoi et qui ne constitue pas une réponse. Elle n'avait cependant pas oublié Bertotto. Son cœur battait encore au rythme des coups de marteau qui venaient de la boutique de San Pantalon et l'amour et le féroce ressentiment amoureux qu'elle avait éprouvés pour la nature rétive et insondable de cet homme s'étaient, au fil du temps, transformés en tendresse et en peine. Parfois Nina se surprenait un marteau à la main en train d'en battre les semelles d'une chaussure pour retrouver ces mêmes sons qu'elle avait aimés et se revoir elle près de la vitrine de Bertotto, son châle sur la tête, dans l'attente que quelque chose se produisît. C'était peut-être pour cela qu'elle s'était mariée. Pour que quelque chose se produisît. Non qu'en France à cette époque il ne se produisît rien. Au contraire. Tout arrivait. Mais ces événements collectifs pompeux glorieux et néfastes ne concernaient qu'indirectement sa propre histoire qui était faite d'autre chose. Par exemple, le vin. En France les époux Binelli découvrirent en effet le vin : le bourgogne, le beaujolais, le vin clairet, le mâcon, le bordeaux rouge, le saint-émilion, mais ils découvrirent surtout combien les Anglais, quoique toujours en guerre avec la France, s'intéressaient au vin de ce pays dans la tourmente et ils commencèrent à en faire la contrebande. (Les contrebandiers, je dois l'admettre, sont des hommes auxquels un jour il faudra rendre justice. Leur grandeur consiste en cela qu'ils assurent et gardent vivante l'amitié entre les peuples malgré l'attitude scandaleuse des gouvernements). C'est ainsi que l'histoire de Nina finit par croiser celle de Viruela qui fournit son bateau pour les chargements des tonneaux envoyés outre-Manche, puis celle de Fielding qui avec sa contrebande initiale des parfums était devenu désormais le grand maître de tout trafic clandestin entre l'Angleterre et le continent. Inutile de raconter en détail ce qui se passa dans les années qui suivirent immédiatement la naissance de la taverne que Binelli avait voulu baptiser du doge Loredan, parce qu'il s'était souvent servi avec bonheur de ce nom lorsqu'il faisait passer ses putains pour des dames de grandes familles, la mort de Binelli, la découverte que Binelli avait laissé de grosses dettes de jeu, l'intervention probable mais jamais prouvée de Fielding pour les éponger. Revenons en revanche au point où, pour raconter l'histoire de Nina, j'ai dû interrompre le récit de ma propre histoire avec elle, les semaines où nous faisions l'amour comme des forcenés, dans sa chambre ou dans la cave ou debout, la nuit, contre un arbre de la rue, parmi les tonneaux de l'entrepôt de Viruela, dès que nous étions pris du désir de le faire et que nous pouvions le satisfaire sans trop de risque. Mais comme cela était inévitable, malgré nos astuces subterfuges stratagèmes et pièces d'or fréquemment glissées par Nina aux espions de Fielding, tout ce plaisir vécu dans la clandestinité, tous ces gémissements, ces effleurements, ces œillades ne purent demeurer longtemps secrets. Fielding finit par apprendre que Nina avait un amant jeune et parfumé. Et voici ce qu'il fit. Je le raconte exactement comme me le raconta plus tard Viruela qui l'apprit des domestiques de Fielding qui en furent les témoins oculaires. Imaginez la grande salle d'entrée du palais de Fielding. C'est une salle décorée de façon exquise avec des meubles précieux, des tableaux de maîtres, y compris deux œuvres du grand William Blake, des candélabres de verre de Murano, des tapis persans, des coussins de soie de Chine, un grand aquarium où évoluent des poissons colorés parmi les plus gracieux et les plus nobles, une fontaine reliée à des canalisations cachées de la maison d'où jaillit vers le plafond rainuré un jet continu de parfums, un grand escalier de marbre avec sa balustrade qui mène aux pièces de l'étage supérieur et que protègent deux armures guerrières de capitaines d'aventure suivant une mode empruntée aux grandes familles et des blasons aux murs et des canapés et des tables d'acajou couvertes de cristaux et de nombreuses autres choses très précieuses. De l'étage du haut proviennent des sons démentiels, des explosions de verre brisé, des bruits sourds, les craquements de meubles défoncés, des fracas métalliques, des coups donnés par le tranchant d'une épée ou par un puissant gourdin qui devenu fou se serait mis à frapper et à détruire tout ce qu'il rencontre, à mettre en pièces tout ce qui est entier, à provoquer la chute de tout ce qui est suspendu. Puis apparaît Fielding en haut de l'escalier qui fait tournoyer sa canne dont le pommeau d'argent assassin s'abat comme une massue sur le marbre de la balustrade et le fêle, sur la tête d'une armure qui se détache du corps comme une balle et, tandis que le guerrier décapité s'effondre dans des gémissements métalliques, celui qui tient la canne dans son poing descend les marches sans cesser de frapper murs balustrade et marches jusqu'à ce qu'il arrive à la salle où la matraque d'argent se précipite et s'abat sur les tables couvertes de cristaux, sur le grand aquarium qui déverse dans la salle ses eaux en tempête et ses poissons tropicaux, sur l'albâtre de la fontaine qui geint de douleur, sur les candélabres de Murano qui deviennent poussière de verre, âpre vent, crissement sous les pieds de l'homme qui, tout en continuant à donner des coups de droite et de gauche, se dirige vers la porte de sortie, l'ouvre et disparaît dans la rue. D'où continuent à provenir durant de longs instants, encore proches puis toujours plus lointains, les bruits de sa fureur. Tandis que tout cela se déroulait, Nina et moi dans la cave de la taverne, parmi les saucissons suspendus, les jambons fumés et les stockfischs et les étagères de bouteilles poussiéreuses et les tonneaux empilés, nous nous aimions. La cave donnait sur la rue par une basse fenêtre à barreaux et ce fut de cette fenêtre que, précédé de son odeur, parvint jusqu'à nous le son martelé et dément de la canne de Fielding, lointain d'abord, sans nom et dépourvu de menace comme n'importe quel bruit de la ville, mais qui, se chargeant de désespoir et de fureur, acquit peu à peu sa spécificité au fur et à mesure qu'il se rapprochait. Puis soudain l'air devint fétide. Nina leva la tête et se détacha de moi avec un gémissement.

– C'est lui, dit-elle.

Je savais de qui elle parlait mais je fis mine de n'avoir pas compris.

– Qui lui ?

– Fielding. Ne le sens-tu pas ?... Ne reste pas là avec ton oiseau dehors, rentre-le et disparais.

– Si c'est lui je veux l'attendre, dis-je courageusement.

— Tu n'as plus le temps de sortir, dit Nina. Tu dois te cacher.

— Me cacher ? Un gentilhomme ne se cache jamais.

— Ici tu n'es pas entre gentilshommes mais entre assassins.

— Moi aussi je suis un assassin si ce n'est que cela, répondis-je.

— Sais-tu ce qu'il te fera s'il te trouve ici avec moi ? Il te crèvera les yeux avec sa maudite canne.

— Me crois-tu incapable de me défendre ?

Elle me gifla violemment.

— Oui, pauvre imbécile.

Puis elle me poussa dans l'ombre de la cave.

— Là-bas au fond, il y a un cagibi, un débarras. Enferme-toi dedans et restes-y... Quoi que tu entendes, ne bouge pas. À moi, il ne fera rien... J'en errai quelqu'un te prévenir lorsque tu pourras sortir.

Encore étourdi par la gifle je fis ce qu'elle me disait, me glissai dans le cagibi noir et fermai la porte derrière moi. Nina resta adossée au tonneau qui peu de temps auparavant avait résisté aux secousses de mon corps qui entrait dans le sien. J'entendis la porte de la cave qui s'ouvrait, puis les pas de Fielding et enfin sa voix, ses mots, les mots de Nina. Voici leur dialogue tel qu'il m'en souvient.

— C'est vrai ?

— Oui.

— Avec ce garçon ?

— Qu'importe qui c'est !

— C'est ce garçon je le sais. Tu l'aimes ?

— Ne me fais pas rire.

— Je ne te demanderai pas si c'est moi que tu aimes.

— Non. Il ne vaut mieux pas.

— Où est-il à présent ?

— Il est parti il y a peu.

— Il ne s'en est pas allé. Personne ne l'a vu sortir. Il est encore ici.

— J'en ai assez, Terry. Je ne te laisserai pas faire d'autres dégâts.

— Aucun des dégâts que je puisse faire ne sera jamais comparable à ce que je subis sans cesse.

Une longue pause suivit. Puis Fielding s'en sortit avec une réplique inattendue.

— J'ai écrit un poème cette nuit.

— Un poème ?

— Oh, une petite chose. Quatre ou cinq vers sans prétention littéraire aucune... Du reste je ne suis pas même certain que ce soit moi qui les ai écrits...

— Que veux-tu dire ?

— Ce poème est peut-être né de lui-même, d'un rêve que j'ai fait cette nuit...

— Un rêve ?

— Un rêve. Je traversais avec ma voiture une région inconnue. Je la regardais de la fenêtre. C'était une région montagneuse, rocheuse, hivernale, couverte de neige. Soudain, au loin, en un point du paysage je vis un lac gelé, dans lequel, venus des montagnes voisines, se précipitaient des torrents que le froid avait glacés, des cascades d'eau pétrifiée. Je connaissais ce lac sans pourtant l'avoir jamais vu, je le connaissais sans pourtant en savoir le nom. Je criai au cocher d'arrêter les chevaux et je restai là à regarder ce lac durant quelques minutes... Bien sûr que je connaissais ce lac. Ce lac c'était moi, c'était mon âme...

— Oh, mon Dieu.

— ... et je pouvais la voir pour la première fois dans toute sa désolation. La reconnaître suscita en moi une horreur qui m'éveilla et sur-le-champ, dans mon esprit, je ne sais comment, sont apparus des mots d'abord confus puis qui seuls ensuite, sans que je les guide, ont peu à peu pris forme, quelques vers, le poème justement... Je me demande si tu aurais la bonté de l'écouter.

— Vas-y.

Fielding toussota, inquiet, embarrassé, ému.

— *J'ai eu très froid, maman, cette nuit / froid tout le long du torse nu de mon corps. / Réchauffe-moi un peu de ton souffle, mère sauvage / et ne me laisse pas seul hors de la tanière.*

— ?

— Est-il si laid ?

— Comment veux-tu que je sache s'il est beau ou laid. Je ne suis pas en mesure de le juger.

— Peut-être. Mais tu es certainement en mesure de me dire quel effet il a eu sur toi.

— Oh cela oui. Mais ça ne te plaira pas, Terry.

— Pourquoi ?

— Il y a quelque chose d'immonde dans ces vers. Immonde comme la pitié que tu éprouves à ton égard.

Fielding rit doucement.

— Il n'y a rien qui ne soit immonde en moi, à part ma belle allure.

— Je ne suis plus disposée à me laisser émouvoir. Et maintenant tu me sors des poèmes. J'en ai assez.

Chacun est ce qu'il est et je suis moi aussi comme je suis. Je veux redevenir celle que je suis et me faire pénétrer devant et derrière par qui bon me semble sans que tu doives venir ici à chaque fois me faire chanter avec ta puanteur de merde, les corbeaux qui te poursuivent, tes mères sauvages, et tes lacs gelés. Et maintenant sors d'ici que je n'arrive plus à respirer.

— Tu ne veux plus me voir ?

— Exactement. Je ne veux plus te voir.

— Tu es prête à en affronter les conséquences ?

— Je les emmerde les conséquences.

— Parce que tu penses qu'il n'y en aura pas, excepté bien sûr l'élimination de ce garçon. Je n'ai jamais été un homme mesquin, moi, mais je suis prêt à le devenir. Si tu es lasse de feindre d'être une autre je suis las moi aussi de ne pas aller au fond des choses... Mes réactions à partir de maintenant seront à la mesure de la cruauté des blessures que je reçois. Montrer du dégoût pour la pitié que j'éprouve à mon égard est une chose que tu n'aurais pas dû faire. Mais d'une certaine manière, comment dire ? je te sais gré de l'avoir fait. Cela justifiera tout le reste. S'offre à moi la possibilité de commettre un mal infini comme est infinie ma souffrance... Tu as été ce qui m'aidait à m'accepter et me maîtriser. Maintenant que tu n'es plus là, la bête immonde qui vit en moi est libre de sortir de sa cage... Dis au garçon de sortir du trou où il est allé se cacher. Je ne lui ferai rien pour l'instant. Mais je lui réserve une fin plus cruelle que d'être tué à coups de canne comme un rat.

On entendit un bruit de pas, les pas de Fielding qui, tournant le dos à Nina, commençait à monter l'escalier de la cave, puis la voix de Nina qui disait « Terry, oh Terry » et ses pas à elle qui le suivaient, la porte de la cave qui se refermait. Je n'entendis plus rien. Mais, je l'avoue, ce que j'avais entendu avait suffi à me faire peur. Ce n'était pas seulement la peur de la fin cruelle qui semblait m'être réservée, mais quelque chose de plus profond et de plus complexe. J'avais entendu une voix monstrueuse, j'avais entendu un monstre parler, s'exprimer, expliquer ses raisons. J'avais peur de ce murmure et peur de le comprendre, d'en avoir pitié, de devoir le subir moi aussi comme un chantage. Mais j'avais surtout peur de ce « Terry, oh Terry » que Nina avait lancé tandis que Fielding s'en allait et du bruit de ses pas à elle qui semblaient vouloir le suivre. C'était un son douloureux, implorant, le son d'un repentir qui venait démentir la dureté de ses mots exaspérés et même cruels qu'elle avait prononcés un peu plus tôt. Ce cri de Nina et le bruit de ses pas haletants, précipités, ne signifiaient qu'une seule chose : c'étaient les prémices d'un discours qui conduirait Nina à se réconcilier avec Fielding, à l'accepter de nouveau dans sa vie, voilà ce que je pensais confusément mais avec un profond chagrin, comme toute vie est contrainte d'accepter sa propre mort. Je n'avais pas les idées claires, je ne savais quoi faire. Qu'allait-il se passer à présent ? Que se passait-il déjà ? Et moi que ferais-je ? J'étais incapable d'agir mais je justifiais ma passivité avec une considération qui n'était peut-être pas qu'un prétexte : Nina m'avait dit de ne pas bouger jusqu'à ce qu'elle me fît appeler. Je demeurai dans le cagibi et tout doucement, presque sans m'en apercevoir, je sombrai dans le sommeil.

Je me réveillai quelques heures plus tard en sursaut. Personne n'était venu me chercher. Avais-je été oublié ou Nina était-elle empêchée par Fielding ? Peut-être pendant mon sommeil s'était-il passé quelque chose de tragique, quelque chose que je n'osais pas même imaginer ? Je sortis du débarras et traversai en courant la cave en direction de la sortie. C'était presque l'aube. La taverne était déserte, clients et serveurs à la journée s'en étaient allés depuis longtemps et la porte était close, verrouillée. Je courus vers la porte de l'appartement qu'habitait Nina et fit irruption dans sa chambre sans me soucier des conséquences. La chambre de Nina aussi était déserte, tranquille, mais dans l'air qui n'avait son parfum habituel que parce qu'il était l'air de sa chambre, on percevait encore les relents de l'affreuse puanteur de Fielding. Fielding était donc venu là, elle l'y avait conduit, ce que je craignais s'était avéré. J'étais en train de penser à tout cela lorsque survint quelque chose d'horrible. J'entendis un bruissement venir d'un coin de la chambre, une sorte de souffle, puis je vis soudain pointer de sous le lit, la tête d'abord puis tout le corps d'un monstrueux animal, mi-chat, mi-rat, enflé, flasque, totalement dépourvu de poils à l'exception de sourcils hirsutes et de moustaches métalliques, la bouche ouverte d'où, à travers des dents aiguisées comme des pointes, sortait une haleine pestilentielle qui infectait l'air, l'haleine de Fielding. L'animal me regardait comme en riant et, d'une certaine manière, comme s'il avait été là sous le lit à m'attendre. Tout d'un coup je compris ce que c'était. C'était la bête immonde que Fielding portait en lui et dont il avait parlé dans la cave pendant son entretien bref mais agité avec Nina, cette bête sauvage qu'il avait promis de libérer et que j'avais prise pour une métaphore, mais qui au contraire existait réellement. Fielding l'avait laissée là pour moi. Sachant que dès que je sortirais de ma cachette je me précipiterais dans la chambre de Nina il m'avait tendu un piège. Je comprenais à présent ce qu'il avait voulu dire lorsqu'il avait promis de me réserver une fin plus horrible que celle d'être tué à coups de canne comme un rat. La terreur me paralysait. Soudain la métaphore – c'est ainsi que j'appellerai cet animal monstrueux parce que je ne suis jamais parvenu à comprendre ce que c'était et donc à en connaître le nom – souffla et ce fut ce souffle, ce vent pourri qui sortait de son corps qui me fit retrouver la maîtrise de moi-même. Je reculai et avant que la bête pût bondir sur moi je sortis de la chambre en en refermant la porte massive. Il ne pouvait être passé qu'un instant, sûrement moins d'une minute, depuis que j'étais entré dans la chambre de Nina, et pourtant j'en ressortais épuisé et tremblant comme si cette aventure avait duré qui sait combien de temps. Je m'arrêtai pour reprendre haleine le dos appuyé contre le mur du couloir mais l'esprit et le cœur encore face à l'animal resté de l'autre côté de la porte lorsque, soudain, je sentis d'autres souffles et d'autres bruissements de corps humides et flasques qui provenaient d'autres côtés de la taverne et aussitôt après, de toutes parts, du bout du long corridor, de l'ombre, de derrière l'escalier qui conduisait à l'étage supérieur et au grenier, je vis s'avancer vers moi d'autres bêtes identiques à celle que j'avais fuie, une horde entière de métaphores qui soufflaient, rampaient et qui toutes également répandaient leur terrible puanteur. Cette fois je réagis avant que la peur ne me pétrifiât encore. Je me mis à courir vers l'escalier, enjambai d'un bond une bête qui tentait de m'en interdire l'accès, gravis les marches quatre à quatre, défonçai d'un coup d'épaule la porte qui donnait dans le grenier, traversai cette pièce poussiéreuse et encombrée d'objets massifs jusqu'à la lucarne, que j'ouvris, je sortis par la fenêtre, glissai sur les toits et me laissai tomber de trois ou quatre mètres de haut dans la rue où j'atterris miraculeusement indemne. Je ne m'arrêtai pas mais me remis à courir comme un fou par les rues du quartier en direction de la maison de Viruela.

Prends garde, dit le locataire en allongeant une main et en la posant sur la page que Schultz est en train de lire, prends garde car si ces bêtes réapparaissent moi je m'en vais jusqu'à ce que tu aies fini. Bon voyage, dit Schultz en déplaçant le livre, tu me manqueras, mais inutile de m'envoyer de tes nouvelles. Ah bon ? réplique l'autre, et avec qui parleras-tu si je ne suis plus là ? Schultz hausse les épaules. Je me tairai, dit-il, je ressens le besoin d'un peu de silence. S'il y a une chose qui me fait horreur, continue l'autre, c'est l'horreur elle-même. Je ne suis pas en état de l'affronter. Elle est plus forte que mon désir de savoir comment cette histoire va finir. Et ne viens pas me dire qu'il y a plus d'horreur dehors que dans ce livre. Je ne le sais que trop bien. Ce n'est pas pour rien que j'ai fréquenté pendant tant d'années la noble madame Bragadin qui sur ces choses-là en savait long. Inutile que je cherche à l'exorciser, je veux dire l'horreur, avec un beau discours raisonnable. Elle se mettait à rire. Cher ami, disait-elle, et grosse comme elle était, avec ce visage d'ancien boxeur qui était le sien, ses paroles avaient un son encore plus horrible, cher ami, la raison est le tranquillisant le plus puissant que l'industrie pharmaceutique ait jamais produit. C'est autre chose que Noan, Anxiolin, Équanil ou Péréquil. Mais face à certaines choses elle ne sert à rien et donne souvent des résultats intoxicants. La bête dont nous parlons est au ciel et sur terre, derrière les braves garçons comme vous, elle change de couleur comme un caméléon, elle change de visage, mais elle est toujours là à nous tenir compagnie. Elle est ici même quand nous croyons qu'elle s'en est allée. Elle s'est seulement cachée sous le lit et s'amuse follement à attendre le moment où elle en sortira... Un papillon ou un autre insecte immonde l'épiait à travers la fenêtre fermée. Si elle se déplaçait dans une autre pièce, le papillon la suivait et apparaissait devant l'autre vitre. Sainte Vierge. La vie, disait la pauvre vieille, est le siège d'une expérience cosmique, ou bien, précisait-elle, comique, ou mieux et là elle dessinait une parenthèse entre le *o* et le *m*, co(s)mique. Pensez donc si je ne connais pas ces choses-là... Mais elles ne me conviennent pas, je ne les veux pas et donc ne va pas me sortir... Je ne sors vraiment rien, dit Schultz, tu parles à tort et à travers. Pas le moins du monde, reprend l'autre. Le fait est que les papillons, les métaphores, les trous noirs et quelques autres choses de ce genre me font vraiment horreur, surtout à cette heure de la nuit... Eh bien, dit Schultz, celle qui me faisait horreur c'était madame Bragadin. En comparaison les métaphores deviennent de gracieux petits animaux à tenir sur ses genoux et à caresser à rebrousse-poil. Écureuils, cochons d'Inde, petits chiens... Et pourtant malgré tout, continue l'autre, c'était une grande dame qui nous fascinait un peu tous. Y compris le pauvre Silvestri qui lui lisait ses vers compilés chez d'autres. Grande lectrice de Henry James qu'enfant elle avait connu en personne. Nous en verrons de belles, disait-elle, mais je ne me rappelle pas à quel propos. Nous en verrons de belles… Mais Schultz ne l'écoute plus. Il a déjà repris sa lecture.

Lorsque j'arrivai chez Viruela, je le réveillai et lui racontai ce qui m'était arrivé. Cette fois le capitaine ne se montra pas très compréhensif. Il eut un sursaut de fureur et je crus un instant qu'il voulait me chasser et m'abandonner à mon sort. Ne m'avait-il pas prévenu ? Ne m'avait-il pas dit que je ne devais pas m'approcher de Nina ? Ne m'avait-il pas fait comprendre clairement combien il était dangereux de se mettre en travers de la route de Fielding ? Désormais tout ce qui pouvait m'arriver je l'aurais mérité, je ne pourrais m'en prendre qu'à moi-même. Il était hors de lui, mais lorsque, comme unique argument pour ma défense, je lui répétai que j'aimais Nina et qu'elle aussi m'aimait peut-être, il se calma subitement. Bien sûr, dit-il, bien sûr. Il marmonna quelque chose sur la puissance de l'amour, se leva de son lit et se mit à s'habiller tout en disant que bien qu'il eût appris à m'aimer comme un fils et que cela lui déplût de me voir partir, il ne lui était plus possible de me loger. Tout le monde savait désormais que j'étais son protégé et sa maison dès lors ne pouvait plus être tenue pour sûre. Il n'avait cependant pas l'intention de m'abandonner à mon sort. Il me conduisit en effet chez un sourd-muet aux cheveux roux, un voleur à la tire d'origine française du nom de Supplice, je ne sais trop si c'était là son vrai nom ou si c'était parce que la vie pour ceux qui le côtoyaient était un vrai supplice. Le problème avec ce sourd-muet était qu'il ignorait ou feignait d'ignorer qu'il l'était et estimait pouvoir entendre et parler. Des sons affreux, d'incompréhensibles bégaiements sortaient de sa bouche et chercher à les interpréter demandait un effort aussi incomparable qu'inutile. Supplice était également analphabète et notre incapacité à communiquer était donc réellement sans issue. Toutefois cette incommunicabilité aurait pu être tolérable si nous l'avions acceptée l'un et l'autre. Mais le seul à bien vouloir l'accepter c'était moi. Pas lui. Il n'y songeait même pas et parlait donc et parlait toute la sainte journée sans qu'il me fût possible de comprendre un traître mot de ce qu'il disait. Je suppose qu'il s'imaginait même raconter des histoires drôles parce que de temps à autre, il éclatait de rire et attendait clairement la même chose de moi. Un vrai supplice, une torture d'autant plus grande que l'endurait une âme déjà largement torturée, la mienne. Je ne savais en effet plus rien de Nina, j'ignorais ce qui lui était arrivé, si les bêtes qui avaient envahi la Taverne du doge Loredan y étaient encore ou si Fielding les avait rappelées auprès de lui. Supplice ne pouvait m'aider à en savoir plus ni Viruela non plus qui, peut-être pour éviter de mettre sur ma piste ceux qui me cherchaient, ne s'était plus montré depuis le jour où il m'avait conduit dans mon nouveau refuge. Nina me manquait terriblement, mon corps privé du sien se sentait mutilé. Mon sexe était comme un limier devenu fou qui continuerait à flairer sa proie sans parvenir à la trouver. Je cherchais en vain à le calmer de mes mains caressantes. Il gémissait, languissait, regardait autour de lui, hurlait, me traînait dans toutes les directions. Il voulait Nina, son refuge chaud et humide, qui seul calmerait ses cris. Un jour, ou plutôt une nuit, il me fit me lever d'un bond, me traîna de force vers une échelle de la maison qui donnait sur une lucarne et, sans me laisser le temps de lui demander où diable il voulait me conduire, il m'obligea à monter sur les toits, devant dessous et dessus s'étendait la ville endormie dont quelques lumières brillaient çà et là entourées d'une vaste obscurité. Mais là, sur le toit, grâce aux contours vagues et familiers des maisons, des arbres, des chemins, je m'aperçus avec surprise que la maison de Supplice était bien plus proche de la Taverne du doge Loredan que je n'aurais cru et que, si je le voulais, je pourrais m'y rendre en sautant de toit en toit sans descendre dans la rue. Je ne perdis pas de temps en réflexions. Traîné par la force de mon désir je me laissai glisser sur le toit de la maison voisine, grimpai jusqu'au toit de la suivante, m'agrippai aux branches d'un arbre, marchai comme un funambule sur le mur d'un jardin, passai par une fenêtre, entrai comme un voleur dans une chambre où dormaient deux amants, en sortis par une autre fenêtre, sautai sur un autre toit et ainsi, de saut en saut, de branche en branche, de toit en toit, je gagnai les toits de la taverne. Je compris tout de suite que quelque chose devait avoir eu lieu. Des rires grossiers, un bruit de verre brisé, des voix querelleuses et ivres venaient de l'intérieur. Ce n'étaient pas les bruits habituels. Je m'explique. Au cours des semaines passées à la taverne j'avais pu constater que les clients réguliers mais aussi ceux de passage, bien que canailles et fripouilles, devaient se soumettre à certaines règles de comportement établies par Nina ou peut-être tacitement imposées par sa seule présence. Le fait qu'elle employât un langage, pour ainsi dire, affranchi n'autorisait pas ceux qui fréquentaient la taverne à en faire autant. Au contraire. Je ne sais pourquoi mais jamais aucun épisode inconvenant ne s'était produit dans la taverne, du moins devant moi. Voleurs, contrebandiers, pickpockets faisaient tous preuve de la discrétion de gentilshommes raffinés réunis dans un club. Ils parlaient bien sûr, mais pas si fort que cela ; ils riaient naturellement, mais sans grossièreté. Maintenant en revanche, à en juger par les sons qui en montaient, la taverne semblait occupée par un troupeau de canailles avinées comme si toutes les règles qui en avaient dicté la conduite avaient volé en éclats. La Taverne du doge Loredan était en proie à l'anarchie. Quelque chose donc devait avoir eu lieu, quelque chose que j'ignorais et que je devais découvrir. Je m'approchai de la lucarne par laquelle quelques jours auparavant j'étais sorti pour échapper aux métaphores et en repoussai les battants bien décidé à entrer. Je tremblais parce que je ne savais pas si les bêtes étaient encore là cachées dans le noir du grenier ni si l'on m'avait tendu quelque autre traquenard. Je tremblais mais le sentiment le plus fort n'était pas la peur, plutôt un désir profond et douloureux qui donnait du courage à ma main désarmée. J'entrai dans le grenier et peu de temps après je descendais l'escalier qui conduisait au cœur de la taverne. Aucune trace des bêtes de

Fielding, aucun danger grandissant dans l'ombre, mais d'autres signes en revanche du désordre et de l'abandon dans lesquels la taverne semblait s'être précipitée : des traces de saleté dans les couloirs, des empreintes de mains grasses sur les murs et une odeur de nourriture qui alourdissait l'air comme si les cuisines avaient en quelque sorte débordé et envahi aussi cette partie du bâtiment jusqu'à peu encore jalousement séparée du reste. Je commençai à me faire une idée de ce qui s'était passé. Ce désordre ne pouvait avoir qu'une explication : Nina était partie, la taverne était aux mains de domestiques infidèles et négligents, les motifs qui imposaient aux clients une attitude digne avaient disparu. La gorge serrée, puisque de toutes les possibilités celle-là me semblait être la pire, je fis irruption dans la chambre de Nina. La poussière sur les meubles, les armoires vides, l'absence sur la coiffeuse de parfums et de fards, confirmèrent mes soupçons. Nina n'était plus là, elle était partie. Je demeurai quelques minutes immobile, le souffle coupé, l'esprit et le cœur brouillés par mille conjectures. Où pouvait-elle être allée ? S'était-elle réconciliée avec Fielding et était-elle avec lui dans son palais ou dans l'une de ses maisons de campagne ? Et pourquoi était-elle partie sans rien me dire, sans même essayer de me contacter ? Pour ce qu'elle en savait je pouvais bien être encore enfermé là dans le débarras de la cave à attendre qu'elle me fît chercher ! Et quand était-elle partie ? Le soir même ? Reviendrait-elle ? Mille questions en somme, dont la dernière était celle dont je désirais peut-être et redoutais davantage la réponse parce que quelque chose me disait que Nina ne reviendrait jamais plus. Il y avait en effet un je ne sais quoi de définitif dans tout ce qui avait disparu de la chambre de Nina et dans le silence contrarié des choses qui y étaient restées, comme dans le vacarme qui continuait à provenir de la salle, se trouvait la preuve qu'aucun des clients ne craignait plus que la patronne pût revenir d'un moment à l'autre. Je sortis de la chambre de Nina et avançai prudemment le long du couloir. Il y avait parmi le personnel de cuisines une jeune plongeuse du nom de Betty qui m'avait toujours regardé avec sympathie et qui s'était peut-être même laissée aller à quelques tendres pensées pour moi. Elle était douce et affable, une personne à qui je pouvais me fier. Si je parvenais à lui parler je pourrais lui demander des nouvelles de Nina et selon toute probabilité en recevoir. Mais je n'avais guère envie d'entrer dans la cuisine. Le risque était que l'un des cuisiniers ou des serveurs fût un espion de Fielding ou que, sachant que Fielding m'avait condamné à mort, l'un des cuisiniers ou des serveurs, simplement pour me nuire ou pour gagner les faveurs de Fielding, n'avisât ses hommes de ma présence dans la taverne. Je n'allai donc pas aux cuisines, mais entrai furtivement dans la chambre de Betty et décidai d'y attendre sa venue. Elle arriva environ une ou deux heures plus tard, je ne sais, et s'évanouit presque en me voyant. Je la pris dans mes bras, elle était tendre et légère, et survint à ce moment une chose dont la responsabilité ne doit être attribuée qu'à ce renflement qui de chez le sourd-muet aux cheveux roux m'avait conduit jusqu'ici à travers toits et jardins, un renflement dont Betty dut s'apercevoir lorsque je la pris dans mes bras, parce que nous nous retrouvâmes soudain sur son lit, enlacés l'un l'autre, l'un dans le corps de l'autre, le mien en quête de réconfort en l'absence de Nina, le sien pour goûter au corps du beau jeune et noble amant de sa patronne.

Le vaporetto 172 transformé en bateau de plaisance sort du Grand Canal, double la pointe de la Douane et entre dans le canal de la Giudecca. Qu'est-ce qui le lui a remis en mémoire ? Schultz ne saurait le dire. Peut-être le renflement auquel Jacob fait allusion, peut-être l'obscur désir de donner un certain ordre aux souvenirs au fur et à mesure qu'ils tendent à se glisser dans sa lecture. Il y a beaucoup de vent à cet endroit de Venise et l'eau du canal est très agitée. Renato Levorato, qui n'a pas voulu être inférieur au chauffeur de Séville, tient avec satisfaction la barre et de temps en temps lance un regard irrésistible à la femme au manteau de poil de chameau appuyée au bastingage près de Schultz. Même le marin fils de Johnson a l'air de ne pas vouloir la perdre de vue. Jamais, dit-il, jamais passagère plus belle n'a mis pied à bord de ce bateau. Cette nuit, ajoute-t-il, restera dans l'histoire de la compagnie de la navigation lagunaire. Même si le président ou l'inspecteur passait il ne trouverait rien à redire, il comprendrait pourquoi le bateau a changé de cap et fait une sorte de croisière. Où voulez-vous aller ? Aux Caraïbes ? À Casablanca ? À Istanbul ? Il vous suffit de me le dire. Nous sommes ici pour cela. La Giudecca enveloppée dans le brouillard où quelques lumières brillent çà et là est une île sauvage, saint Georges dans la sienne repose tranquillement après avoir tué le dragon. Le vaporetto enfile rapidement l'étroit canal qui sépare les deux îles, passage interdit aux bateaux de ce tonnage, passe devant le Cipriani, que Dieu bénisse sa cuisine, fait irruption dans cette partie de la lagune qui est cachée à la ville. Elle, la femme au manteau de poil de chameau, a sur son visage la lumière barrée de la lampe qui éclaire la cabine, le col de son manteau relevé autour de son cou, les cheveux, oh les cheveux, si seulement il était possible de les décrire. En la regardant Schultz se rend compte, pour la première fois depuis qu'il l'a rencontrée dans le train, qu'il l'avait déjà rencontrée auparavant. Oui, c'est sûrement elle, ce ne peut être qu'elle, même si elle était vêtue autrement, attendant à l'aéroport de Paris un avion pour la Tunisie… Mais quand donc, demande Paso Doble, quand donc ? C'est la première fois que j'entends cette histoire. Lui venait d'arriver d'Amérique du Sud après avoir été contraint de débarquer du *Ramona* à Cayenne pour un début de septicémie qui faillit l'emporter. Il avait dû prendre je ne sais combien de millions d'unités de pénicilline pour arrêter l'infection. Le médecin qui le soignait, fils d'un Noir et d'une Gitane, l'avait dissuadé de rejoindre le bateau à Rio et lui avait conseillé de rentrer en Europe. Ainsi était-il parti, le sang encore à demi empoisonné et les pieds si gonflés qu'ils ne pouvaient entrer dans ses souliers et ne supportaient même pas ses pantoufles, emportant avec lui un grand arc et des flèches achetés à un vieil homme, un ancien galérien qui vendait de la marchandise indienne aux étrangers de passage. Et, à l'aéroport de Paris, elle était là, elle n'était pas encore la femme au manteau de poil de chameau, mais elle avait toutes les conditions requises pour le devenir. En le voyant boitiller pieds nus avec tout cet armement en main elle s'était mise à rire. Pourquoi riez-vous ? lui avait-il demandé. « Pour ce truc-là », avait-elle dit. « Butin de guerre sûrement. » Puis le haut-parleur avait appelé le vol je ne sais combien à destination de Tunis et elle s'était levée. « C'est dommage », avait-elle dit. « Au revoir, mon capitaine. » Elle était française ? demande Paso Doble. Elle en avait tout l'air, dit Schultz. Mais elle, continue l'autre, la femme au manteau de poil de chameau, elle n'était pas française, elle avait tout l'air d'être italienne. Et qu'est-ce à dire ? demande Schultz. Tu te laisses toujours impressionner par la première sottise qui te vient à l'esprit. Elle pouvait être l'un et l'autre, elle pouvait avoir changé de nationalité... Quoi qu'il en soit, nous tombâmes aussitôt amoureux l'un de l'autre et c'est pour cela qu'il nous fut facile de retomber amoureux quand nous nous rencontrâmes de nouveau... Sambo et l'œil ouvert, notre Schultz, histoire de citer encore une fois madame Bragadin qui ne manquait pas de génie. Rien ne lui échappe même si à présent il ressort que c'est la même. Il est certain que la dame au manteau de poil de chameau a beaucoup voyagé. Tunis, Venise, Zurich en provenance qui sait d'où. Et cela sous tes yeux. Imaginez un peu où elle allait quand tu n'étais pas là. De par le monde comme un pigeon voyageur. Que pouvait-elle bien aller faire en Tunisie ? Le lui as-tu jamais demandé ? Non, dit Schultz, je n'en ai pas eu le temps. L'idée m'est venue à l'instant que c'était la même femme. Mais que veut dire Sambo et l'œil ouvert ? « Sambo et l'œil ouvert » et « Je te regarde mon amour » étaient les appellations données par madame Bragadin à son mari dont les frasques amoureuses étaient connues de toute la Vénétie. « Te voilà », disait-elle en le voyant arriver, « Je te regarde mon amour ». Lui il devenait rouge de contrariété, voire cramoisi. C'était une grande dame. Demande-le à Berengo qui en sait quelque chose. Épris d'elle. Amoureux. Mais elle, elle menait une triple, quadruple existence... Il s'interrompt. Écoute-moi, dit-il, prenons une petite demi-heure de repos, buvons quelque chose. Au diable le livre et qui l'a écrit. Attends, dit Schultz. Encore un peu. Je veux voir ce qui va arriver.

Je remerciai le ciel de m'avoir envoyé Betty et de l'avoir trouvée disposée, d'une part à alléger l'intolérable désir qui me torturait depuis des jours, d'autre part à me donner des nouvelles de Nina. En effet une fois sa première fonction menée à terme elle passa à la seconde. Elle me dit tout de suite que Nina avait disparu et que, comme j'avais disparu en même temps qu'elle, tout le monde croyait qu'elle s'était enfuie avec moi. Fielding m'avait condamné à mourir et ses hommes étaient à ma poursuite. La police aussi était à ma poursuite depuis que Fielding leur avait mouchardé que l'assassin du douanier Jeremy Trenthan, qui s'était esquivé aussitôt après la fin du duel, avait trouvé refuge chez le capitaine Viruela et avait été employé à la Taverne du doge Loredan où, pendant quelques semaines, il avait joué du clavecin. Viruela avait été longuement interrogé tant par Fielding que par les policiers et il aurait été certainement tué par le premier ou mis en prison par les seconds s'il n'avait eu l'intelligence de me renier, de se montrer furieux et outré par les crimes horribles que j'avais commis et s'il n'avait juré m'avoir chassé comme un malpropre dès qu'il avait découvert quel serpent venimeux il avait amené sous son toit. Ah Viruela, Viruela ! Je fus heureux d'apprendre qu'il était parvenu à s'en tirer sans me dénoncer. En effet, puisque personne n'était venu me chercher chez Supplice, il était clair que le capitaine ne m'avait pas trahi tout comme il était clair qu'en m'installant chez le voleur à la tire sourd-muet et analphabète il avait voulu se prémunir contre le risque d'une dénonciation. Viruela avait continué à me protéger à distance et méritait toute ma gratitude. Comment m'en tirai-je avec Betty ? Je m'en tirai avec ma dignité habituelle, avec ma franchise coutumière. Du reste ce qui s'était passé entre nous ne l'avait pas abusée. Il y a des personnages qui mériteraient davantage de la vie, mais que, comment dire ? le destin a relégués dans les rôles secondaires d'intermédiaires, de truchements, de messagers, de *go between* entre l'un et l'autre des rôles principaux. Betty savait qu'elle était l'un de ces personnages et n'aspirait pas à un autre rôle. De toute manière Betty n'avait pas la moindre idée de l'endroit où se trouvait Nina.

Je vais aller faire quelques pas. Le locataire contraint Schultz à interrompre sa lecture. J'en ai assez. Schultz lève son regard sur lui. Dehors ? Non, pas dehors. Ici, de haut en bas dans la maison. Même la faim m'est venue. À moi aussi, dit Schultz. Il pose son livre, change de position et met pied à terre. Quelle heure est-il ? Il est deux heures quarante-cinq, l'heure à laquelle il finissait son tour de garde sur le *Ramona*. Veux-tu que je prépare quelques spaghetti ? demande l'autre. Schultz reporte son regard sur lui sans répondre. Ne me regarde pas avec cet air digne de *Timeo Danaos*, dit l'autre. Tu en as envie ou tu n'en as pas envie ? Mais oui, fait Schultz en se levant et en dégourdissant son long corps. Même si, ajoute-t-il, toute cette amabilité ne me plaît guère. Je suis sûr qu'elle cache quelque chose. Je cache toujours quelque chose, répond l'autre. Le malheur c'est que je ne sais pas toujours ce que c'est.

Comment les veux-tu ? À la tomate ou à l'ail et à l'huile ? Ail et huile, dit Schultz. Je t'appelle quand c'est prêt, dit Paso Doble en sortant de la chambre. Schultz fait quelques pas dans la pièce, écarte le rideau qui cache la fenêtre et regarde dehors. Au-delà des vitres, au-delà du canal qui coule en dessous, les maisons d'en face ne se devinent que grâce à la ligne blanche de la neige qui en révèle les toits. Il a répété presque sans s'en apercevoir le premier geste qu'elle avait fait dès qu'elle était entrée dans cette chambre. Avant même d'enlever son manteau elle s'est dirigée vers la fenêtre, en a écarté le rideau et a regardé dehors. Neigeait-il aussi alors ? Non, il ne neigeait pas et il faisait presque jour, la ville était en train de s'éveiller. Lui, les mains dans les poches, les épaules appuyées contre la porte fermée, la regarde. À la barbe des sourires ironiques de quelques critiques éventuels il n'a jamais vu une femme aussi belle. Sa présence dans cette chambre lui donne quelque chose qui ressemble beaucoup à une certitude ontologique. Il n'a pas commis une seule erreur depuis qu'il l'a rencontrée, il a été, jusqu'à présent, à la hauteur du miracle, non seulement mais (peut-être) ne pourra-t-il même plus se tromper. Elle est venue, elle est encore humide, cette histoire commencée par un regard a déchaîné un désir soudain incapable d'attendre. Quelle que soit son autre histoire, celle qui reste obscure, elle ne peut valoir autant que l'histoire de ce regard. Enrichetta. C'est alors que le nom d'Enrichetta lui vient à l'esprit. Elle sursaute et se tourne. Pourquoi Enrichetta ? demande-t-elle. Schultz sourit sans bouger. Toutes les femmes que l'on rencontre comme moi je t'ai rencontrée s'appellent Enrichetta. Tu en as rencontré beaucoup ? Quelquefois elles s'appellent aussi Nina, ajoute à présent Schultz. Tu en as rencontré beaucoup ? Non, pas beaucoup et aucune de cette façon.

Moi je ne sais, dit-elle, comment s'appellent les hommes que l'on rencontre comme moi je t'ai rencontré. Ils s'appellent tous Schultz, dit Schultz. Ils ne peuvent s'appeler autrement. Dans le nom un train express qui part de la gare de Zurich, un compartiment vide, une femme avec un manteau de poil de chameau. Ils s'appellent tous Schultz. Elle enlève son manteau et le pose sur le fauteuil, passe une main aux longs doigts sur le collier de perles, vraies ou fausses peu importe, qui orne son cou et, comme l'invitant, mais sans embarras, bien plus avec un sourire courageux et ouvert, elle regarde en direction de Schultz, dont s'il a été facile jusqu'à ce moment d'improviser les répliques et de lui attribuer courtoisie et ironie il est très difficile de décrire les mouvements sans courir le risque de le faire apparaître satisfait ou lourdaud comme apparaissent habituellement satisfaits et lourdauds les éditeurs typographes anciens capitaines de la marine marchande quand ils jouent le rôle d'amoureux. C'est là l'unique raison pour laquelle il est resté immobile jusqu'à présent le dos appuyé à la porte. Le risque qu'il court s'il bouge est très gros. Il ne peut, comme Jacob, se fier seulement à son sexe pour aller à sa rencontre : personnage plus conscient, plus complexe et aussi plus mûr, au sens justement de l'âge, on lui demande autre chose, peut-être un geste de grand acteur, une trouvaille de mise en scène, une surprise théâtrale… Quoi qu'il en soit je peux t'assurer, dit tout à coup Schultz en préparant le terrain, que même si je te semble fort distrait et hors de l'histoire, j'ai toujours voté pour le parti communiste. J'en étais certaine, dit-elle avec gratitude, mais qu'en pensent les Lanciers du Bengale ? Les Lanciers du Bengale, dit Schultz, en se détachant de la porte et en allant vers elle, les Lanciers du Bengale, répète-t-il, nous ont unis et seuls les Lanciers du Bengale pourront nous séparer. Ou peut-être vaudrait-il mieux que ce soit elle qui dise cette phrase. Quoi qu'il en soit, elle, comme de juste, ne rit pas, cette fois elle ne doit pas rire, toutes ces femmes rient trop, elle non plus n'a commis jusqu'à présent aucune erreur sauf peut-être vraiment celle d'avoir ri une fois de plus qu'il n'était nécessaire à bord du 172 conduit par Renato Levorato et au lieu de rire comme on s'y attendrait elle fait un signe de la tête comme pour dire, non pas même eux, pas même les Lanciers, puis en le regardant elle détache le collier qu'elle porte autour du cou, défait le premier bouton de son chemisier et de la jupe sous lesquels son corps attend. À présent ils sont tous les deux sur le lit, l'un dans l'autre et ses cris à elle, mais on ne peut pas vraiment les appeler des cris, comme on ne peut les appeler, ainsi que le suggère Paso Doble, la Voix de Mona, égalent parfaitement ceux qui de nombreuses pages en arrière sont sortis du livre de Jacob et le lit est le lit d'une auberge du XVIIIe siècle située dans le duché de Parme, c'est aussi le lit vénéto-londonien de Nina et à l'abri d'un mur posé sur le sol le matelas d'un appartement parisien du quartier de Passy et elle est Enrichetta Nina et beaucoup d'autres et toutes les femmes que l'on rencontre d'une certaine façon... Les spaghetti sont servis, crie de la cuisine Paso Doble. Schultz se secoue, mais ce doit être un mouvement imperceptible, il sort de sa chambre, traverse la grande salle maintenant éclairée et arrive dans la cuisine où Paso Doble, un tablier noué autour des reins, est en train de verser de la sauce tomate sur deux assiettes de spaghetti. Pourquoi le mouvement de Schultz doit-il être imperceptible quand son locataire l'appelle ? Parce qu'il ne doit pas apparaître aussi romantique ni aussi perdu dans ses souvenirs. Je ne t'avais pas dit de me les faire à l'ail et à l'huile ? demande Schultz en s'asseyant. Il n'y a pas d'ail à la maison, dit l'autre et y en aurait-il eu que je les aurais quand même faits à la tomate. Et pourquoi cela ? réplique Schultz. Comme ça, pour te faire bisquer. Tout à coup j'ai senti en moi renaître mon ancienne hostilité. Où est le parmesan ? dit Schultz sans l'écouter. Je déteste râper le parmesan, répond l'autre. Je déteste le verbe râper, la râpe comme objet et le mot lui-même. Moi les spaghetti je les mange sans fromage. Si tu en veux tu n'as qu'à le râper toi-même. Tu pouvais au moins le mettre sur la table, dit Schultz en se relevant. Ah non, je ne suis pas ton domestique, dit l'autre. Si moi je suis ton expédient toi tu es le mien. Pour ce qui est de moi aucune condition de sujétion. Nous sommes égaux. Hum, fait Schultz en ouvrant le réfrigérateur et en prenant le parmesan et la râpe (il est vrai que c'est un mot horrible), hum, c'est à voir. Jusqu'à présent c'est moi qui ai le dessus sur toi, c'est moi qui te détermine malgré le grand mal que tu te donnes pour me casser les pieds. L'autre lâche un petit rire acidulé dont on ne comprend pas le sens exact. Lentement il enroule les spaghetti autour de sa fourchette et les enfile dans sa bouche. Tu sens cette sauce, dit-il en commençant à mâcher. Et quelle cuisson al dente ! C'est digne du Harry's bar. Schultz râpe (ce verbe est vraiment répugnant) le parmesan directement sur son assiette, puis il se rassied et attaque le plat avec sa fourchette. La cuisine, à part le grand réfrigérateur et deux radiateurs, est restée telle qu'elle devait être au temps des premiers Schultz : il y a encore l'âtre (autre parole horrible), la cheminée d'où pend au bout d'une chaîne une grosse marmite de cuivre et accrochés à la *napa*[1] (un mot très beau même s'il est peu utilisé et plutôt dialectal) et

1. Forme dialectale vénitienne pour « manteau de la cheminée ».

aux murs tout autour ou posés sur une grande maie, des plats, des cocottes, des casseroles et autres ustensiles de cuivre des plus beaux. La table est en chêne avec des pieds puissants, le poêle est en fer, éteint depuis qui sait combien d'années, il ressemble à une locomotive conservée dans un dépôt des Chemins de fer. La cuisine en somme est de celles qui n'existent plus que sur de vieilles photographies et dans le souvenir des personnes très âgées. Schultz l'air absorbé verse du vin dans son verre et dans celui de l'homme qui est assis à côté de lui. Ils forment vraiment un beau couple. C'est à voir, dit Schultz. C'est à voir quoi ? demande l'autre. On ne devient égaux que lorsqu'on se sépare et que chacun s'en va pour son compte. Crois-tu que ce soit possible ? demande Paso Doble. Cela se produit, parfois cela peut se produire. À Londres, par exemple, continue Schultz, il y a quelques années j'ai fait la connaissance d'une jeune fille de Trévise. Ou mieux j'ai rencontré une jeune fille de Trévise que je connaissais déjà. Quelle fille de Trévise ? demande l'autre. Moi je ne m'en souviens pas. Si tu ne t'en souviens pas ce sont tes affaires, dit Schultz. D'ailleurs dans la gestion de l'entreprise Schultz l'archivage des souvenirs n'est pas exactement la partie qui te concerne. Et pourtant je me souviens de beaucoup de choses, dit l'autre, mais justement aucune fille de Trévise ne me revient à l'esprit. Comment s'appelait-elle ? Elena. Elle s'appelait Elena je ne sais quoi, elle était la fille d'un notaire et s'était rendue à Londres pour apprendre l'anglais et aussi pour échapper à une certaine situation personnelle. Cette fille était un drôle de cas. À Trévise elle bégayait, un de ces bégaiements implacables, sans issue. De ces bégaiements qui, pour couronner le tout, font aussi mourir de rire. Franchement je ne m'en souviens pas, dit l'autre. Eh bien, quand cette Elena commence à parler anglais elle s'aperçoit qu'elle ne bégaie plus, au contraire, les mots qu'elle prononce sont légers fluides élégants sans embarras comme si sa langue, entendue comme organe, n'avait plus aucun problème. Elle continue au contraire à bégayer en italien, uniquement en italien. Comment cela se fait-il ? demande l'autre intrigué. Eh bien, dit Schultz, cela ne devrait être difficile à comprendre pour personne, y compris toi, et donc il est inutile de l'expliquer. En effet, dit Paso Doble, c'est évident. La situation personnelle, continue Schultz, à laquelle elle avait cherché à échapper en allant à Londres, était un amour malheureux pour un avocat de Mogliano. Tu sais comment sont les avocats de Mogliano, orgueilleux, imbus d'eux-mêmes, ils ne veulent rien savoir des bègues. Et cet avocat, celui dont Elena est amoureuse, n'est pas meilleur que les autres. Plus d'une fois il lui a ri au nez tandis qu'elle essayait de lui dire quelque chose. B-B-B-Be et lui de rire aux éclats. Aussi s'est-elle enfuie à Londres. Mais maintenant, à Londres, maintenant qu'elle sait l'anglais, Elena est devenue une autre personne, plutôt deux personnes égales mais distinctes parce que la première continue à bégayer quoique seulement en italien, et que la seconde ne bégaie pas, quoiqu'en anglais seulement. Bon, continue Schultz, la seconde, celle qui parle couramment l'anglais, maintenant qu'elle se sent sûre d'elle décide, un peu comme le comte de Monte-Cristo, de revenir chez elle pour se venger de l'avocat qui a ri d'elle ; l'autre au contraire a peur, elle ne veut pas en entendre parler, elle a trouvé à Londres un bon travail et même un brave garçon que ses bégaiements ne font pas rire, au contraire ils l'attendrissent. Elles discutent, se disputent jusqu'à ce qu'elles décident de se séparer pour toujours, d'aller chacune de son côté.

L'une s'en va, l'autre reste. On me dit qu'aujourd'hui elles sont toutes deux mariées. Qui le dit ? demande l'autre. Oh, répond Schultz, en restant vague, la rumeur publique... Une longue pause s'installe. Que veux-tu que je te dise ? observe l'autre. Cela me semble une histoire inventée par un fantaisiste de bonne famille. Pourquoi de bonne famille ? demande Schultz. Mais oui, c'est typique de qui voudrait, essaie, peine, mais ne parvient pas à arriver jusqu'au bout. Ce n'est pas le seul cas que je connaisse. J'en sais un autre plus complexe. Celui de Scarpa et de Scarpis. Autrefois ils étaient la même personne puis ils se sont séparés. C'est arrivé à Buenos Aires, ville pleine de magie. C'est un cas très intéressant, fascinant par certains côtés, qui devrait donner à penser à de nombreux penseurs. Je te le raconte ? Mais oui, dit l'autre, si ce n'est pas une longue histoire. Il se lève, prend les assiettes vides, les met l'une sur l'autre en même temps que les fourchettes et il va vers l'évier. Je t'écoute, dit-il ensuite en ouvrant le robinet de l'eau. Scarpa, attaque Schultz, mais il s'interrompt aussitôt. Est-ce que cela te déplaît, demande-t-il, si je raconte au présent ? cela me convient mieux. Raconte comme tu veux, dit l'autre en commençant à laver le faitout. Scarpa, recommence Schultz, est un jeune Vénitien, un bon à rien, fils d'un facteur qui avait été licencié des Postes parce qu'on l'avait surpris en train d'ouvrir les lettres des usagers, il n'était pas stupide, mais avait très peu d'éducation, en dessous du niveau élémentaire. Le père ou le fils ? demande Paso Doble. Le fils, dit Schultz, même si je n'ai pas l'impression que le père eût reçu une éducation supérieure. Donc le fils. Il a du mal à lire et à écrire et ne sait s'exprimer qu'en dialecte et même de manière très grossière, vulgaire, bruyante. Bref comme utilisateur de la langue il fait vraiment horreur. Mais c'est un beau garçon et il a quelque prétention d'élégance. Un jour, je ne vais pas enquêter pour savoir où il a trouvé l'argent, Scarpa achète un complet neuf et émigre en Argentine. Là, par une série de circonstances heureuses il entre vite en contact avec un milieu plutôt raffiné et il apprend un castillan, sinon parfait, du moins correct, acceptable, quoi qu'il en soit de niveau très supérieur à celui de son italien. Toutes les histoires que tu racontes concernent les langues, dit l'autre qui ayant fini de laver les assiettes est pour le moment occupé à dénouer la ceinture de son tablier. D'abord l'anglais, à présent l'espagnol. C'est vrai, admet Schultz. Mais ce sont les deux langues dominantes, une bonne partie de ce qui arrive dans ces pays-là arrive en anglais ou en castillan. Je continue ? Continue, dit l'autre en s'asseyant. Donc, quelques années après Scarpa a une bonne situation, il importe des chaussures d'Italie, il a monté un magasin et a changé de nom ou mieux, poursuivant un projet global de raffinement, il a retouché son nom en remplaçant le *a* final par *is*. À présent il s'appelle Scarpis. Il a des amis dans la moyenne et haute bourgeoisie et peut aisément feindre devant le public local qu'il est un autre, qu'il a une autre histoire. Il évite les Italiens par qui il pourrait être démasqué au moment même où il aurait à ouvrir la bouche pour parler dans leur langue commune, il sacrifie sa façon d'être d'autrefois au nom de la nouvelle. Mais un jour, durant une réception à l'ambassade suisse il se dispute avec Untel, à propos de femmes semble-t-il, on n'a jamais bien su. Durant la dispute Scarpis perd le contrôle de lui-même et Scarpa, qui s'était retenu pendant tant de temps, qui s'était réprimé, étouffé, en profite pour surgir. Le résultat est une scène ignoble : gros mots jurons malédictions impliquant mères et morts, la Baia del Re, Castello, Santa Marta, la

Giudecca toute la culture des endroits malfamés fréquentés par Scarpa avant d'émigrer se déverse dans les salons suisses devant de belles dames et des diplomates. Quand Scarpis s'en aperçoit il est trop tard. On le met à la porte en même temps que Scarpa, et là, dehors, dans la rue, la querelle continue, mais à présent entre eux. Scarpis a une telle rogne contre Scarpa pour la piètre figure qu'il lui a fait faire qu'il ne veut plus rien savoir de lui. Il le chasse. Il lui donne un peu d'argent et l'expédie en Italie. Qu'il se débrouille. Quant à lui il vend son magasin et se transfère à Cordoba. Cela a bien marché pour lui. À présent il a une chaîne de boutiques d'un bout à l'autre de l'Argentine. Il est devenu milliardaire. Voilà toute l'histoire, conclut Schultz. Paso Doble se met à rire. Et l'autre ? demande-t-il, Scarpa ? qu'est-il devenu ? Schultz réfléchit un instant. Il semble qu'il soit à Rome, dit-il ensuite. Pour lui non plus cela n'a pas mal marché. Il est écrivain. Il est l'un de ces écrivains sauvages toujours en rogne dont on parle beaucoup ces temps-ci. Je lisais l'autre jour sur le journal qu'un metteur en scène, je ne me rappelle pas lequel, va tourner un film tiré d'un de ses récits... L'autre rit encore. Oui, oui, dit-il, de bonne famille mais non sans talent. C'est toi qui devrais être écrivain. Je ne sais pas, répond Schultz en se levant et en installant la chaise à côté de la table. Ce n'est pas que me manque, disons, la matière. Mais je ne suis pas sûr de savoir bien l'utiliser... Où vas-tu ? demande l'autre. Où veux-tu que j'aille ? Je veux finir le livre cette nuit. Il se dirige vers la porte. Pourquoi justement cette nuit ? demande l'autre en se levant lui aussi. Tu ne peux pas continuer demain matin ? Je n'ai pas sommeil, dit Schultz, je n'ai pas sommeil et je m'amuse. Je suis curieux aussi de savoir ce qu'est devenue Nina.

Ils sortent de la cuisine et pendant qu'ils traversent la maison en direction de la chambre à coucher, revenons brièvement à Berengo. La lumière de l'appartement dans la calle degli Avvocati est toujours allumée. L'avocat est encore debout, dans le sens qu'il n'est pas encore allé se coucher. Il est encore en train de faire ce que nous l'avons vu faire de nombres pages auparavant : il s'assied dans un fauteuil, se lève, se promène à travers la chambre, revient s'asseoir. Des principes, des idées, des forces, pense-t-il. Le scandale et la révolte sont un moment de la transformation anthropologique en acte qui sait depuis combien de temps. On ne veut pas dire par là, cher Schultz, qu'ils parviennent vraiment à une pleine transparence et que nous, nous sachions si l'on doit, en dernière analyse, supposer une seule force ou plusieurs forces et combien. Moi non plus je ne m'oublie pas, cher ami. Je ne peux impunément rester suspendu en l'air comme un ballon de couleur. Rosé oui, mais pas assez ingénu pour ne pas me rendre compte de la tâche qui est propre à n'importe quelle logique objective. Allons, allons. Si dans un moment de faiblesse je devais, supposons, commettre des erreurs en ce sens, l'idée ne me passerait même pas par la tête d'en rejeter la faute, disons, sur la sœur de ma mère ou son équivalent à cause de la façon arrogante, méprisante dont elle me traitait quand j'étais enfant. Il faut donc une distinction systématique des compétences. D'ailleurs je suis sûr que tous deux nous nous rappelons avec sympathie sa tante Amelia Schultz qui, quoique d'origine allemande et portant son nom et fréquentant les meilleures familles, possédait et gérait, sublime exemple, ici à Venise, une étable, plutôt la dernière étable de Venise, avec une douzaine de vaches, je ne sais combien de cochons et même un taureau. Et nous ne pourrons jamais oublier que cette même tante, à quatre-vingts ans environ, allait se baigner dans le canal de San Giobbe. Élégants plongeons du pont des Tre Archi… Sortir une lanterne avec capuchon rouge et envoyer un peu de lumière dans les angles sombres. C'est de cela que nous devrions discuter avec patience et dignité ici dans mon cabinet. Tant pis… Il se lève du fauteuil, éteint la lumière, laisse tomber son peignoir et s'enfile dans le lit. À présent la calle degli Avvocati est toute sombre.

Pendant ce temps Schultz et Paso Doble rentrent dans la chambre à coucher. Cela te déplaît si je mets un peu de musique ? demande Paso Doble. Pas du tout, dit Schultz, j'y pensais moi aussi. Mais si tu as l'intention de danser fais-le ailleurs. L'autre s'approche de l'étagère de la bibliothèque où est installé le tourne-disque. À côté, enfermés chacun dans sa pochette de carton et appuyés l'un à l'autre il y a des disques par centaines, tout un univers musical endormi. Après le téléphone et la télévision, dit le locataire, de toutes les diableries modernes c'est le disque qui me trouble le plus. C'est vrai, dit Schultz, en reprenant sa place sur le lit, le dos un peu soulevé, les épaules appuyées au coussin. Où sont les cigares ? Je les avais laissés là, dit l'autre en tirant de la rangée un double disque recouvert d'une élégante couverture. Schultz regarde autour de lui. Oui, dit-il, ils sont ici ; et il allonge une main vers le paquet qui est posé sur le sol à côté du lit. Que mets-tu ? demande-t-il ensuite. *La Stravaganza,* dit l'autre, concertos dédiés à Son Excellence monsieur Vettor Delfino, noble vénitien, par don Antonio Vivaldi violoniste et maître de concerts du Pio Ospitale della Pietà di Venetia, opus IV. Qui était ce Vettor Delfino je n'en ai pas la moindre idée. Vivaldi en parle comme d'un homme d'excellence. Écoute. Il ouvre la pochette et lit quelques lignes de la préface : « *Excellence, il est coutume quand on ose présenter au public le fruit de son travail, de le recommander à un personnage illustre afin que celui-ci soit une cuirasse contre les méchancetés des malveillants et la sévérité mal intentionnée des critiques. Mais quelle défense plus sûre pourrais-je souhaiter pour mes travaux que celle que m'offre Son Excellence ? Après avoir donné la preuve la plus irréfutable de vos qualités vraiment incontestables dans tous les domaines, vous avez manifesté une compétence sans aucun doute suprême dans celui de la musique...* » Et cætera, et cætera. Après cela, ajoute-t-il en extrayant le disque de la pochette et en le plaçant sur le tourne-disque, on s'attend à qui sait quoi de la part de ce Vettor Delfino. Au contraire rien. Je ne l'ai plus jamais entendu citer. Mais peut-être, conclut-il après une courte pause, est-ce ma faute. Je sais, dit Schultz, qu'un Pietro Delfino musicien et poète composa vers la fin du XVIIe siècle une sérénade à une belle dame du nom de Paolina Mocenigo, et dédia de mélodieux tributs à Francesco Morosini. Quant à Vettor je ne le connais pas.

La musique commence à sortir joyeusement, en toute hâte, comme un prisonnier libéré. Ce qui me surprend, dit l'autre, c'est que cette chose noire, plate, fragile, et même laide à voir puisse contenir deux heures d'un concerto écrit il y a plus de deux cent cinquante ans ainsi que toute l'histoire, le labeur, les maux de tête, les heures d'insomnie passées à étudier du violoniste Piero Toso et des autres solistes vénitiens... C'est vrai, répète Schultz de son lit. Aujourd'hui c'est fini, ajoute-t-il, mais pendant longtemps les disques faisaient naître en moi un sentiment de faute et de remords. L'autre lui lance un regard intrigué. De faute ? Mais oui. Enfant je m'amusais à les lancer dans le canal comme on fait avec les pierres plates, pour les voir glisser sur l'eau, faire de grands bonds, glisser encore et puis s'enfoncer à pic ou se briser contre les premiers obstacles. Qui sait combien de violonistes, trompettistes, chefs d'orchestre, chanteurs, chœurs entiers j'ai noyé de cette façon. De véritables massacres. L'eau qui entre à travers les brèches et envahit les espaces cachés dans les disques, les musiciens d'orchestre qui cherchent à mettre à la mer les chaloupes, les S.O.S. lancés de toutes parts et puis des débris de violons et de pianos qui remontent à la surface. Le naufrage du Titanic. Schultz reprend le livre. D'où, conclut-il avant de recommencer à lire, le sentiment de faute et le repentir.

Betty n'avait pas la moindre idée de l'endroit où était allée Nina et ne savait pas où obtenir de ses nouvelles. Nina avait disparu avec toutes ses affaires la nuit des métaphores et n'avait laissé aucune trace derrière elle. Elle n'avait laissé qu'un grand vide qu'occupaient à présent ces rires grossiers qui de la salle de la taverne arrivaient jusqu'à la chambre de Betty, ces signes d'abandon et de désordre. Je me sentais de nouveau embrumé, perdu, incapable de prendre une décision. Mais j'éprouvais aussi un sentiment de soulagement. De ce que j'avais appris se détachait une certitude au moins : Nina n'était pas partie avec Fielding puisque, si Fielding, comme l'avait affirmé Betty, était convaincu qu'elle s'était enfuie avec moi et avait donné à ses hommes des ordres pour me retrouver, il était clair que lui aussi l'avait perdue. Je jugeais que si je parvenais à me mettre en relation avec Viruela j'apprendrais peut-être quelque chose. Je pensais qu'elle avait peut-être avant de disparaître envoyé à Viruela un message le priant de me demander de l'attendre ou de la rejoindre quelque part, une lettre que peut-être le capitaine ne m'avait pas encore fait parvenir pour ne pas s'exposer au risque de mettre les espions de Fielding sur ma piste. Assurément, il devait en être ainsi. Le capitaine Viruela devait savoir quelque chose. Nina ne m'aurait jamais abandonné sans rien dire, il suffisait de savoir interpréter le vide et le silence qu'avait laissés son départ pour retrouver le fil qui conduisait jusqu'à elle. Et qui mieux que moi qui étais son amant pouvait interpréter ce silence et ce vide ? Je m'apprêtai à sortir de la chambre de Betty lorsqu'elle m'en empêcha, pleura, implora, s'agenouilla devant moi en me priant de n'en rien faire. Il eût été trop risqué de sortir même à cette heure. Quelqu'un pouvait me voir, me reconnaître, informer les hommes de Fielding, je pouvais être abattu comme un chien. Elle penserait, elle, à trouver des informations. C'est elle qui irait chez Viruela. Oh, peu importait, dit-elle, la douleur qu'elle ressentait à me voir épris de Nina au point de risquer ma vie pour la retrouver. Peu importait si j'avais tenu son corps dans mes bras simplement parce qu'un autre corps m'était refusé. Ce qu'elle avait reçu lui suffirait pour sa vie entière. Elle se rhabilla en toute hâte et sortit de sa chambre puis de la taverne en cherchant à ne point attirer les regards. Je demeurai seul avec mes pensées mais je ne vais pas les raconter.

Non, il vaut mieux que non, se surprend à penser Schultz maintenant en se glissant brusquement dans le récit, il vaut mieux que tu inventes quelque chose de nouveau, nous aurons ainsi un peu d'action, un amant de Betty, par exemple, irait bien, un jeune homme qui entre dans la chambre de la jeune fille durant son absence et te trouve, toi, à sa place, un garçon d'écurie jaloux, furieux comme un taureau prêt à vous encorner.

Je peux seulement dire que, pendant un instant, en entendant des pas derrière la porte, des pas qui ne pouvaient pas être ceux de Betty qui était sortie depuis trop peu de temps pour être déjà de retour, pendant un instant, je le répète, je craignis que ce fût un amant de Betty et je me demandai ce qu'il arriverait s'il me trouvait, moi, au lieu de la jeune femme.

Dommage, pense Schultz encore prisonnier des lignes, un roman picaresque ou libertin ne devrait pas laisser échapper une telle occasion, un mari trahi ou un palefrenier furieux qui fait irruption dans la chambre tandis que, au loin, dans la salle de la taverne, un assassin de profession s'amuse à torturer méchamment le clavecin de Jacob... Pendant ce temps un léger contrepoint de violons et d'archets glisse hors des étagères de la bibliothèque, s'insinue dans les pensées de Schultz, se superpose à sa lecture. Peut-être faudrait-il suivre cette musique qui se déroule dans le disque, en parler de temps en temps, jusqu'à ce que s'exhale la dernière note et que comme un fantôme ducal elle rentre là où elle est ensevelie. Mais *La Stravaganza* est trop longue, elle dure quelque deux heures et la musique n'accepte pas de devenir parole (du moins en ce lieu) sans risquer de comiques résultats. On suggère donc à qui se ressentirait du fait qu'en ce lieu on ne puisse en réalité écouter une seule note du concerto de Vivaldi, de fredonner de temps en temps le thème ou de mettre le disque sur son propre tourne-disque et de faire du concerto, jusqu'à ce qu'il se termine, la musique de fond de sa lecture. Quant à Schultz le problème qui se pose maintenant à lui est tout autre et plus fantaisiste : « Qui sait, se demande-t-il, si cette musique parvient au monde enclos dans ce livre, à la cellule de la prison, aux routes londoniennes le long desquelles Betty est en train de courir ? Qui sait si elle pénètre dans ces pages, comme l'eau dans les disques qu'il jetait dans le canal, ou si ces pages l'aspirent, la sucent, s'imprègnent d'elle ? »

Mais Betty n'avait pas d'amant ou si elle en avait un ils n'avaient rien convenu entre eux pour cette nuit-là. Elle revint une heure plus tard de chez Viruela en m'apportant la terrible nouvelle que le capitaine n'avait reçu aucun message de Nina. Ce qui signifiait que Nina, en s'en allant, n'avait pas éprouvé le besoin de me contacter... Viruela me faisait dire cependant que je devais retourner au plus tôt chez Supplice où il m'attendrait. Tant Fielding que la police avaient relâché leur surveillance et le capitaine estimait pouvoir désormais me rencontrer sans danger. Betty m'ouvrit la route jusqu'à la lucarne habituelle qui était devenue mon entrée particulière dans la Taverne du doge Loredan, le trou par lequel je regagnais le centre de mon univers et m'en éloignais. J'embrassai Betty et caressai son visage. Nous savions l'un et l'autre que nous ne nous reverrions plus, que nous croisions nos regards pour la dernière fois. Cela pourra paraître étrange mais mon douloureux amour pour Nina ne m'empêchait pas d'avoir aussi la gorge nouée pour

Betty. Bien d'autres nœuds toutefois, un écheveau de fils invisibles, m'étouffaient. Je sortis par la lucarne sans me retourner et recommençai à sauter d'un toit à l'autre en direction de la maison de Supplice. J'étais déjà à mi-chemin lorsque, tout à coup, mes sens de bohémien perçurent un bruissement d'ailes et un appel muet. Ohé ! Je m'arrêtai, regardai autour de moi. Au début, je ne notai rien de différent dans le paysage habituel, désert des toitures, mais lorsque ensuite l'appel se répéta je vis descendre sur une cheminée deux gros oiseaux noirs que je reconnus sans peine comme étant Dick et Severino, les ennemis ailés de Fielding.

– Que fais-tu dehors à cette heure ? demanda Dick.

– Je la cherche, répondis-je.

Severino se mit à rire.

– Il est peu probable que tu la trouves par ici.

Je leur racontai brièvement tout ce qui s'était produit depuis notre dernière rencontre en omettant les détails qui, à mon avis, n'avaient pour eux aucune importance. Ils m'écoutèrent en silence, en hochant de temps en temps la tête l'un en direction de l'autre et en échangeant des coups d'œil sur la nature desquels on ne pouvait se tromper. Ils se divertissaient follement. J'eus l'impression qu'ils savaient quelque chose que j'ignorais, et dans l'espoir que leur bienveillance naturelle à mon égard les pousserait à être tout à fait sincères, je voulus sans attendre en avoir la certitude.

– Savez-vous où elle se trouve ? demandai-je la gorge serrée.

Severino gloussa en ricanant.

— Bien sûr que nous savons où elle se trouve.

— Et où est-elle ? Je criai presque.

— À bord de la *Muchacha de Asturias*, un brigantin espagnol en route pour Amsterdam.

Amsterdam ! criai-je. Mais aucun son ne sortit de ma bouche : le mot avait explosé à l'intérieur de moi avant d'atteindre son canal normal d'évacuation en me remplissant d'éclats de verre. J'éprouvai une horrible douleur à la tête et me sentis chanceler.

— Du calme, du calme, dit Jack. Amsterdam n'est pas si loin.

— Et que va-t-elle faire à Amsterdam ? balbutiai-je.

— Ah, cela, nous l'ignorons, dit Severino.

— C'est une belle ville, précisa Dick, pleine de canaux. Nous y sommes allés quelquefois. Elle ressemble à Venise, dit-on.

Venise ! Et tout d'un coup ce nom aussi explosa, les pointes du V allèrent se planter quelque part dans mon cerveau, le S tournoya comme une faux ou comme un boomerang à l'intérieur de moi. Bertotto me vint tout de suite à l'esprit et je pus entendre, comme des glas lointains, ses maudits coups de marteau. Il me sembla comprendre ce que Nina était allée faire à Amsterdam. Lasse de Fielding et de moi, elle rentrait chez elle. Elle retournait à Venise et Amsterdam était sa première étape. Les corbeaux, d'une certaine manière, m'en donnèrent confirmation.

— Elle a même vendu la taverne.

Ah ! Ce sentiment de quelque chose de définitif, de terminé, de passé, de perdu et de lointain que j'avais ressenti en parcourant du regard la chambre de Nina vidée de toutes ses affaires trouvait à présent une brutale explication. « À qui l'a-t-elle vendue ? »

m'entendis-je demander, question inutile dictée par l'inertie et le trouble où je me trouvais plus que par une curiosité vraie parce que cela ne m'aiderait sans doute guère de connaître le nom du nouveau propriétaire de la taverne...

— À un Napolitain, dit Severino, un peintre. Un certain Enzo, grand buveur et grand séducteur, très célèbre pour avoir mis dans son lit, bien qu'il ne soit plus tout jeune, les plus belles dames de Londres... Il en prendra possession dans quelques jours. Mais personne encore ne le sait. Nina l'a prié de n'en dévoiler la nouvelle que deux semaines au moins après son départ...

Je me retrouvai assis sur le toit, les épaules contre la cheminée, les deux corbeaux immobiles à mes côtés.

— Et de moi, demandai-je de façon incongrue, de moi que savez-vous ?

Ils échangèrent un regard surpris.

— Pas plus que tu n'en sais toi-même, dit Severino.

— Je veux dire, poursuivis-je, savez-vous si elle a essayé de me contacter ?

Mais je connaissais déjà leur réponse.

— Si tu veux un conseil, dit gravement Dick qui des deux était celui qui montrait le plus de sympathie à mon égard et qui n'usait guère de répliques ironiques, cours-lui après. Cette femme est une fête charnelle. La perdre serait un crime. Oh, bien sûr, plus d'un vaurien te dira de l'oublier. Mais n'y fais pas attention. Ne suis jamais un conseil aussi infâme.

Dick parla beaucoup, mais il dit surtout une chose qui me frappa, m'émut et me redonna les forces que j'avais perdues.

– J'ai le plus grand respect pour la passion, dit-il, on en voit si peu ces temps-ci. Et si l'on ne fait rien elle appartiendra à quelqu'un qui ne la mérite pas.

Je me levai, soudainement ragaillardi par ce soutien moral. J'avais pris une décision. Je trouverais la façon de suivre Nina et de la rejoindre où qu'elle fût. La passion que j'avais pour elle rendait ce projet légitime. Si le centre de mon existence s'était déplacé à bord d'un navire je me déplacerais moi aussi dans la même direction. Dick et Severino m'escortèrent, volant en cercle jusqu'à la maison de Supplice et ce fut là devant cette autre lucarne que nous nous saluâmes avec la promesse de rester en relation. Eux sauraient bien me retrouver. Je regardai les deux corbeaux s'éloigner dans un vol rectiligne et les suivis du regard le plus loin possible. Puis je descendis chez Supplice où m'attendait Viruela. Nous tombâmes dans les bras l'un de l'autre comme père et fils parce que c'était ce que, plus ou moins, nous étions devenus. J'embrassai également Supplice pour qu'il ne fût pas déçu – j'avais remarqué qu'il avait besoin d'affection – et lui dis quelque chose dont je ne me souviens pas, à quoi il répondit avec ses sons habituels et incompréhensibles. Puis je racontai à Viruela ce que j'avais appris et puisqu'il ne me posa aucune question je n'eus pas besoin de lui révéler la source de mes informations. Je lui dis que j'avais décidé de quitter l'Angleterre et de gagner au plus tôt Amsterdam où je suivrais les traces de Nina. Il me parut soulagé. Pour moi et peut-être aussi pour lui. En partant, non seulement je me soustrayais à un double danger, celui d'être découvert par la police et celui de tomber entre les mains de Fielding, mais je dégageais Viruela d'une responsabilité qui lui semblait devenir chaque jour plus lourde. Trouver un navire qui me conduisît en Hollande n'était pas un problème pour lui. Et de fait, quelques jours plus tard, habillé de pied en cap comme n'importe quel passager, muni de faux papiers et d'une bourse bien garnie de guinées que Viruela avait absolument voulu me prêter, à fonds perdu, je me retrouvai à bord de l'*Admiral Benbow*, un sloop anglais qui dans le sillage désormais disparu de la *Muchacha de Asturias* voguait vers Amsterdam. Aucun événement particulier ne vint marquer la traversée sinon l'étrange façon dont je la vécus : il y avait un bon vent de poupe qui gardait les voiles gonflées jour et nuit mais l'*Admiral Benbow* filait comme jamais je n'avais vu filer un sloop, à une allure si décidée que même le capitaine, un certain Casey, un Gallois, en était fort étonné. Ce que je veux dire, c'est que la force du vent était certes extraordinaire mais semblait ne pas suffire à expliquer la rapidité arrogante avec laquelle le voilier avançait. Un matin que j'étais sur le pont et regardais la mer, je compris les raisons de ce phénomène. Voici comment : un marin qui portait un seau d'eau passa devant moi par hasard lorsque brutalement il fut soulevé à une hauteur de deux pieds au moins au-dessus de la passerelle et projeté tout de suite après à travers le pont comme si un puissant courant d'air l'avait pris et poussé sans ménagements. Le seau passa par-dessus bord et celui qui le portait glissa sur le plancher humide et s'arrêta contre une grosse amarre enroulée. Je me rendis compte pour la première fois, mais j'eus d'ultérieures confirmations, et il ne pouvait du reste y avoir d'autres explications à ce phénomène, qu'émanait de mon corps un vent prodigieux, beaucoup plus fort que le vent naturel, et que c'était lui, c'est-à-dire moi en fait, qui avec mon désir violent, avec ma hâte d'arriver, augmentait de qui sait combien de nœuds la vitesse du sloop. Après cette découverte je me déplaçai vers la poupe et y restai durant presque tout le temps de la traversée en orientant mon vent en direction des voiles mais en évitant dans le même temps d'attirer l'attention pour ne pas avoir à fournir d'explications embarrassantes. Nous arrivâmes à Amsterdam bien plus tôt que prévu et nous accostâmes à un quai au milieu d'autres navires parmi lesquels, mon cœur se mit à battre la chamade lorsque je le vis, mince et effilé avec sa haute coque, son élégante mâture, se trouvait le brigantin espagnol, la *Muchacha de Asturias*. Moins d'une heure plus tard, après avoir déposé mes bagages dans une auberge du port – j'avais emporté avec moi quelques affaires qui tenaient aisément dans un sac de marin – je montais sur la *Muchacha* et demandais à parler avec le capitaine d'un sujet qui l'intéressait aussi. Je ne m'attendais certes pas à trouver Nina encore à bord du brigantin, mais j'espérais que si je parvenais à gagner en quelque sorte sa sympathie, le capitaine espagnol me donnerait quelques informations utiles sur la belle passagère qu'il avait embarquée à Londres, qu'il me dirait, que sais-je ? avec quel moyen de transport elle s'était éloignée de son navire, dans quelle auberge elle était descendue. Il me semblait en effet devoir exclure que Nina une fois posé le pied à Amsterdam ne s'y fût arrêtée au moins pour en admirer les merveilles et eût au contraire poursuivi aussitôt son voyage vers le sud. Je dus attendre un bon moment la venue du capitaine. Il souffrait, m'expliquèrent, non sans une pointe de méchanceté amusée, les marins auxquels je m'étais adressé, d'ascaris, un parasite intestinal très virulent qui entraîne de fréquentes évacuations morbides de matière fécale, ce qui l'obligeait à passer une bonne partie de la journée assis sur la lunette de sa cabine. Naturellement, j'aurais pu demander à n'importe quel marin les informations dont j'avais besoin, mais j'en fus retenu par la certitude que la présence de Nina sur le navire avait enflammé et bouleversé les sens de l'équipage et aussi, je l'avoue, par la peur d'entendre dans la bouche de ces hommes rustres et vulgaires, qui n'étaient habitués qu'aux bras des prostituées, des mots à l'endroit de Nina que je me serais senti obligé de leur faire rengorger amèrement.

Seule, je crois, mon allure de gentilhomme retint le capitaine – Vicente Aleman, c'est ainsi que se nommait le patron de la *Muchacha de Asturias* – de me jeter par-dessus bord pour l'avoir forcé à quitter sa lunette. Il était fort irrité, mais sa mère l'était plus encore, une vieille mégère aux yeux chassieux et au teint basané comme celui des Maures qui, à en juger par ce qu'il me fut permis de comprendre durant les quelques minutes que nous avions passées ensemble, suivait son fils dans tous ses voyages et avait sur lui une influence néfaste. Elle devait avoir quatre-vingts ans environ et son fils, un homme grand mais voûté et usé, torturé par cette cohorte de parasites qui se promenait dans ses intestins, ne paraissait guère plus jeune qu'elle. L'un et l'autre avaient compris sans tarder que l'intérêt commun auquel j'avais imprudemment fait allusion n'était que poudre aux yeux et ils semblaient se demander à présent pourquoi diable ils devraient répondre à mes questions sans en tirer un profit quelconque. Je dus me séparer d'un peu de l'argent que m'avait donné Viruela, de quelques précieuses guinées, dont la vieille s'empara en les arrachant de mes mains d'un coup de griffe. Mais j'obtins l'information que je voulais. En effet, Nina avait voyagé à bord de la *Muchacha*. Elle avait bien entendu débarqué le jour même où le navire avait amené les voiles dans le port d'Amsterdam. Non, ils ne savaient pas où elle était allée, mais espéraient ne plus la revoir. L'avoir à bord, dit la vieille femme, avait été une expérience infernale. Jamais on n'avait vu dans l'histoire de la marine marchande espagnole un équipage aussi excité que celui qui avait voyagé de Londres en Hollande à bord du brigantin. Jamais sous les habits des marins on avait vu des renflements aussi terribles, des tumescences si obscènes, de telles étranges ondulations, comme si chacun d'eux transportait dans son pantalon un gros serpent. Et elle qui riait, cette maudite charmeuse de serpents ! Je ne restai pas plus longtemps à écouter la vieille femme par peur – je l'avoue – d'apprendre d'elle quelque chose qui m'aurait fait plus encore souffrir que ce que je souffrais déjà. Je descendis du brigantin et commençai mes recherches. Il ne me fut pas difficile de retrouver sa piste. Quelqu'un m'indiqua un docker, un certain Yas, qui avait pris les bagages d'une très belle dame tout juste débarquée du brigantin espagnol et l'avait accompagnée à l'auberge de la Vieille Bourse. C'était un grand gaillard qui était assis tristement en haut d'une pile de caisses, sa grosse tête repliée sur son cou, les jambes pendantes. Lui, me dit-on, pouvait assurément me donner des informations plus précises sur la passagère mais on ne me conseillait pas d'aller lui en demander. Et pourquoi donc ? Je voulais savoir. Depuis quelques jours, m'expliqua-t-on, Yas, un docker par ailleurs très apprécié, n'avait plus sa tête à l'endroit. Il était bouleversé. Bouleversé ? Mais oui. L'auberge de la Vieille Bourse n'était pas éloignée du port et pour y aller Yas et la dame avaient marché côte à côte pendant dix petites minutes et ces dix minutes pourtant avaient suffi au docker pour s'amouracher éperdument d'elle, pour qu'il se dît prêt à quitter femme et enfants et lui proposât de s'enfuir avec lui sur l'île de Java où il avait vécu enfant et où la vie était gaie et heureuse. Naturellement, son invitation avait été déclinée et Yas, de retour au port après avoir laissé la dame à l'auberge, était monté dignement sur la pile de caisses et n'en était plus descendu. J'admets volontiers que je ne me sentis pas le courage de l'affronter, soit parce que je redoutais une réaction violente de sa part – même dans sa position de stylite et la tête pendante il avait un air menaçant – soit parce que je ne jugeais pas nécessaire de donner de l'ampleur à un autre personnage secondaire. Le fait d'avoir transporté les bagages de Nina quelques minutes et d'avoir perdu la tête pour elle ne lui donnait pas droit de cité dans cette histoire déjà bien trop encombrée. Du reste les indications qu'on m'avait fournies semblaient suffisantes pour retrouver le fil de Nina dans ce labyrinthe européen. L'auberge de la Vieille Bourse se trouvait rue Warmaes, une rue non loin du port, tranquille et arborée, donnant sur un des plus beaux canaux d'Amsterdam. J'y arrivai en quelques minutes de course sur le pavage comme si Nina m'attendait, comme si je ne voulais pas être en retard. Mais Nina n'était plus à la Vieille Bourse. L'aubergiste me dit que la dame descendue du brigantin espagnol n'avait passé qu'une nuit chez lui et que le jour suivant son arrivée elle avait loué un cocher et une voiture tirée par quatre chevaux et qu'elle était partie pour Dieu sait où. Que dois-je dire ? Bien que quelques minutes auparavant mon cœur battît fort à l'idée de mes retrouvailles avec Nina et de sa surprise de me voir, des mots avec lesquels elle m'aurait accueilli et de ce que je lui aurais répondu, je ne puis dire que je fus surpris d'apprendre que Nina n'était plus là. Tout au fond de moi je sentais bien que je ne la trouverais pas. Et cela non seulement parce qu'il n'y avait aucune raison au monde pour qu'elle s'arrêtât à Amsterdam – l'idée qu'elle pût s'être arrêtée pour en admirer les merveilles me semblait désormais ridicule – mais aussi et peut-être surtout parce que je vivais une expérience romanesque et que dans aucun roman l'objet d'une quête, fût-ce le Graal, un trésor ou une femme, n'est si mal gardé qu'il se laisse trouver facilement. Dans les romans c'est l'objet qui guide l'action du sujet, c'est la proie qui mène la quête du chasseur, c'est le trésor qui dessine la carte du lieu où il est enterré, c'est le galion espagnol voguant sur les mers des Antilles qui attire les pirates et moi, depuis peu entré dans ce mécanisme romanesque, je ne pouvais espérer être déjà proche d'en sortir. Et c'est un fait que non seulement dans les romans mais peut-être aussi dans la vie le sujet réel n'est pas celui qui agit mais l'objet apparent de l'action, ce quelque chose qui manque, dont on ne sait où il est, qui se tient caché ou qui peut-être n'existe même pas. Vraies ou fausses, telles étaient les considérations que je faisais tout en m'éloignant de la Vieille Bourse et en me dirigeant vers l'auberge où je logeais. Qu'allais-je faire maintenant ? Dans quelle direction poursuivrais-je Nina ? Qu'elle eût quitté l'Angleterre pour s'en retourner à Venise me paraissait, parmi toutes les hypothèses possibles, la plus probable. Mais ce n'était qu'une hypothèse et rien n'excluait que si moi, en m'y fiant, je me dirigeais au sud, passant d'un pays à l'autre jusqu'à la lagune vénitienne, je ne me retrouverais pas, à la fin d'un long voyage, encore plus loin d'elle que je l'avais jamais été. J'éprouvais le besoin de parler avec quelqu'un, j'éprouvais le besoin d'un conseil, d'un mot affectueux et amical, mais les seuls amis que j'avais, Viruela, Dick et Severino, étaient en Angleterre et tout contact avec eux m'était impossible. J'entrai dans ma chambre et sortis de mon bagage une grande carte de l'Europe que j'avais fait acheter avant mon départ. Je restai là à la regarder jusqu'à m'en trouver tout perplexe. Toutes les villes, les bourgs, les villages, les routes, les fleuves, les lacs et les parallèles et les méridiens indiqués sur la carte et le nord et le sud et l'est et l'ouest, tous étaient autant de choix possibles, tous composaient l'immense cadran d'une boussole dont l'aiguille magnétique aurait été arrachée. La voiture de Nina filait quelque part sur cette carte, mais où ? En grand désarroi je m'assis sur le lit et au moment même de m'asseoir, prenant soudain conscience du gros renflement que j'avais entre mes jambes, je compris que ma boussole n'était peut-être pas totalement dépourvue de son aiguille. Je sus tout à coup quoi faire. Je me redressai et me découvris et ce qui jaillit comme un diable de sa boîte oscilla sur la carte d'abord en hésitant, ondula, vibra, puis se fixa dans une position précise. Je regardai dans quelle direction il pointait. Il pointait vers le sud-est. Il pointait vers Venise et non, j'en étais sûr, par hasard, mais parce qu'il avait d'une certaine manière reconnu la direction prise par l'objet de son désir qu'il m'indiquait de façon péremptoire. Je me reboutonnai, repliai la carte et la glissai dans une poche de ma veste. Ma décision était arrêtée. Le lendemain je prenais place dans une voiture en direction d'Utrecht, première étape de mon voyage vers Venise. Je sais qu'à ce moment de mon histoire, suivant les normes qui règlent les récits semblables à celui dont je suis le héros, je devrais m'arrêter pour parler de mon voyage vers le sud qui dura plusieurs semaines et qui fut plusieurs fois interrompu par des incidents non négligeables : par exemple ma rencontre avant Bonn avec un groupe de soldats déserteurs (de je ne sais exactement quelle armée parce que j'étais devenu indifférent à toute péripétie qui ne fût pas la mienne) qui attaquèrent la voiture de poste pour en dévaliser les passagers et que je mis en fuite en tirant à brûle-pourpoint deux coups avec une paire de pistolets que m'avait offerts Viruela, gagnant ainsi l'estime et l'admiration de mes compagnons de voyage, d'un certain chevalier Valmaran en particulier qui me proposa de m'associer avec lui dans l'exploitation d'eaux minérales découvertes depuis peu dans l'une de ses propriétés ; quelques sottises sans conséquences commises sur l'herbe ou dans l'intimité des granges avec deux paysannes rencontrées dans la campagne de Cologne ; la grande fièvre qui me frappa à Fribourg où je dus séjourner quelques jours dans l'auberge des Trois Cavaliers, amoureusement soigné par les filles du patron qui par le soin et l'intérêt dont elles faisaient montre me rappelèrent les filles de Brian le palefrenier de mon père. De nombreuses autres choses eurent lieu, et toutes n'étaient pas des banalités d'époque indignes d'être narrées. Mais je me garderai bien de les raconter sinon, comme je l'ai fait, brièvement, pour ne pas éparpiller cette tension qui me guide vers le sud. De temps en temps, durant mes arrêts entre une étape et l'autre, dans les postes ou dans les auberges, je sortais ma carte de l'Europe et je vérifiais avec mon aiguille magnétique si Nina suivait toujours la même direction. Et comme, invariablement, mon aiguille à la différence de celle d'une vraie boussole qui pointe toujours au nord, continuait à pointer au sud, je n'eus jamais l'occasion de douter de ma route. Je retrouvai la trace de Nina à Zurich. J'avais trouvé un logis fort confortable à L'Épée, une auberge célèbre et une poste qui existait depuis le quinzième siècle et qui se flattait d'avoir hébergé par le passé des personnages aussi célèbres que Wolfgang Amadeus Mozart et Goethe. Je découvris qu'y avait aussi séjourné Nina Manfrin veuve Binelli parce que j'entendis parler d'elle dans le hall où, assis sur des divans de cuir, se trouvaient plusieurs gentilshommes anglais élégants et de belle allure. Parmi eux, je reconnus un ami de mon père, sir Francis Frazer, un homme sur la quarantaine fort riche qui avait voyagé dans le monde entier et qui était réputé pour être fat et libertin. Comme je n'avais aucunement l'intention de me faire voir de lui je m'apprêtais à reculer dans l'ombre lorsque je surpris quelques-uns de ses propos. Il parlait d'une dame ravissante partie le matin même avec la poste en direction de Lugano. Certainement italienne, disait-il, ou qui avait grandi dans les colonies portugaises ou espagnoles. Il l'avait rencontrée dans l'escalier et était resté bouche bée à la regarder. Il avait ôté son chapeau et elle lui avait souri. Je m'arrêtai le cœur battant. Je m'appuyai contre une colonne et demeurai immobile à l'écouter. Ce que j'avais entendu ne me permettait pas encore de reconnaître Nina, mais quelque chose me disait qu'il s'agissait bien d'elle, qu'elle s'était trouvée là et que si seulement j'étais arrivé un jour plus tôt c'est moi probablement qui aurais eu la chance de gravir les marches au moment où elle les descendait. Quelle occasion manquée ! Il y avait, continuait pendant ce temps sir Francis avec sa rhétorique pleine de fatuité, des bouches souriantes qui avaient le pouvoir d'engloutir le cœur de ceux à qui était adressé leur sourire et encore à cet instant il ne savait vraiment pas s'il était tout entier dans le hall de L'Épée ou si une partie de lui, avalée par cette bouche, n'était pas en chemin dans la voiture de poste pour Lugano. Ses compagnons riaient. Il est certain que si elle était restée ou qu'il ait eu la présence d'esprit de lui offrir ses services et de la suivre, il n'aurait pas perdu, comme il devait au contraire le reconnaître amèrement, l'occasion de vivre et d'oublier une expérience qui lui apparaissait désormais inoubliable justement parce qu'elle n'avait pas été vécue. Peut-être vieillissait-il ? Au lieu de monter sur-le-champ lui aussi dans la voiture pour Lugano, laissant au besoin ses bagages à L'Épée pour revenir ensuite les chercher quand tout aurait été conduit à son terme, il avait hésité trop longtemps et lorsque, finalement, il s'était résolu à entreprendre quelque chose et avait gagné la cour de l'auberge, la voiture était déjà partie avec la belle inconnue à son bord. Adieu, adieu. À présent le souvenir de tout ce qui aurait pu advenir et n'était pas advenu le tourmenterait éternellement. Je restai dans l'ombre un instant, hésitant entre dégainer mon épée et trucider l'impudent qui avait traduit de façon aussi vulgaire un sourire innocent de Nina – je n'avais plus aucun doute qu'il s'agissait d'elle, même si, peut-être aurais-je dû le dire plus tôt, son nom ne figurait pas dans le registre des clients de l'auberge – ou quitter au plus vite L'Épée et me lancer à la poursuite de la voiture postale. J'optai pour cette seconde solution et, sans tenir compte du bagage que j'abandonnais et, surtout, sans avoir la moindre idée du moyen qui me permettrait de continuer mon voyage – pour ce que j'en savais la prochaine diligence pour Lugano ne partirait pas avant quelques jours –, je sortis dans la cour. Il faisait nuit. La cour était déserte, mais il y avait quelques chevaux qui, attachés à une palissade, attendaient probablement d'être conduits aux écuries. Je détachai le cheval qui me parut le plus robuste, sautai en selle et partis au galop. La voiture postale avait un jour entier d'avance sur moi, mais je supposais qu'elle s'arrêterait quelque part pour la nuit et que je parviendrais peut-être à la rattraper. Je traversai Zurich endormie à si grand galop que quelques habitants tirés de leur sommeil durent probablement croire qu'il s'agissait d'un courrier gouvernemental ou du messager de quelque lointain monarque. J'empruntai une route qui longeait la Limmat et pris la direction du sud. Je galopai toute la nuit, ne ralentissant l'allure que pour regarder, en traversant un village, si je voyais alentour la voiture postale arrêtée devant quelque auberge. Mais l'aube vint et puis le jour et toujours pas la moindre indication de son passage. Le cheval, qui durant les premières heures de galop m'avait semblé avoir un cœur et des jarrets d'acier, avait commencé à donner depuis quelque temps des signes de fatigue : il suait, toussait, tremblait, des souffles d'épuisement et des éternuements sortaient de ses naseaux. Enfin je la vis : au fond de la grande vallée du Klausen, une vingtaine de milles après Brunnen, où elle avait vraisemblablement passé la nuit, la voiture postale avec son précieux chargement filait vers les montagnes. Je lançai un cri jubilatoire et éperonnai mon cheval pour la dernière...

Même s'il est arrivé depuis un bout de temps déjà à la gare de Venise, même s'il est peut-être déjà reparti pour d'autres voyages et avec d'autres passagers qui n'ont rien à voir avec la mémoire de Schultz, l'express en provenance de Zurich réapparaît, comme avant, avec toutes ses lumières allumées, en courant maintenant à travers la campagne suisse. Qu'il fasse nuit dans le train et jour dehors importe peu. Schultz est assis à côté de la dame au manteau de poil de chameau et regarde, au-delà de la fenêtre, un homme à cheval qui, émergé du siècle passé, galope à côté du train. Mon Dieu, mon Dieu, dit Paso Doble, bientôt tu n'auras plus de doutes : tu ne l'appelleras plus la femme au manteau de poil de chameau, mais toi aussi, tu l'appelleras Nina. Schultz lui lance un bref regard. N'était-ce pas ce que tu voulais ? Là, au fond, dans le secret de ta chambrette inquiète ? Que sais-je moi de ce que je voulais ? répond l'autre. Je veux ceci et cela selon les circonstances. Un déplacement souterrain continu. Il fait une pause, puis il ajoute : Y a-t-il d'autres passagers dans la voiture que Jacob est en train de suivre ? Évidemment, dit Schultz, il y a moi, ici et là simultanément, je suis à bord du train et de la diligence. Nina et moi, perdus, chacun dans le regard de l'autre, amoureux. Après tout je suis un beau garçon bien qu'un peu rassis. Je fais encore belle figure même dans des habits du XIXe siècle. Lui diras-tu qu'il y a quelqu'un qui la poursuit ? Oh elle le sait déjà, mais elle n'a aucune intention de s'arrêter. Elle a tourné, comme on dit, le dos à son passé, à Fielding, à Jacob, à la Taverne du doge Loredan. Et elle commence une nouvelle vie avec moi. L'autre rit amèrement. Eh oui, dit-il, on a vu combien elle a duré. Et qui a dit qu'elle était finie ? demande Schultz. Elle reprend maintenant dans ce livre. Il se lève, baisse un peu la fenêtre et regarde dehors. Cheval et cavalier sont en train de reculer à présent comme aspirés par le vent qui tourbillonne autour du train, ils sont toujours plus loin, ils s'évanouissent dans le siècle passé.

Je vais prendre un Anxiolin, dit Paso Doble en se levant. Il y en a dans la maison ? Schultz lève le regard sur lui. Je ne sais pas, dit-il, il devrait y en avoir, mais je ne sais où. Tu devras les chercher. Ma jambe gauche commence à tressauter, continue l'autre, comme la grenouille de Galvani. C'est la faute de la fumée et de l'heure tardive. Continue donc ta lecture ou, si tu préfères, entre dans une de tes précieuses pauses narratives. D'ailleurs cela arriverait au bon moment. Il ouvre la porte et sort de la chambre. Entracte. Et aussitôt le téléphone, instrument imprévisible, se réveille soudain avec sa sonnerie. Schultz tend son bras vers le prie-dieu.

— C'est moi.

La voix de son père sort du fil avant que Schultz ait eu le temps de porter l'écouteur à son oreille. Il a l'anxiété et l'énergie d'un oiseau libéré de sa cage.

— Quoi que tu fasses, dit-il, interromps-le et prépare-toi à une révélation retentissante.

— Ah, dit Schultz, les révélations retentissantes me trouvent toujours disponible, pourvu qu'elles soient vraiment retentissantes.

— Celle-là devrait être à ton goût, dit le vieillard.

— De quoi s'agit-il ?

— J'ai compris pourquoi tout à l'heure je suis tombé par terre.

— C'est tout ? demande Schultz. Cela ne me semblait pas un épisode suffisamment mystérieux pour devoir en chercher les causes.

— Oh si, dit le vieillard, c'est tout le contraire.

À l'autre bout du fil dans la seule pièce éclairée du petit palais rouge dominant la courbe du canal du Gafaro, nom d'une vieille famille vénitienne depuis longtemps éteinte, le vieil homme est étendu sur un lit plus ou moins dans la position où se trouve Schultz. Lui aussi est encore habillé, parce qu'il est difficile d'imaginer un personnage comme le sien vêtu d'un pyjama, d'une chemise de nuit ou d'une robe de chambre. Certes, il n'a plus son manteau ; peut-être sa veste non plus mais il porte encore pantalons, chemise et gilet, les mêmes qu'il portait auparavant. Quant à la pièce c'est, naturellement, une chambre à coucher vaste mais recueillie, garnie de quelques meubles essentiels, un fauteuil, une armoire, un bureau. Il importe peu de savoir ce qu'a fait le vieillard depuis qu'il est arrivé chez lui. Puisqu'il doit apparaître à ce moment, que son apparition soit, au moins un peu, romanesque.

— Oh si, répète-t-il avec satisfaction.

Puis en changeant de ton il ajoute :

— Quelqu'un voulait que nous nous rencontrions... Quelqu'un... oui... c'est pourquoi on m'a tenu étendu par terre jusqu'à ton arrivée...

— Quelqu'un ? demande Schultz. Quelqu'un qui ?

— Ah qui ? Je ne le sais pas, ça je ne le sais pas... N'attends pas trop de moi comme à ton habitude... Il est certain que je ne savais pas que tu lisais un tel livre.

— De quoi diable parles-tu ? crie presque Schultz, tu es devenu fou.

— Oh oui, fou... Ce n'est pas aussi facile que ça ! J'y pense depuis tout à l'heure.

— Tu penses à quoi ?

— À ton histoire. Au livre que tu es en train de lire. Au soupçon dont tu me parlais que le livre d'une certaine manière te concerne... Ah, certains livres sont comme le démon. On ne sait de quoi ils sont faits. Tu m'écoutes ?

— Oui, je t'écoute, dit Schultz qui ne sait s'il doit prendre au sérieux les propos de son père mais qui est quand même intéressé par l'étrange tournure qu'ils prennent.

— J'ai ma théorie à ce sujet. Tu le sais, tu le sais bien, ce n'est pas tant l'irrationnel qui m'intéresse que ce qui est peu clair, obscur, mystérieux, tout ce que la raison a négligé, humilié, combattu, mortifié, déposé, ainsi de suite, dans sa lutte acerbe, oui acerbe, il ne me vient pas d'autre mot en tête, contre, appelons-les ainsi, les hypothèses qui ne peuvent être vérifiées, mais qui toutefois restent des hypothèses, hurle presque rageusement le vieillard, cachées pendant des siècles dans quelque jungle de l'esprit tirant dans des directions opposées comme ces soldats japonais qui continuent à combattre dans la jungle des îles du Pacifique, encore aujourd'hui trente ans après la fin de la guerre...

— Mais dis-moi un peu, l'interrompt Schultz, cela te semble des choses à dire au téléphone à cette heure de la nuit ?

— C'est toujours mieux que de venir chez toi, non ? répond le vieil homme. Ne me dis pas que tu étais en train de dormir.

— Non, je lis.

— Ah, tu vois ? Tu es encore en train de lire, alors suspends ta lecture et écoute cette histoire. Puis tires-en toi-même les conclusions qui te semblent les plus opportunes. T'ai-je jamais parlé du comte Bonvecchiati ?

— Qui ? demande Schultz.

— Le comte Bonvecchiati, répète le vieillard, un de mes amis... Parce qu'il y a quelque chose que je veux te dire... Ce qui est en train de t'arriver a un précédent, ce n'est pas exactement un phénomène identique, mais c'est quelque chose d'analogue. Écoute...

Schultz soupire submergé par ce déluge verbal.

— Je tâcherai, dit le vieillard, de raconter cette histoire avec une extrême dignité, oui, c'est le mot, dignité.

Cet ami, il avait alors une soixantaine d'années, je parle d'il y a quarante ans, quand moi j'avais quarante ans environ, faisait partie de ces hommes qui semblent avoir soixante ans même quand ils en ont trente... Bref il était né physiquement vieux. Haut de stature, mais mou et un peu courbé, les joues gonflées, portant toujours un gilet et un chapeau aux larges bords, été et hiver, lourd, tenant à la fois du doge et du patriarche, paresseux, comme le sont habituellement les vieillards, le comte Bonvecchiati, peut-être parce que justement il était né vieux, n'avait, malgré son âge, ni cette tristesse, ni cette mauvaise humeur, ni cette rancœur qui sont typiques des vieillards. Tu sais comment sont les vieilles personnes. Au contraire. Il était jovial, sympathique, aimé de tous. Il n'était pas riche, mais jouissait d'une petite rente qui lui permettait de vivre assez bien, il n'avait jamais rien fait dans sa vie si ce n'est lire un livre après l'autre et jouer du piano. Il passait ses journées au café Florian un livre à la main, dedans ou dehors selon la température, et c'est à lui que l'on attribue cette fameuse réplique vénitienne, tu sais celle qui dit : « *Xé le dò, ora che gavemo bevuo el cafè vien le quatro, per le sete semo a casa*[1]. » Il n'était absolument pas vrai qu'il fût à sept heures à la maison où, du reste, personne ne l'attendait – certes il y avait eu une gouvernante âgée de cent ans et des poussières que lui, en inversant les rôles, avait soignée avec amour pendant de nombreuses années mais à cette époque-là elle était déjà morte – il ne rentrait pas chez lui, disais-je, parce qu'à cette heure-là il commençait son tour des restaurants et des *bacari*[2] où il

1. « Il est deux heures, le café est à peine bu qu'il est quatre heures, pour sept heures nous sommes à la maison. »
2. Typiques bistrots vénitiens.

prenait un petit poulpe par-ci, une cigale de mer par-là, deux ou trois petits crabes, un verre de vin d'un côté, un autre d'un autre, passant de Poggi à Biasini, de Tiozzo à Memi et ainsi de suite. Si le père de Baffi n'était pas aussi diminué qu'il est il devrait s'en souvenir encore parce qu'à cette époque-là il était serveur chez Biasini. Tu m'entends bien ? Vers les dix heures ou dix heures et demie chaque soir le comte Bonvecchiati allait prendre le café chez Rosita, la tenancière du bordel homonyme, dont il était l'ami et le conseiller, comme il était l'ami le conseiller le père spirituel des demoiselles qui y logeaient. Je ne crois pas qu'il avait à leur égard un quelconque intérêt sexuel. Mais de toute façon cela n'a aucune importance. C'était un cuisinier extraordinaire et quelquefois il s'amusait à faire à manger dans les trattorias qu'il fréquentait, même dans celle que tu fréquentes, Aux Sans-Famille, quand Fulvia était encore vivante, d'inoubliables plats de morue à la crème, des risottos de palourdes et de seiches, des cigales, des huîtres... Je te raconte tout cela pour que tu te fasses une idée de ce que le comte Bonvecchiati était : un homme en harmonie avec l'univers s'il y en eut jamais un. Et pourtant une mystérieuse tragédie attendait cet homme. Écoute-moi. Non, attends. Te paraît-il que je raconte avec cette dignité que je m'étais proposée ?

— Mais oui, mais oui, dit Schultz, laisse tomber la dignité.

— Non, ce doit être avec dignité, répond le vieillard, parce que je me rends compte que ce récit, avec toutes les implications qu'il inclut est, comment dire ? très dangereux. Mais poursuivons. Un jour, ou plutôt, un soir, je travaillais en bas dans mon atelier qui donne sur le canal, Bonvecchiati arrive. Il a son air habituel de doge, mais il est quelque peu perplexe... Il s'assied, il n'ouvre pas la bouche pendant quelques minutes, peut-être allume-t-il un cigare, je ne sais, il a quelques accès de toux, bref il fait deux ou trois petites choses qui me permettent de deviner un certain embarras, une certaine réticence : la visite de ce soir-là n'est pas une de ses visites habituelles, mais cache quelque chose...

— Papa, l'interrompt Schultz, pourquoi me racontes-tu tout cela ? Ne pouvons-nous pas en parler demain ?

— Non, malédiction, attends, crie le vieillard, cela peut être important... Cela fait des heures que j'y pense.

— Et moi, dit Schultz, j'ai l'impression que ma tête ressemble à la scène du théâtre de La Fenice. Grouillante de personnages. Qui tous parlent. Qui tous veulent prendre la parole.

— Bien, dit avec force son père, je veux moi aussi parler. Que peut te faire un personnage de plus ?

Schultz soupire encore une fois.

— Et remarque, continue le vieillard, que je ne me prévaux pas de ma qualité de père.

— Alors ça va, tu peux poursuivre.

— Donc je lui demande ce qu'il a, reprend le vieillard inexorablement, et lui il me raconte, avec une grande dignité, avec la même dignité avec laquelle je tâche de la raconter, l'histoire que voici. Quelques jours auparavant, je t'ai déjà dit qu'il était un lecteur insatiable, le comte avait lu un livre ou un récit dont à présent je ne me rappelle pas le titre, un livre ou un récit d'un auteur dont je ne me rappelle pas le nom. Quoi qu'il en soit c'était un Espagnol, appelons-le Martinez. Cela te va Martinez ?

— Non, dit Schultz, Martinez ne me plaît pas. Appelons-le Contreras.

— Comme tu veux, dit le vieil homme. Bien, le livre de ce Contreras, quoique situé en Espagne, avait pour héros un homme d'une soixantaine d'années, grand, gros, un peu courbé, un noble qui n'avait fait toute sa vie que lire des livres et jouer du piano. Cet homme passait ses journées au café, je ne sais quel café de Madrid, puis le soir il se déplaçait d'un restaurant à l'autre, quelquefois il s'arrêtait dans l'un ou l'autre des restaurants pour aider les cuisiniers, il jouait du piano dans les boîtes de nuit et finissait ses soirées dans les bordels. En somme cet homme, cet Espagnol était l'image spéculaire du comte Bonvecchiati…

Le vieillard s'interrompt de nouveau, se tait, à l'autre bout du fil il attend que Schultz dise quelque chose. Mais Schultz ne dit rien. Nina, pense-t-il, la femme au manteau de poil de chameau, Jacob, Viruela et Fielding et maintenant aussi le comte Bonvecchiati, nom assez bon mais pas autant que ceux qu'il a rencontrés cette nuit, Contreras et le noble espagnol.

— Donc, reprend le vieil homme, le comte lit le livre et en reste fort secoué. Certes ce qui le frappe c'est de découvrir qu'un tel, un écrivain étranger qu'il ne connaît pas et qui ne le connaît pas, ait pu écrire une histoire si semblable à la sienne, inventer un personnage dans lequel lui, à tant de kilomètres de distance, peut se mirer. Mais une autre chose le trouble encore : sa vie, ainsi objectivée, vue dans un miroir, lue dans le récit d'un autre, sa vie si tranquille, si imperturbable est complètement absurde. C'est sa vie imperturbable et dénuée d'angoisses qui est absurde, tu comprends ? peut-être plus que le fait angoissant qu'elle puisse être racontée par la main d'un inconnu. Il dit que depuis qu'il a lu le livre il n'est plus le même homme. Si avant cette lecture historique il ne s'était jamais trop posé de questions sur lui-même, à présent il est comme cloué à une sorte d'interrogatoire policier continu, qui es-tu ? qu'as-tu fait et où étais-tu au cours de ces soixante dernières années ? Mais ce qui surtout le tourmente c'est de ne jamais s'être aperçu du mystère, de ne jamais s'être aperçu que nous sommes mystérieusement suspendus dans l'espace et d'avoir regardé le ciel pendant tant d'années sans jamais souffrir de vertiges...

Encore une interruption. Au-delà du fil on entend comme dans une attente rauque la respiration du vieillard.

— Je me fais comprendre ? reprend ensuite la voix. Le comte découvre que ce sont les vertiges et non les soirées passées dans les *bacari* et dans les lupanars, les risottos et le piano qui auraient dû être sa véritable condition... Et, donc, après avoir parlé avec moi, je veux dire, après m'avoir raconté cette histoire le comte me dit qu'il a pris une décision. Il veut aller à Madrid chercher Contreras, il veut connaître Contreras, il veut comprendre à travers quels mystérieux procédés créatifs Contreras a pu inventer ce noble Espagnol qui lui est en tout point jumeau. Moi qui joue un peu le rôle de la raison je me montre un peu perplexe, je lui dis, voyons donc, c'est un hasard, une coïncidence et d'autres banalités du genre. Mais le comte est décidé. Je m'offre alors de l'accompagner et il accepte de bon gré, mieux il m'avoue que le but de sa visite était justement celui de me demander de partir avec lui. Nous partons et quelques jours après nous sommes à Madrid dans le bureau de l'éditeur qui a publié le livre de Contreras. Bonvecchiati lui demande de le mettre en contact avec l'auteur. Je suis, dit-il, le comte Bonvecchiati, noble vénitien, et cætera et cætera. L'éditeur prend le téléphone, appelle Contreras et dit ici il y a le comte Untel qui veut vous voir. Silence. L'éditeur écoute ce que Contreras lui répond et de temps en temps lance un coup d'œil perplexe au comte. Puis il repose le combiné et fait un geste de regret. Je regrette, dit-il, mais monsieur Contreras ne veut pas vous voir. Comment il ne veut pas me voir ? Le comte qui est assis bondit sur ses pieds. Il ne veut pas vous voir, répète l'éditeur. Mais pourquoi ? insiste le comte qui ne sait s'il se sent plus humilié ou plus surpris. Il ne m'a pas donné d'explications, dit l'autre. C'est un homme très étrange et moi je ne peux rien y faire. Je vous prie, monsieur le comte, de me laisser en paix car j'ai à faire. Nous nous en allons. Le comte est humilié, perplexe, épouvanté et même profondément irrité parce qu'il a fait un long voyage et que cet individu, à présent, ne veut pas le voir. Mais il a aussi la sensation d'être entré dans un mystère encore plus grand. Il est toutefois décidé à aller jusqu'au bout. Il se présentera chez Contreras et l'obligera à le recevoir. C'est Contreras qui le premier est entré dans sa vie, à lui désormais d'en assumer les responsabilités. Il parvient d'une manière ou d'une autre à avoir son adresse et un jour il frappe à la porte de l'écrivain.

Une autre pause brève.

— Combien veux-tu parier, demande ensuite le vieillard avec une étrange note de gaieté dans la voix, que tu n'arrives pas à imaginer ce qui va se passer ?

— Je n'essaie même pas, dit Schultz, continue.

— Une femme lui ouvre, reprend la voix au bout du fil, une belle femme à l'air fin et triste, l'épouse de Contreras. Elle a ouvert la porte sans aucune hésitation comme devant le facteur ou le laitier, mais dès qu'elle voit le comte elle devient pâle, elle est prise de tremblements, il est clair qu'elle a peur. Je m'appelle Bonvecchiati.

Le comte commence à se présenter mais elle le bloque : partez, dit-elle, partez, s'il vous plaît, quittez l'Espagne pour votre bien. Partez tout de suite. Le comte ne comprend pas, prie la femme de le laisser entrer, pousse la porte mais elle la lui claque au nez. Partez, partez, on entend des sanglots qui viennent de la maison, d'abord près de la porte, puis plus loin, toujours plus loin comme si la femme s'était enfoncée dans un abîme... Bonvecchiati s'en va, la tête basse, le pas encore plus lourd que d'habitude. Il revient à l'hôtel préoccupé et effrayé, mais aussi comment dire ? excité par ce qui est en train d'arriver et plus que jamais décidé à ne pas s'arrêter. Il y a une séduction dans ce mystère, un charme, un enchantement et il veut savoir de quoi il s'agit. Pourquoi ne veulent-ils pas le recevoir ? Pourquoi lui ferment-ils la porte au nez ? Maintenant je ne me rappelle pas si mon ami retourne à la charge par téléphone ou s'il se présente de nouveau chez Contreras pour être repoussé de lui une autre fois. Il a de toute façon quitté l'hôtel et pris en location un appartement juste en face de la maison où l'écrivain vit, une petite villa blanche avec un grand jardin derrière. De ses fenêtres le comte épie la maison matin et soir. Pourquoi le fait-il ? c'est clair. Il veut découvrir, peut-être en les surprenant en lui-même, les liens secrets, mystérieux qui l'unissent à cet homme qu'il n'a jamais vu et qui ne l'a jamais vu. Il veut trouver les canaux souterrains, probablement pleins de rats et de cafards, qui permettent la communication entre lui et l'écrivain, le trou obscur par où l'écrivain dérobe sa vie. Un soir la porte de la maison des Contreras s'ouvre et le comte voit la femme de Contreras en sortir accompagnée d'un homme âgé qui ne peut être que lui, Contreras. Ils ont chacun une valise à la main... Le comte ne perd pas une minute. Il descend à toute allure les escaliers en balbutiant, enfin, enfin, c'est lui, je dois lui parler, mais quand il arrive en bas Contreras et sa femme sont déjà loin, à bord d'un taxi qui est venu les prendre... À présent le comte est là, devant la maison qu'il sait déserte. Et il se sent irrésistiblement invité à entrer. De la maison provient une force qui l'appelle. C'est le soir. Un réverbère éclaire la rue et la silhouette du comte immobile. En moins de temps qu'il ne faut pour le dire il se décide. Il retrouve en lui une agilité qu'il n'a jamais eue, escalade le mur du jardin et se laisse tomber dans le territoire interdit et magique. Il force une porte et entre chez les Contreras, à tâtons il cherche le bureau, il allume une lumière ici une autre là et trouve cette chose qui l'appelle, la raison pour laquelle il est entré dans cette maison. Sur le bureau est posé un texte dactylographié. C'est un nouveau livre, un nouveau récit de Contreras. Le comte se met à le lire...

— Tout entier ? se surprend à demander Schultz. Il faut des heures pour...

— Tout entier ou en partie je ne sais, l'interrompt brusquement le vieillard, assez toutefois pour comprendre de quoi il s'agit. Il lit et un cri sort de ses lèvres. Il reste comme pétrifié tandis que les pages lui glissent des mains et se répandent sur le sol...

Une autre pause satisfaite s'installe comme si le vieillard savourait la tension et le suspense de son récit. Puis la voix continue :

— Bon, peut-être qu'à ce moment du récit tu as compris ce qui est arrivé au comte, le pourquoi de tout cela. Le comte s'est retrouvé aussi dans ce nouveau récit de Contreras, il est là de nouveau dans ces pages tombées à terre, le mystérieux miroir dans lequel il a vu sa vie réfléchie en réfléchit à présent son dernier chapitre.

— Mon Dieu ! dit Schultz manquant d'une exclamation plus robuste.

— Le héros du récit est en effet Untel qui lit un livre, s'y reconnaît, décide d'en chercher l'auteur, part, le cherche, le trouve, mais celui-ci refuse de le voir, l'épouse de l'auteur prend peur et lui ferme la porte au nez parce qu'elle l'a reconnu comme une créature de son mari, mais lui, il ne capitule pas, décidé à aller jusqu'au bout il finit par entrer comme un voleur dans la maison vide de l'auteur, exactement comme l'a fait le comte et à présent ils sont tous les deux là, un personnage et une personne de chair et d'os, tous les deux prisonniers de ce que Contreras a écrit et destinés à avoir la fin que Contreras leur a réservée...

— Mourir ? demande Schultz.

— Mourir, répète son père, comme des chiens. Tués à coups de pistolet par deux gardes, deux *serenos*, ces veilleurs de nuit des villes espagnoles, qui les prenant pour des voleurs déchargent leurs pistolets sur eux. Dans le dos. Comme des chiens... Ah, crie le comte, aurais-je jusqu'à aujourd'hui, depuis toujours, vécu dans un livre ? Ma vie ne serait-elle qu'une série de signes sur une page ? N'aurais-je jamais eu une vie à moi, ne pourrais-je non plus avoir une mort qui m'appartienne ? Quelque chose du genre. Et à ce moment-là il se met en rogne. Il n'a pas envie de mourir. Cette aventure ne lui paraît plus aussi séduisante, ce mystère est une grande saloperie. En cet instant il se fout complètement du mystère et il voudrait retourner au Florian, aux *bacari*, au lupanar de Rosita. Mais il est pris aussi par une peur panique. Il doit s'en aller au plus vite. Il ramasse les feuilles éparses du livre qu'il veut emporter avec lui, qu'il doit, ainsi le ressent-il, emporter avec lui comme une preuve, comme un témoignage que quelqu'un fait la pluie et le beau temps avec sa vie et avec sa mort… Il se met à courir à travers la maison, trébuche, essaie d'ouvrir la porte principale qui est pourtant fermée de l'extérieur, retourne dans le jardin, escalade le mur encore une fois et tombe quasiment sur deux *serenos* qui font leur ronde de nuit dans la rue… Je ne sais, je me suis souvent surpris à penser à ce qui arrive durant l'instant où l'on se rend compte que tout est fini, que le temps s'est arrêté, que la vie se fracasse contre vous, et puis l'inutile freinage, le grincement horrible des freins qui tentent d'éviter le heurt… Je peux donc imaginer ce qui arrive au comte quand le manuscrit volé serré dans ses mains il se retrouve face aux deux *serenos*. Il est perdu, fini. Sans issue. S'il s'était trouvé face à un magistrat cultivé, préparé, voire lecteur de Cervantès et d'Unamuno, il aurait pu lui raconter son histoire avec quelque espoir d'être cru, mais ces deux individus à l'air dur hirsute, des félins en uniforme qui se préparent à lui sauter sur le dos, ne sont certainement pas capables d'ajouter foi à ce qu'il pourrait leur dire sur Contreras. Sans compter la mauvaise impression qu'il produirait s'il devait leur raconter une histoire comme celle-là.

Le vieillard s'interrompt encore brièvement.

— Pauvre et cher ami, reprend-il ensuite. Il ne lui reste plus qu'à leur tourner le dos et à s'échapper en maudissant le moment où il a lu le premier livre de Contreras et en est resté piégé. Et tandis que le comte court en pensant à tout cela, tandis qu'il court vers ce qui était sa vie avant la lecture de ce livre, vers le Florian, Rosita, le piano, les *bacari*, les petits poulpes, les pistolets des deux *serenos* tirent et le touchent dans le dos en le foudroyant. Amen.

Le vieillard semble être arrivé essoufflé à la fin de son récit.

— Voilà, dit-il, c'est là tout ce que je voulais te raconter. Tu comprends que certains livres ont quelque chose de diabolique et peut-être que celui que tu lis appartient à ce genre… Ils capturent des destins, ils les emprisonnent…

— Mais toi, l'interrompt Schultz, tu n'as jamais mis les pieds en Espagne de ta vie.

— Ah, non ? réplique son père. Et comment peux-tu le savoir ? Tu avais cinq ou six ans à l'époque…

— Je l'aurais su d'une façon ou d'une autre, dit Schultz, il serait resté à la maison quelque trace de ton voyage… Et puis ne t'ai-je pas entendu te vanter pendant des décennies de n'avoir jamais voulu mettre un pied hors de Venise parce que tu te considères comme un monument vénitien et que les monuments ne voyagent pas ?

Silence offensé à l'autre bout du fil.

— Où as-tu trouvé un tel conte ? demande Schultz.

— Tu es libre de le considérer ainsi si cela te plaît, dit le vieil homme, de toute façon, ce qui importe c'est sa signification. Tout ce que l'on écrit existe quelque part… Ou simultanément avec l'écriture ou avant ou après… C'est pourquoi parfois on trouve des livres auxquels on s'identifie aussi profondément… L'écriture est un fait magique ou devrait l'être… Qui peut exclure que celui qui a écrit le livre que tu lis a au moins en rêve glissé du siècle passé jusqu'à toi en capturant cette parcelle du futur dont tu fais partie ?

— Moi, dit Schultz, moi, je l'exclus.

— Pourquoi ? crie le vieillard, il est certain que de toi il n'a pas vu que l'armoire, mais aussi quelque autre chose, ta vie peut-être, ton destin…

— C'est possible, dit Schultz, mais cela ne m'importe guère. J'accepte la chose telle qu'elle est sans chercher d'explications magiques. Je ne suis pas un soldat japonais. Et puis les choses qui m'intéressent sont tout autres.

— Lesquelles par exemple ?

— De toute façon, continue Schultz, ton conte est très beau. Si tu l'écris je te le publie en même temps que le livre que je suis en train de lire, en même temps je veux dire, non pas dans la même collection, mais vraiment en même temps en le glissant là où j'ai dû interrompre la lecture pour l'écouter... Dans l'hypothèse que ton intervention trouve aussi son espace dans le livre que je lis et peut-être en fasse, directement, partie... Dans l'hypothèse, hum, excuse-moi si tout à coup je suis devenu ambitieux, d'un roman qui incorpore tout ce qui l'entoure, tout ce qui arrive dans son aire, le lecteur qui le lit, ses pensées, ses souvenirs, son histoire, le téléphone qui sonne, la musique qui se joue, la neige qui tombe, les bateaux qui passent sur le canal, l'horloge qui marque les heures et beaucoup d'autres choses encore, y compris l'histoire du comte Bonvecchiati.

— Heureux de t'avoir été utile de quelque manière, dit le vieil homme et il interrompt la communication.

Clic ! Schultz lui aussi a reposé le combiné et avant de reprendre sa place sur le lit étire ses longs bras. Étrange mort que celle du comte Bonvecchiati, pense-t-il. Le récit de son père qu'il soit vrai ou faux ne manque pas de force suggestive. Certes il y a de nombreux petits mystères dans le grand mystère, mais tandis que son père semble en être fasciné et Paso Doble effrayé lui il y est toujours resté froid. Ils plaisent trop aux dames pour qu'il n'ait pas quelque soupçon. Si elles ont raison mieux vaut avoir tort. Si cela est la vérité mieux valent les mensonges. Ce qui compte c'est que le téléphone ait sonné pendant qu'il lisait et que quelqu'un, dans le cas spécifique son père, lui ait raconté une longue histoire qui s'insinue entre celle de Jacob et la sienne ; il prend un peu de temps avant de trouver une position confortable, jusqu'à ce qu'il parvienne à s'installer dans le grand espace que la pause a ouvert elle-même. Pourquoi ne pas considérer l'histoire de Jacob et la sienne à lui, Schultz, et celle de Scarpa et Scarpis et de la fille de Trévise et l'histoire arrivée par téléphone du comte Bonvecchiati et peut-être même d'autres qui pourront se présenter dans le cours de la nuit, comme un tout unique, comme l'histoire elle-même ?

Qui était-ce ? demande Paso Doble en rentrant dans la chambre. Il m'a semblé entendre le téléphone sonner il y a quelques minutes. Schultz reste soucieux pendant un bon moment. Le comte Bonvecchiati, dit-il ensuite. Qui ? demande l'autre. Le comte Bonvecchiati, répète Schultz. Qui est-ce ? Un ami de mon père qui n'a peut-être jamais existé et qui de toute façon est mort depuis longtemps. Je comprends, dit Paso Doble. Et que voulait-il ? Oh rien d'important. Schultz s'étend de nouveau sur le lit. Créer peut-être une nouvelle pause, dit-il, formuler quelque conjecture. Ne t'inquiète pas. Tout est arrangé. Et il reprend son livre.

Je lançai un cri jubilatoire et éperonnai mon cheval pour la dernière course et mon cheval parut rassembler toute l'énergie qu'il lui restait, son cœur et ses muscles se dilatèrent et se tendirent dans un ultime effort, ses sabots battaient sur le chemin la mesure d'un mécanisme frénétique, trop frénétique peut-être pour être encore parfait, jusqu'à ce qu'à une dizaine de mètres de distance de la voiture et à travers la fenêtre arrière je pus voir une tête de femme, la tête de Nina, posée, me sembla-t-il, contre l'épaule de quelqu'un assis près d'elle et placée de telle façon que si Nina s'était tournée un tant soit peu elle aurait pu me voir et me reconnaître; quelque chose alors se rompit dans mon cheval, se brisa avec un long soupir d'agonie, ses jarrets d'acier cédèrent et je me retrouvai tout à coup par terre à côté du corps dégonflé de l'animal, victime d'une chute qui pouvait m'être fatale. Lorsque je parvins à me relever, de la voiture de nouveau loin de moi n'était restée que la poussière soulevée par ses roues. Je tentai par tous les moyens de contraindre mon cheval à se remettre debout, cherchant avec embarras à éviter ses yeux qui me regardaient sans comprendre. Puis, lorsque je me rendis compte qu'il avait une patte cassée et que son cœur avait explosé ou était sur le point d'exploser je l'abattis d'un coup de pistolet. Je me retrouvais à pied dans un pays inconnu. Je restai longtemps à regarder le cheval qui aussi généreusement qu'inutilement m'avait porté jusqu'ici et à maudire le sort qui l'avait fait s'écrouler juste au moment où allait s'achever ma poursuite. Je marchai ensuite le long de la route au bout de laquelle on voyait encore, mais toujours plus au loin, la voiture. J'avais renoncé à la rattraper, j'avais même renoncé à atteindre Lugano avant que Nina ne repartît vers sa destination finale. Car désormais j'avais la certitude que je la retrouverais à Venise, dans l'auberge de son père, sur le campo Santa Margherita, d'où elle avait fui de nombreuses années plus tôt. Au bout de quelques milles je m'étendis sous un arbre pour prendre un peu de repos. Je m'endormis sur-le-champ et rêvai d'un cerf-volant en forme de cheval qui m'emportait en galopant dans le ciel au-dessus des montagnes suisses et des plaines de Lombardie et d'un paysage que je n'avais jamais vu et qui, s'étant arrêté brutalement dans l'obscurité, me disait que j'étais arrivé. Je me laissais glisser le long du fil qui tenait le cerf-volant, tout en bas dans le noir sans savoir où j'arriverais jusqu'au moment où mes pieds butèrent contre quelque chose de dur et je me retrouvais à bord d'un bateau de pêcheurs du nom de

À ce moment le récit trébuche et semble tomber, s'enfoncer dans la blancheur de quelques pages qui ne sont pas imprimées. Schultz les feuillette et jette un coup d'œil rapide sur les pages où la narration de Jacob reprend.

J'arrivai à Venise dans l'aube froide du milieu de l'hiver.

Ah Jacob est donc déjà arrivé, ce qui se produit à partir du moment où, étendu sous un arbre dans une vallée suisse, il rêve du cerf-volant en forme de cheval jusqu'à son arrivée est là, caché et tu dans ces pages blanches. Tant mieux, dit Paso Doble, nous gagnerons un peu de temps. Je commence à en avoir assez. Et lui aussi, Jacob ou celui qui raconte à sa place, commence à donner des signes de fatigue et d'ennui. Et pourquoi donc ? demande Schultz. Eh bien, dit l'autre, j'ai la sensation qu'il a lui aussi hâte d'arriver. Il a peur de tomber dans ce qu'il appelle lui-même les banalités d'époque, les lieux communs des XVIIIe et XIXe siècles. Schultz fait un signe de la tête. C'est possible, dit-il, mais moi je n'en ai pas assez. Au contraire l'idée que le récit, à ce moment, soit lacunaire, mutilé ne me satisfait pas et j'ai bien envie de le compléter. Que cela soit vrai ou inventé importe peu. Dans une vallée suisse il y a une infinité de possibilités. Donne-m'en une, l'invite Paso Doble, pour ce que j'en connais la Suisse est le pays le plus ennuyeux de l'univers. Ah, laisse-moi y songer un peu, dit Schultz en prenant l'air d'entrer dans le récit et de s'étendre sous un arbre de la vallée suisse à la place de Jacob Flint. Quelque chose commence à bouger là où le récit s'est enlisé, certains signes apparaissent tout autour du jeune homme endormi, qui suggèrent de nouvelles voies à explorer. Par exemple, dit Schultz, Jacob est en train de dormir et rêve à ce qu'il lui semble bon lorsqu'un bruit le réveille. Oui, dit Paso Doble, le bruit d'un pet puissant.

Il ouvre les yeux, continue Schultz, et se trouve devant un moine borgne qui est en train de le regarder. Le moine est un géant d'environ deux mètres, il s'appuie sur un bâton gros comme un tronc, le froc qu'il porte est sale et loqueteux. Et il continue à péter, ajoute Paso Doble qui semble suivre un ordre de pensées tout à lui. C'est, dit Schultz qui semble très satisfait de la façon dont l'histoire s'improvise et se développe, un Espagnol, chassé du couvent de Saint-Sébastien où il a vécu de nombreuses années. On comprend qu'ils l'aient chassé, dit Paso Doble, ils n'en pouvaient plus de l'entendre péter nuit et jour. Parce qu'il est un grand sensuel, précise Schultz. Et maintenant, continue l'autre, il se dirige vers le Congrès des Moines péteurs de Lugano. Il perd la tête pour toute femme qui passe à côté de lui, il n'est jamais parvenu à résister aux tentations, au contraire il se sent irrésistiblement appelé aux satisfactions de la chair. Mais puisque c'est un croyant, continue Schultz, il a donné un contenu religieux à sa concupiscence : la femme est pour l'homme la chair des dieux et vice-versa, naturellement. Qu'en dis-tu ? Va dormir, va qu'il est tard, dit Paso Doble. Mais pas du tout, dit Schultz, je suis pris d'une fièvre créatrice. À présent il reste à voir ce que veut exactement le moine de Jacob, comment il s'insère dans son histoire. Il le tue, dit l'autre, il le tue comme un chien, ainsi on n'en parle plus. Certainement pas, dit Schultz. À Venise et même au-delà, où que le porte le chemin qu'il a pris, Jacob doit y parvenir vivant et être capable de raconter ce qui lui est arrivé. Tiens, il peut, par exemple, vouloir que cela se passe ainsi.

Il réveille Jacob brusquement et lui demande : « Tu es marié ? » Jacob le regarde stupéfait. Il est encore en train de rêver au cerf-volant et ne comprend pas bien d'où peut sortir ce fou. « Ne me dis pas que tu es marié, continue le moine, autrement *vas a terminar muy mal* » moitié en espagnol moitié en italien. Jacob fait un signe de dénégation avec la tête. « Non », dit-il. « *Así me gusta* », reprend le moine. « Il m'a suffi de *mirarte* pour comprendre que tu es *el hombre* qui me convient. Debout, lève-toi, nous devons nous en aller. » Il vaut mieux pour éviter toute confusion que tu continues à parler en italien, dit Paso Doble. « Où ? » balbutie Jacob. « À un mariage », dit le moine. « Et qui se marie ? » « Toi », répond le moine. Mon Dieu, mon Dieu, murmure Paso Doble. Schultz le regarde avec satisfaction. Comme tu vois, observe-t-il, ce n'est pas une banalité d'époque, mais un coup de théâtre qui va bien en toute saison. C'est possible, dit l'autre, mais maintenant comment t'en sors-tu ? Pourquoi le moine veut-il que Jacob se marie et qui est l'heureuse élue ? Attends, dit Schultz, nous résoudrons aussi ce point, nous sommes ici pour cela.

Le moine a une maîtresse, une jeune Suissesse blanche et rousse qui est destinée à hériter de la fortune de son oncle le jour de son mariage. Le moine en est follement amoureux, mais puisque son état de religieux auquel il ne veut pas renoncer ne lui permet pas de l'épouser, il est à la recherche d'un mari qui ait des papiers en règle – car ils doivent être présentés aux exécuteurs testamentaires de l'oncle – et qu'il puisse chasser, le mari j'entends, dès que l'héritage sera entre les mains de la mariée.

Ah dit Paso Doble. Le moine raconte à Jacob son histoire et lui dit que s'il accepte de devenir l'époux de sa maîtresse jusqu'au moment où il aura hérité et se sera transféré en Italie ou en France il lui donnera trois balles d'or provenant de la fusion d'une douzaine de doublons espagnols, une tout de suite et les deux autres au moment où il se séparera de son épouse. S'il n'accepte pas, il lui brise le crâne sur-le-champ à coups de bâton.

Je comprends, dit le locataire, Jacob n'a vraiment aucune alternative. Ce qui au contraire reste obscur pour moi c'est l'histoire des trois balles d'or. Oh je ne sais pas, dit Schultz, elles me sont venues à l'esprit comme ça, à l'improviste. Mais nous pouvons très bien les supprimer. Quant à leur usage tu ignores peut-être qu'au XVIIIe siècle elles servaient de contraceptif, les messieurs d'alors les enfilaient dans la *mona* de leurs maîtresses en croyant que l'or avait une force répulsive capable d'empêcher la fécondation. Mais supprimons-les donc et continuons.

Jacob est contraint d'accepter soit par peur des coups de bâton, soit parce que quand le moine lui présente la future épouse il la trouve à son goût et, gourmand comme il est de chair féminine, malgré son amour pour Nina, il jette aussitôt ses yeux sur elle. De plus il a la sensation de ne pas lui déplaire. Sauf que le moine, jaloux comme une bête féroce, s'en aperçoit et dit tout net à Jacob que s'il touche la jeune fille rien que du bout du doigt, il le brise en deux. « Nous nous sommes compris ? » dit-il en le transperçant de son œil unique. Jacob dit qu'il a compris. Le moine célèbre les noces, signe le contrat de mariage et puis tous les trois s'en vont à X où Jacob et la jeune fille se présentent au notaire de l'oncle comme mari et femme. Ce qu'ils sont en réalité même si celui qui les a mariés n'est pas digne d'administrer les sacrements. L'épouse reçoit l'héritage, un coffre-fort bourré de sequins, et tout semble marcher comme sur des roulettes. Mais bien vite les tracas commencent. Le moine n'est pas monté chez le notaire, il est resté à attendre le retour des époux dans une auberge du village. Les heures passent et les époux ne se montrent toujours pas. Le moine commence à devenir nerveux, son œil unique voit de loin des choses horribles.

Qu'est-il arrivé ? demande Paso Doble, Jacob a-t-il filé avec le coffre-fort et la fille ?

Non, je ne sais pas, peut-être pas encore, dit Schultz, mais un orage furieux a éclaté, la Suisse entière résonne frappée par les tonnerres et les foudres. Le notaire a insisté pour que Jacob et son épouse s'arrêtent et a mis à leur disposition une chambre à coucher. Et là dans la chambre à coucher, tremblants de peur et de désir, les deux jeunes gens cèdent à l'appel de la nature et tombent dans les bras l'un de l'autre. C'est autre chose que de ne pas même la toucher du doigt ! Le mariage est consommé comme on ne pourrait mieux consommer un mariage. En outre la jeune fille ne veut plus entendre parler de retourner avec son moine, elle veut rester avec Jacob, son époux, s'en aller avec lui.

Bien, dit Paso Doble, ainsi tu le mets dans un pétrin pire que celui où il se trouve déjà. Comment s'en tire-t-il maintenant ? Il emmène son épouse à la recherche de sa maîtresse ? Schultz fait un geste de la main. Je n'en ai pas la moindre idée, dit-il, du moins pour le moment. Mais il faudra bien faire quelque chose si l'on veut remplir les vides de ce livre, les pages qui manquent... Tu peux t'y mettre toi aussi, dit Paso Doble, et le récit dure à l'infini. Hum, fait Schultz, la tentation est forte. Un récit une fois commencé pourrait ne plus finir, rencontrer un personnage après l'autre, faire le tour du monde, incorporer l'univers. Et le moine ? demande l'autre, j'avoue que son sort m'intrigue.

Oh le moine, dit Schultz, le moine a quitté l'auberge et sous l'orage il s'est dirigé jusqu'à la maison du notaire. La charrette avec laquelle ils sont arrivés est encore là.

Quelle charrette ? demande Paso Doble, tu n'as pas parlé de charrette auparavant et moi je m'imaginais ingénument qu'ils étaient allés à pied chez le notaire.

La charrette je l'ajoute maintenant, dit Schultz, une vieille charrette paysanne de celles que l'on voit en miniature dans les magasins tyroliens de souvenirs. Et si la charrette est encore là cela veut dire que les époux ne sont pas partis. C'est la nuit. Le moine regarde la maison sombre, fouettée par la pluie. Or, en haut, dans une chambre sous le toit, on voit la lueur d'une chandelle allumée. Le moine ne voit pas ce que la chandelle éclaire, il peut cependant bien l'imaginer : un lit dévasté où se consume une double trahison. Il appelle, hurle, lance des imprécations, mais sa voix est emportée par le vent, les deux époux amants ne l'entendent pas. Le moine regarde autour de lui. Il y a un gros arbre devant la maison, un arbre que personne auparavant n'avait aperçu parce que je suis juste en train de le planter. Ses branches arrivent presque à la hauteur de la fenêtre éclairée, on dirait des bras cherchant à entrer attirés par la lumière. Le moine s'accroche au tronc, grimpe, glisse, tombe par terre, recommence à grimper ; guidé par la fureur et la jalousie il atteint la branche qui tend le plus vers la fenêtre et je le laisse là perché comme un corbeau, modeste exemple de ce qui peut arriver dans une vallée suisse.

Et tu le laisses ainsi dans le mauvais temps ? demande son compagnon. Je le tirerai plus tard de cette situation, dit Schultz. À présent je ne saurais vraiment pas qu'en faire. Et il reprend sa lecture.

J'arrivai à Venise dans l'aube froide du milieu de l'hiver. Je n'eus pas de problèmes à l'entrée du port où les Autrichiens auxquels appartenait l'ancienne et glorieuse république trahie par Napoléon avaient un poste de contrôle terrifiant. On me prit pour l'un des pêcheurs du *bragozzo*[1] et fort heureusement on ne me demanda aucun laissez-passer. Venise je ne l'avais jamais vue mais je l'avais d'une certaine manière vécue à travers les récits de Nina de sorte que lorsque j'y arrivai mes sentiments étaient confus, je ne savais plus exactement si je la voyais pour la première fois ou si je la revoyais après une longue absence. Le *bragozzo* laissa ses voiles jusqu'à l'entrée de ce que les Vénitiens appellent le Grand Canal, puis les ramena et, à la seule force des rames,

1. Sorte de tartane vénitienne.

continua sa route jusqu'au marché aux poissons qui, étrangement, se trouvait à l'intérieur dessous et autour des arcades d'un grand palais altier et aristocratique. Les cris des vendeurs qui proclamaient l'excellence de leur marchandise n'étaient pas différents des cris que j'avais parfois entendus monter du marché de Billinsgate comme n'étaient guère différentes des Anglaises les petites femmes emmitouflées qui allaient et venaient sous les arcades du palais. Avec le peu d'argent qu'il me restait je payai les pêcheurs qui m'avaient transporté puis me fis indiquer le chemin pour Santa Margherita et pénétrai dans le labyrinthe vénitien. Quel enchevêtrement grand Dieu ! Quel casse-tête mythico-oriental ! J'étais à présent certain de n'avoir jamais vu Venise ! Ce n'était pas une ville, mais une immense flotte de galions de marbre venus s'échouer sur le fond de la lagune ou décidés à s'arrêter pour toujours dans la lagune sans plus jamais reprendre la route... Il ne me fut pas facile de trouver le chemin du campo Santa Margherita au milieu de ce cimetière de nefs. J'y fus conduit, après m'être égaré plusieurs fois, par un garçonnet de onze ou douze ans qui, reconnaissant en moi l'un de ces étrangers auxquels il n'était sans doute pas difficile d'arracher une pièce, m'avait offert ses services. Je dis qu'il m'y conduisit mais ce n'est pas exact. Parce qu'en réalité mon guide me laissa aux pieds d'un pont du nom de San Pantalon (mon cœur battit la chamade lorsque je réalisai que je me trouvais dans le quartier où le cordonnier Bertotto avait sa boutique) au-delà duquel, au bout d'une rue qui longeait le côté d'une église s'ouvrait le grand campo où Nina avait grandi. Car au-delà du pont le jeune garçon ne voulut pas aller. D'étranges choses, me dit-il, avaient lieu depuis quelques jours de l'autre côté. D'étranges choses ? demandai-je. Oui, dit-il, d'étranges choses. Les égouts de tout le quartier devaient s'être bouchés et l'air était devenu irrespirable. On avait vu des rats d'égout gros comme des chats pour ne pas dire comme des chiens ramper sur le campo ou remonter comme des flottilles de navires ennemis les canaux voisins. Un grand nombre de ceux qui habitaient dans cette zone étaient partis vivre chez des parents dans d'autres quartiers de la ville voire à la campagne en attendant que l'administration de la cité fît quelque chose pour libérer l'endroit de cette terrible puanteur. Mais rien encore n'avait été entrepris. Le bruit courait que la Magistrature des eaux, tout comme l'Inspection sanitaire, auxquelles incombait la résolution du problème, envisageaient de créer un cordon sanitaire autour du campo pour éviter le danger d'une peste. Quant à lui, je veux dire l'enfant, il n'y avait plus mis les pieds après que son frère aîné, garçon dans une auberge, avait été mordu par l'une des bêtes nommées plus haut. Non, il ne m'accompagnerait pas au-delà du pont, me remerciait de ce que j'allais sûrement lui donner pour s'être mis à mon service et me souhaitait bonne chance. J'aurais dû y penser tout de suite et au contraire n'y pensai pas. Je traversai le pont et me dirigeai vers le campo mais au fur et à mesure que je m'approchais de celle qui depuis deux mois était ma destination et que je commençais à percevoir l'odeur dont le garçon m'avait parlé, montait, je ne saurais dire précisément d'où, la sensation vague d'abord puis toujours plus nette que cette odeur m'était familière et qu'elle était liée à de terribles expériences. Mais que ce fût l'odeur de Fielding ne me traversa l'esprit qu'en entrant sur le campo et en voyant les métaphores. Parce que c'étaient elles, il ne pouvait s'agir que d'elles, ces animaux immondes pour partie attroupés autour d'un puits, pour partie dispersés sur le campo désert, qui surgirent soudain devant mes yeux. L'horreur que j'avais éprouvée à la Taverne du doge Loredan lorsque je les avais vues pour la première fois n'était en rien comparable à celle que je ressentais à présent parce que si la première fois c'était la découverte de leur existence qui m'avait atterré, maintenant c'était la peur qui me pétrifiait, car les retrouver de façon si inattendue et si loin de leur demeure ne pouvait signifier qu'une chose : Fielding était à Venise, il y était arrivé avant moi, il était là, dans la Locanda Manfrin de Santa Margherita, et peut-être tenait-il entre ses bras la veuve Binelli. Pendant quelques minutes mon esprit cessa de fonctionner. Puis il fut envahi par des pensées amères, épineuses. Ah combien le monde devait avoir changé si un homme comme Fielding, auquel autrefois il n'eût été en aucune façon permis de poser un regard sur une femme comme Nina, n'était disposé même après en avoir été repoussé à renoncer à elle ! Aujourd'hui les monstres eux aussi exigeaient des droits de propriété sur la beauté et mobilisaient toute leur souillure pour l'arracher des mains de celui qui avait été choisi par la nature pour en jouir ! Plus personne n'acceptait de rester à la place que le destin avait prévue pour lui, Jeremy Trenthan ne se sentait insulté que parce que le fils d'un squire couchait avec sa femme – le fait qu'il eût défié son rival et eût été tué par lui ne prouvait pas nécessairement que l'ancien ordre ne fût pas bouleversé –, Fielding profitait de son pouvoir et de son malheur pour rester obstinément attaché à ce qui n'était pas fait pour lui et qui lui échappait de toute manière. Des pensées confuses, des protestations amères, mais le temps me manqua pour les approfondir parce que je me sentis attrapé par les mains robustes de deux hommes qui avaient surgi près de moi sans crier gare, deux visages anglais que je reconnus aisément comme ceux des sbires de Fielding. Ils me soulevèrent sans mot dire et me portèrent tel quel vers la porte ouverte d'un bâtiment à main gauche du campo, où je pus lire furtivement l'enseigne de la Locanda Manfrin. J'étais arrivé, même si ce n'était pas de la façon prévue. Je n'opposai aucune résistance parce que cela eût été inutile et aussi parce que, au fur et à mesure que je m'approchais de cette porte et que l'odeur de Fielding se faisait plus âpre, j'étais pris d'un sentiment de nausée qui m'ôtait toute force. Quelques minutes plus tard, sans avoir vu personne de la famille de Nina je me trouvais dans une chambre de l'auberge devant Fielding. Il était assis dans un fauteuil et caressait une métaphore endormie sur ses genoux. Appuyée contre le dossier du fauteuil sa canne meurtrière semblait me regarder de son œil d'argent.

– Où est Nina ? demanda Fielding.

Je le regardai stupéfait. Je me serais attendu à tout, à n'importe quoi, à être dépecé lentement ou tué sur le coup, sauf à cette question.

– Elle n'est pas ici ? balbutiai-je.

– Où l'as-tu quittée ? poursuivit Fielding en me

regardant droit dans les yeux. Je secouai la tête, déglutis, secouai de nouveau la tête.

– Elle n'a jamais été avec moi, parvins-je finalement à dire. Je ne suis...

Et soudain je m'interrompis pris par la terreur d'avoir été trompé par de fausses informations et par des indications erronées et je ressentis la peur panique d'avoir fait toute cette route pour rien, inutilement, parce que Nina était peut-être restée en Angleterre ou s'en était allée dans qui sait quel autre endroit du monde, et qu'elle n'était pas la femme que j'avais poursuivie deux mois durant, qu'elle n'était pas la femme qui avait voyagé sur la *Muchacha de Asturias* ni celle dont parlait sir Francis, ni celle que j'avais vue, trop rapidement hélas pour la reconnaître, dans la voiture Zurich-Lugano. Avais-je suivi quelqu'un d'autre ou peut-être plusieurs personnes en attribuant à chacune d'elles d'étape en étape le visage le corps et le mystère de Nina ? Fielding dut lire dans mes yeux une part de la surprise de l'horreur de la fatigue que j'éprouvais à cet instant parce qu'il n'insista pas dans ses questions et parut même croire à mes paroles lorsque, après m'être remis de mon émotion première, je fus capable de reprendre aussi la phrase que j'avais commencée et interrompue et expliquer que je n'étais pas parti d'Angleterre avec elle mais que je m'étais contenté de la suivre. Fielding se taisait à présent, ses yeux gris à demi cachés sous ses paupières, ses mains couvertes de bagues caressant la métaphore endormie. Je m'attendais à ce que d'un moment à l'autre il fît signe à ses hommes de me trancher la gorge ou de me donner en pâture à ses bêtes et je me préparais déjà à affronter la mort avec ce reste de dignité que j'avais pu arracher à ma peur, lorsque Fielding au contraire s'en tira avec une phrase inattendue :

– La douleur, murmura-t-il, la douleur, désormais, est la stratégie dont je me sers pour vivre une vie que je ne puis vivre.

Quoi qu'il eût voulu dire par cette phrase je me tus, ne fis aucun commentaire pour ne pas provoquer par quelque intervention imprudente ce geste définitif que j'avais redouté et qui avait été au contraire renvoyé à plus tard.

– Que veut-on de moi ? continuait entre-temps Fielding en se parlant à lui-même. Que sais-je de ce que l'on veut de moi ? Je suis né mort. Quand je me touche je ne sens, je n'entends rien que le bruit de sa fuite.

Il leva les yeux vers moi mais je n'étais même pas certain qu'il me voyait effectivement.

– Ah, dit-il, cela vaut peut-être mieux qu'elle ne soit pas encore ici. Tout aurait trop vite volé en éclats.

Je continuais à ne rien comprendre de ce qu'il disait. Ses paroles toutefois devaient avoir un sens caché qu'une partie de moi pouvait percevoir et en être d'une certaine façon troublée en dépit de ma raison qui s'avouait incapable de les déchiffrer. Je me rendais cependant compte que, par rapport à ce que je connaissais de lui, aux explosions de violence dont je le savais capable, Fielding me paraissait pour le moins changé comme s'il ne savait pas exactement quoi faire sinon rester là assis avec sa métaphore sur ses genoux, comme s'il ne savait pas même expliquer sa présence à Venise parce que, au tréfonds de lui, il sentait que sa bataille était perdue. J'eus l'intuition aussi que si je pouvais profiter de cette incertitude j'échapperais peut-être à la mort qui m'attendait tapie dans la lame du couteau de l'un de ses hommes ou dans le pommeau massif de sa canne. Et je compris sur-le-champ que l'unique moyen pour continuer à vivre était de me montrer abattu autant que lui, plus que lui encore, moi qui avais été trahi par Nina plus cruellement qu'il ne l'avait été, de lui expliquer que Nina n'avait jamais accordé d'importance ni à moi ni à notre relation et de détourner éventuellement vers d'autres sa fureur et sa jalousie.

Mais à toi, demande brusquement Paso Doble, ce Jacob t'est-il sympathique ? Schultz y pense un moment. Non, répond-il, je ne crois pas, mais je ne saurais dire pourquoi. Il réfléchit encore un instant. Et il n'est pas tout à fait vrai que je ne l'aime pas, ajoute-t-il. J'aime la plénitude de vie qui vient de son récit, sa certitude que l'on peut raconter n'importe quoi, j'aime aussi son avidité, son obsession sexuelle comme structure portante de sa vie... Que diable n'aimes-tu pas alors ? demande l'autre. Je ne sais, dit Schultz, peut-être le fait qu'il vive à une époque où il est facile de construire des personnages comme le sien. Ainsi, je n'aime pas, ou peut-être mieux, j'envie son privilège, sa chance. Aujourd'hui tout personnage peine pour vivre beaucoup plus qu'il n'a jamais peiné. Le fait est, continue Schultz après une pause, que les personnages du siècle passé ne savaient pas qu'ils étaient des personnages tandis que ceux de ce siècle ne le savent que trop bien... Regarde-les, ceux de l'époque de Jacob étaient sûrs d'eux, ils vivaient leurs histoires comme si c'étaient des histoires réelles, souffraient, aimaient, riaient, faisaient l'amour, prenaient tout au sérieux, mouraient même et étaient ensevelis dans de vraies tombes, dans de vrais cimetières. Aujourd'hui, ah ! aujourd'hui tout a changé. Aujourd'hui les personnages savent que rien n'est vrai, ils le savent et comment ! C'est là tout leur malheur. Eh oui, dit Paso Doble, les pauvres. Ce n'est pas, continue Schultz, que la conscience de leur statut les empêche d'être de chair et d'os... C'est comme si, tout à coup, te trouvant devant l'objectif d'un appareil photo qui t'est peut-être même familier, tenu par la main d'un ami, bien disposé à ton égard, tu en étais tout à coup effrayé, moi, toi, tout le monde, j'utilise là un tu impersonnel, comme si tu essayais aussitôt d'adapter ton visage, celui que voit l'objectif, à l'image que tu as de ton visage, voire à celui que tu voudrais être et que tu n'es pas, à celui que tu as été et que tu n'es plus, au désir que pour le moins tout le monde a d'être différent et qui est sans doute congénital à l'être même, comme si tu sentais que tout ceci, dans le bref instant qui t'est accordé avant le déclic, au lieu de t'aider à rassembler, chacun à sa place, bien rangés l'un à côté de l'autre, les morceaux dont tu es fait, en favorisait, disons, le démantèlement, le désordre, l'écroulement, la perte de contrôle, le déchaînement d'une force centrifuge pleine de peur qui tend à jeter en l'air tes traits, si bien que... Schultz fait une pause tandis que l'autre le regarde bouche bée, si bien que tu continues à être de chair et d'os, mais que l'unique figure que tu parviennes à reconstituer est une figure hagarde d'imbécile, dont les yeux s'efforcent de regarder l'objectif alors qu'ils voudraient regarder d'un tout autre côté, dont les lèvres prennent un pli inconnu, la mâchoire se relâche et il en sort quelque chose de paresseux, de double, de terne, ce manque d'assurance, cet air incertain et veule que l'on retrouve sur toute photo d'identité et sur tout personnage d'aujourd'hui. Paso Doble se met à rire. Avoue, dit-il, avoue que tu es un drôle de type. De là toutes les difficultés, continue Schultz, la peine que l'on se donne et le besoin pour se sauver, pour s'assurer une durée, de recourir à l'ironie. Il est vrai que l'ironie, comme tu le dis, est le signe de la peur, mais qui n'a peur aujourd'hui, qui n'a besoin de se réchauffer ? Eux au contraire, les autres, je veux dire, Jacob, Nina, jusqu'à Fielding avec toute sa tragédie personnelle, le corps qui est une tanière de métaphores, sont ce qu'ils sont même quand ils feignent d'être différents. Ils ne mettent pas leur rôle en discussion. Prends le moine en personne qui est un pur produit du récit de Jacob quoiqu'inventé par moi. Tu as vu comme il s'est bien inséré dans cette histoire sans créer de problèmes. Il n'aurait pas pu le faire s'il n'avait eu une disposition naturelle. Pour l'heure il se tient au sommet de l'arbre sous la tempête en regardant Jacob qui fait l'amour avec sa maîtresse. Il attend le bon moment pour bondir dans la chambre et tuer à coups de bâton les deux êtres qui l'ont trahi… Essaie de mettre un moine de maintenant dans une position équivalente et tu verras ce qui arrive. Quelle scène en mille morceaux il en sortirait. Quel ennui que d'observer la chambre, les lumières et les ombres vues par un œil laïque, glacé, les gestes des deux amants observés au microscope, toute la vie du moine vécue au sommet de l'arbre. Bref tout plutôt que le grand vol religieux de la branche à la fenêtre, le geste qui ferait précipiter l'action… Et ton moine, demande Paso Doble, que fait-il au contraire ? Ah, dit Schultz, voyons un peu. Peut-être le moment est-il arrivé de lui faire faire quelque chose. La distance entre la branche et la fenêtre est grande, il est presque impossible pour un homme de cette masse de la couvrir d'un saut, mais la haine que le moine éprouve à présent à l'adresse de celui qui l'a trahi est telle qu'elle le met en condition pour tenter ce bond ou autre chose. Voyons donc. Le moine saute vers la fenêtre et à la fin d'un long vol monacal il parvient à s'agripper au bord de la fenêtre, à se hisser suffisamment pour y installer ses avant-bras et pousser sa tête vers la chambre à coucher d'où ne le sépare que la vitre de la fenêtre fermée. La Suissesse hurle de peur en voyant ce gros insecte nocturne à l'œil unique tout mouillé de pluie apparaître à la fenêtre et épier dans la pièce à travers la vitre. Jacob se jette à bas du lit et, lâche comme il est, parce que tu te seras rendu compte que Jacob est lâche et qu'il ne feint pas d'être différent, Jacob, disais-je, prend en hâte ses affaires et sort précipitamment de la chambre avec l'intention évidente de s'échapper et de laisser la Suissesse se débrouiller toute seule avec le moine. Mais elle, la Suissesse, elle n'a aucune intention d'être laissée seule avec son ancien amant. Elle est maintenant madame Flint, sa vie est liée pour le meilleur et pour le pire à celle de son mari comme le commande le saint sacrement qui vient juste d'être célébré et elle est décidée à le suivre jusqu'au bout. Elle prend le coffre-fort dont elle vient d'hériter et, encore à demi nue, elle se précipite hors de la chambre. Le moine qui la regarde à travers la vitre la voit disparaître dans un grand tourbillon de draps, de vêtements et de pétales de rose. Pourquoi des pétales de rose ? demande l'autre, quel rôle jouent les pétales de rose ? Je ne sais, dit Schultz, mais à ce moment précis je vois des affaires qui voltigent, des fleurs qui se défont au vent de la fuite et je sens les premiers craquements d'un mariage trop tôt menacé... Pendant ce temps, à l'extérieur le moine est en grande difficulté. Le bord de la fenêtre est étroit, mouillé de pluie et glissant. Il est vrai que le moine y a installé ses avant-bras, mais toutes les fois qu'il cherche à se hisser son corps entier risque de glisser et de s'écraser au sol. Essaie d'imaginer la scène de l'extérieur de la maison. Un moine suspendu à une fenêtre dans une nuit de tempête n'est pas un spectacle courant. Il pourrait entrer dans la chambre rien qu'en brisant la vitre et en enfilant un bras pour atteindre une prise à l'intérieur de la pièce. Mais il ne peut pas bouger ses bras. Ils lui servent tous les deux pour soutenir le poids de son corps qui, comme je l'ai dit, est gigantesque. Le vol qu'il a fait, un vol généreux par bien des côtés, n'a pas servi. Le moine est destiné à rester dans cette position tant que ses forces le soutiennent et puis à tomber par terre. Pendant ce temps Jacob et la jeune fille sont sortis de la maison par une porte secondaire. À présent ils courent à travers champs en quête de salut. Le notaire qui les a hébergés ne s'est aperçu de rien, il dort profondément ignorant ce qui s'est passé et se passe autour de lui. Le moine pleure de fatigue, de fureur et de frustration. Il a compris comment il va finir et pour un homme comme lui c'est une fin honteuse. Tu le fais mourir ? demande Paso Doble. Non, dit Schultz, je ne me sens pas de le faire mourir. J'ai la sensation qu'il pourra m'être encore utile. Mais il ne pourra pas non plus s'en tirer à bon compte. Il restera boiteux, irrémédiablement boiteux, l'une de ses jambes se brisera en plusieurs points lorsqu'il heurtera le sol après être tombé. Il restera longtemps inconscient, à moitié allongé dans une flaque juste pour donner le temps à Jacob et à la jeune fille de s'échapper. Schultz fait une courte pause. La personne qui devra mourir au contraire, reprend-il ensuite, c'est la fille. Je le regrette pour elle, mais je ne peux lui assurer qu'elle continuera d'exister. Il y a d'ailleurs, comme dit Jacob, des personnages qui mériteraient davantage de la vie mais que le destin a relégués dans des rôles secondaires. La Suissesse est l'un d'eux. Elle mourra d'hémorragie dans une grange à la frontière avec l'Italie. Ah, dit l'autre, pourquoi d'hémorragie, cette pauvre fille ? Eh bien, dit Schultz, je ne vois pas de quoi d'autre elle pourrait mourir. Elle est enceinte de sept mois et la fuite sous la pluie, la peur, la tension, l'ont traumatisée. Paso Doble le regarde surpris. Mais, demande-t-il, depuis quand est-elle enceinte ? Depuis sept mois, répète Schultz. Non, dit l'autre, je veux dire que sa grossesse est une nouveauté absolue. Elle ne l'a jamais dit à personne, continue Schultz, à part naturellement au moine qui est le père de l'enfant. Et Jacob ne s'en est jamais aperçu ? Une grossesse de sept mois ne passe pas inaperçue. Disons six, dit Schultz. Je peux très exceptionnellement arriver à cinq, mais pas plus. Il est inutile de toute manière que tu te donnes du mal pour la sauver. Elle est condamnée. Mais bien sûr, dit l'autre. Tu l'as exploitée et pressée comme un citron et maintenant tu la jettes dehors. Pauvre petit citron chéri. Il fait une pause. Moi je crois que je l'aime, dit-il. Et comment était-elle ? dis-moi comment elle était ? Suisse, répond Schultz, blonde, les yeux bleus, une peau de pomme parsemée de taches de rousseur, menue et légère. Ah, moi je l'aurais gardée, dit l'autre, je l'aurais fait vivre. Des seins en poire, continue Schultz, fermes et ronds à la base, des tétins comme des yeux qui regardent en haut... Et son poil pubien comment était-il ? demande l'autre. Ah, dit Schultz, je n'ai jamais cru à l'histoire du poil pubien des riches et des pauvres qui est une invention de Nina. Mais elle avait les mains un peu rugueuses des paysannes. Peu importe, dit l'autre, je l'aime. Je veux qu'elle continue à vivre. Je regrette. Elle est condamnée.

Non seulement par moi mais aussi et surtout par le fait que Jacob est arrivé seul à Venise. Je ne peux lui donner davantage de relief sans tout dénaturer.

Paso Doble fait une grimace. Ah, dit-il, comme je voudrais conduire une révolte des personnages mineurs, même les plus modestes, contre l'arrogance, la bonté, l'égoïsme, l'hypocrisie, l'héroïsme, la morgue, le cynisme, la générosité des héros ! Les mettre tous ensemble, les armer de fourches et de mousquets et marcher à leur tête des banlieues des livres jusqu'au centre en mettant à feu et à sang les propriétés des héros, en violant leurs maîtresses… Schultz se met à rire, je commence à comprendre ton jeu, dit-il… occuper leurs chapitres, continue l'autre, abattre à coups de marteau leurs monuments verbaux… La Suissesse ne t'importe guère, dit Schultz, ce que tu veux c'est… dynamiter, tout défaire, décapiter, dit l'autre… occuper plus d'espace dans le livre que j'ai en tête, peut-être en y glissant ton Berengo. Tu es prêt à tout pour l'avoir, même à jouer le rôle de meneur… Pauvre Suissesse chérie, cher amour, conclut l'autre. Puis, après une pause, il ajoute : je me suis permis un petit épanchement, continue donc à lire.

— Elle a rencontré quelqu'un d'autre, me surpris-je à dire avec une voix rauque tandis que des larmes d'amertume, de douleur et de pitié pour moi-même embrumaient mes yeux. Elle est partie avec un autre.

Fielding leva de nouveau ses yeux vers moi sans dire un mot mais la mauvaise lueur qui s'était allumée dans son regard me disait que j'avais frappé juste, que telle devait être la stratégie à suivre si je voulais sauver ma vie.

— Je ne m'attendais pas à vous trouver ici, poursuivis-je presque en sanglotant mais avec une telle vigueur que les mots semblaient sortir de ma bouche avant même d'avoir été pensés. Ce n'est pas vous mais l'autre homme que je m'apprêtais à tuer parce qu'il avait séduit Nina pendant son voyage, profitant indignement de l'un de ses moments de lassitude et d'abandon.

Je ne savais même pas si Nina était bien la femme que j'avais vue dans la voiture, mais puisque chacune de mes paroles avait une sonorité qui me paraissait à moi aussi douloureuse, passionnée et sincère je n'avais pas l'impression de mentir.

— Oh, murmurai-je, quelle douleur de les voir en posture aussi inconvenante dans la voiture postale entre Zurich et Lugano, le désordre de leurs vêtements, son infâme compagnon de voyage penché sur elle, ses cheveux, ah ! ses cheveux souillés, la honte que tout cela se passât alors qu'ils étaient tout près du cocher...

Mais est-ce que vraiment j'inventais ? Certes, je n'avais pas eu le temps de voir qui que ce fût dans la voiture excepté une chevelure brun doré semblable à celle de Nina qui me paraissait appuyée sur l'épaule de quelqu'un et cependant je n'inventais rien parce que je sentais que quelque chose devait être arrivé à Nina à bord de la voiture ou ailleurs, quelque chose de très proche de l'histoire que j'étais en train de raconter.

— Mon cœur, poursuivis-je, en fut lacéré et il se brisa comme se brisa, peut-être par pitié, m'empêchant ainsi de voir plus longtemps ce spectacle obscène, le cœur de mon cheval.

Fielding se taisait toujours, lançant vers moi de temps à autre un regard oblique dont j'avais l'intuition qu'il n'était pas adressé à moi mais à la voiture lointaine où Nina et l'inconnu s'aimaient comme des forcenés. En l'observant, je me persuadais toujours davantage que, si je voulais me sauver, je devais lui montrer toujours plus cette voiture, lui décrire encore mon rival, donner chair à un fantôme et déplacer vers lui la fureur de Fielding et sa jalousie. Ce fut ainsi que naquit celui que j'appelle l'homme sans visage, le fantôme à qui indirectement et certainement pas par sa volonté je dois mon salut même s'il fut cependant la cause de tout ce qui arriva plus tard.

– C'était, dis-je en décrivant presque sans m'en rendre compte le personnage des tableaux de William Beckford, c'était un homme très grand, sec, la quarantaine environ, les cheveux châtains, élégamment vêtu, un homme auquel une femme comme Nina pouvait se donner en se passant aisément des préliminaires cérémonieux qu'on juge habituellement nécessaires avant qu'un homme et une femme puissent se rencontrer sur leur terrain naturel. Je ne l'avais vu qu'une seule fois et très rapidement, mais à Lugano où j'étais arrivé deux jours après le passage des deux amants qui ne s'y étaient arrêtés qu'une seule nuit mais qui avaient laissé de leur séjour des traces dont on parlerait longtemps, un garçon du relais m'en avait fait une description minutieuse.

– Quelles traces ? me demanda un éclair dans les yeux de Fielding.

– Oh, dis-je dans un gémissement qui sonna lui aussi bien moins faux que ce que l'on pouvait attendre d'un gémissement théâtral : Oh, on avait entendu les cris nocturnes de Nina dans toutes les chambres, d'étranges souffles qui avaient fait tinter tous les lustres et que tout le monde désormais reprenait en riant et, surtout, une grande vague de sensualité qui s'était propagée dans l'auberge entière où, à un certain moment, on avait commencé à aller et venir d'une chambre à l'autre, tout le monde s'était mis à se poursuivre, les garçons les cuisinières, les chambrières les valets, où les clients seuls s'agitaient inquiets et excités dans l'escalier en quête de quelqu'un, tandis que les chambres occupées par des couples de voyageurs résonnaient de rires et de cris. Cela avait été une nuit inoubliable. Le garçon m'aurait raconté de nombreux autres détails, dis-je, si j'étais resté à l'écouter, mais je m'étais enfui en courant plein de haine pour cet homme qui avec la complicité de Nina avait déchaîné tout ce vacarme et bien décidé à le tuer dès que je le retrouverais.

– Le nom de cet homme, demanda Fielding d'une voix rauque

Je tressaillis. Je n'avais pas pensé à son nom et, je l'avoue, je n'eus pas sur le moment l'imagination nécessaire, la présence d'esprit pour en inventer un quelconque qui sonnât de manière crédible. Il devait s'agir, dis-je en toussotant, d'un personnage important voyageant incognito, un aristocrate ou un homme très fortuné, qui pour quelque raison bien à lui voulait garder secrète son identité parce que je n'étais pas parvenu à en savoir le nom ni à Lugano ni à Milan ni au long des autres étapes successives où les deux amants avaient laissé ces mêmes traces bruyantes jusqu'à Venise ; et d'ailleurs, ajoutai-je, je ne m'intéressais pas à son nom mais à sa gorge ou à son cœur où je voulais planter mon épée jusqu'à la garde. Je pouvais maintenant constater clairement que Fielding frissonnait lorsque je parlais, que les élucubrations auxquelles j'avais confié ma sauvegarde commençaient à donner de sérieux résultats. Mais je réalisais aussi combien, au fur et à mesure que je décrivais le fantôme destiné à devenir notre rival commun, ce dernier grandissait en moi et combien la haine que je cherchais à susciter chez Fielding était aussi ma haine, une haine si violente qu'il était exclu qu'elle fût sans objet. L'homme que j'avais inventé devait exister réellement, devait se trouver quelque part avec Nina et si Nina était à Venise il devait être à Venise avec elle. Je restai à ce point déconcerté par cette découverte que durant quelques minutes j'oubliai avoir tout inventé et me surpris à prononcer des regrets sincères de n'avoir pas fait mon possible pour découvrir son nom parce que, dis-je, si à cette heure je l'avais su je n'aurais pas perdu un instant pour le retrouver. Mais, conclus-je, j'étais convaincu de le retrouver à l'auberge. Je lançai un regard à Fielding. Il se taisait encore les yeux toujours mi-clos. Pourtant j'étais parvenu à le convaincre. Je le sentais, en introduisant ce personnage, j'étais parvenu à créer – telle est l'imagination que procure l'instinct de survie – une géométrie psychologique qui construisait entre lui et moi un équilibre provisoire, quelque chose qui peut-être nous conduisait tous les deux vers un compromis. Toutefois est-ce que je devais lui laisser formuler cette éventuelle proposition de compromis ou faire quelque chose pour la susciter ? Je résolus de courir le risque.

— Je vous en prie, dis-je, ne me considérez plus comme un ennemi, comme un rival auquel il faut trancher la gorge, mais plutôt comme un frère cadet, comme un malheureux qui souffre de la même maladie que vous. Accordez-moi de vivre au moins jusqu'à ce que nous ayons trouvé celui qui nous l'a volée. Accordez-moi de vivre jusqu'à sa mort.

Suivit un très long silence durant lequel je me surpris à penser qu'après le premier choc terriblement vomitif je ne sentais presque plus l'odeur de l'homme qui me faisait face tant parce que la peur d'être tué ne pouvait tenir compte de mes problèmes olfactifs que parce que cette odeur, j'avais décidé de la tolérer comme l'une des conditions du compromis que, timidement, je proposais à Fielding. Était-il donc vrai, comme le disait Nina, qu'une fois prise la décision de la supporter il n'était plus ensuite si insupportable d'être auprès de lui ?

— Ce que je cherche à comprendre, dit enfin Fielding à voix basse, c'est pourquoi certaines personnes éprouvent le besoin de recevoir des autres confirmation de leur propre existence.

Il se leva, laissa tomber à terre la métaphore qui s'éloigna en rampant avec un son mou dépourvu d'énergie.

— Et pourquoi, continua-t-il, d'autres personnes doivent être si sournoises, si évasives, si adroites dans l'art de se rendre constamment incompréhensibles.

Encore une fois je ne comprenais pas ce qu'il voulait dire mais qu'il eût renoncé aux signes extérieurs de son identité comme sa canne et sa fureur pour se replier sur une identité plus intérieure et plus obscure me semblait constituer assurément un pas supplémentaire en avant. Soudain, il sourit :

– Bravo, dit-il, tu es parvenu à m'apparaître sous un jour différent. Je jouerai un peu à ton jeu. Nous attendrons ensemble la venue de cet homme ou nous le pourchasserons ensemble. Va, choisis-toi une chambre dans l'auberge. Elles sont presque toutes vides.

Il sourit de nouveau.

– Dix, onze personnes sont parties après mon arrivée.

Il ouvrit la porte et fit signe aux deux hommes qui m'avaient amené jusqu'à lui de me laisser passer, de me laisser circuler librement. J'étais libre mais ni l'idée de fuir, ni celle de m'éloigner de cet endroit où j'avais risqué ma vie d'une manière ou d'une autre ne me traversèrent l'esprit. Je voulais vivre cette aventure jusqu'à son terme même si je ne parvenais pas à imaginer ce qui arriverait à Nina où cas elle réapparaîtrait à l'improviste, seule ou accompagnée, comment elle réagirait en apprenant que Fielding et moi, nous l'avions suivie et nous étions d'une certaine façon alliés contre un dangereux ennemi commun. L'atroce soupçon d'avoir suivi une mauvaise piste, d'être venu à Venise pour rien, continuait à me ronger mais plus faiblement qu'auparavant parce que, pensais-je, je n'avais aucune raison de douter de la loyauté des corbeaux à mon égard et parce que j'étais incapable d'imaginer où Nina, fuyant Londres, aurait pu aller sinon dans la ville où elle était née et avait grandi et dont elle n'avait jamais perdu le souvenir. En outre quelque chose me disait que Nina était là, pas très loin, cachée quelque part avec ce gentilhomme inconnu.

Certes, dit Schultz. Elle était ici, chez moi. Peut-être savait-elle que vous l'aviez suivie tous les deux parce que pendant tout le temps qu'elle resta avec moi elle ne voulut jamais sortir de la maison. Moi je n'insistais pas. Il était clair qu'elle avait peur de rencontrer ceux auxquels elle avait échappé. Elle sortit pour ce que j'en sais une seule fois, seule. Je ne l'ai pas trouvée un soir en rentrant je ne me rappelle pas d'où. J'ai pensé qu'elle était partie, que tout était fini. Oui, dit Paso Doble, moi aussi je me rappelle cette soirée-là. Je me rappelle aussi, ajoute-t-il avec aigreur, que tu ne l'as pas trop pris à cœur. Quand elle est revenue tu ne lui as même pas demandé où elle était allée. Je ne le lui aurais demandé pour rien au monde, dit Schultz. Soit par discrétion, soit parce que ce qui m'intéressait c'était son mystère, non ce qu'elle faisait. Il rit doucement. Chez soi une inconnue au passé inconnu est toujours préférable à une personne connue. Si cela pouvait arriver tous les jours. Mais cela arrive une fois entre autres, plutôt cela n'arrive jamais et la fois où cela arrive il faut en profiter. Mieux vaut le silence ou le mensonge que la vérité, une fois entre autres. J'en ai assez de la vérité quel que soit le sens de ce mot... Ce qui démontre, observe l'autre, combien tu es resté corrompu cynique et enfantin. Sais-tu où elle est allée ce soir-là ? continue Schultz. Non, dit l'autre, et je ne m'en soucie pas plus que je ne me soucie d'elle. D'ailleurs mon unique souci est que tu m'obliges à être debout à cette heure de la nuit. Schultz fait un geste de la main. Qui t'empêche de dormir ? demande-t-il. Sans compter, ajoute-t-il, que, dans cette entreprise, sans toi je m'en tirerais beaucoup mieux. Crois-moi... Alors, l'interrompt l'autre, au cas où tu t'en tirerais mieux je reste ici, éveillé et aux aguets prompt à intervenir. Il change de place, où qu'il soit assis, il s'accroupit au pied du lit, appuie les bras et la tête sur ses genoux. Et comment fais-tu pour savoir où elle est allée, demande-t-il, si tu ne le lui as pas demandé ? Je peux toujours l'imaginer, dit Schultz. Donc elle est sortie, et pour se cacher le plus possible elle a relevé le col de son manteau de poil de chameau et entouré sa tête d'un foulard. Elle tourne l'angle ici à gauche et se met à marcher dans la Strada Nova, elle traverse le Grand Canal en prenant le bac le plus proche et une fois de l'autre côté elle se dirige vers Santa Margherita. Elle connaît bien le chemin et ne se perd pas dans le labyrinthe des calli comme Jacob, elle n'a pas besoin comme Jacob de quelqu'un qui la guide. Personne ne reconnaît en elle la jeune fille qui il y a de nombreuses années a fui Venise à cause d'un scandale... Je ne parviens pas encore à définir le rapport qu'il y a entre mon histoire et l'histoire que je suis en train de lire... Parfois je sens qu'une brèche s'ouvre sur le lien obscur qui nous unit, puis, aussitôt après, l'obscurité se recompose. Mais au fond cela ne m'importe guère. L'hypothèse que ce soit la même femme m'attire irrésistiblement du point de vue narratif. Cela peut produire une bonne histoire. Je suis, en fin de compte, un éditeur de choses populaires et les bonnes histoires m'intéressent. Donc, elle arrive au campo di San Rocco, prend le sottoportico dont je ne sais pas le nom, emprunte le pont dont je ne me rappelle pas le nom et s'arrête à San Pantalon devant l'échoppe de Bertotto. À ce que je crois savoir, dit l'autre, il n'y a pas de Bertotto de ce côté-là. Il parle d'une voix fatiguée, sans lever la tête, immobile dans sa position accroupie.

Peu importe, dit Schultz, mais c'est là qu'elle est allée. Elle en avait tout l'air quand elle est revenue à la maison. Elle avait tout l'air de quoi ? demande Paso Doble, d'une personne qui peu auparavant était allée à San Pantalon ? Cela ne me semble pas un lieu à laisser des traces évidentes sur celui qui le visite. Non, dit Schultz, elle avait l'air de qui revient d'un pèlerinage dans un lieu sacré, d'un voyage dans un souvenir douloureux. Quelle banalité, soupire l'autre. Je mettrais ma tête à couper, continue Schultz sans l'écouter, que sous peu nous découvrirons que Bertotto est mort. Comment veux-tu que Bertotto lui importe après toutes ces années, bondit l'autre, et puis n'était-ce pas toi qu'elle aimait ? Schultz remue la tête doucement. Non, dit-il, non. Elle obéissait aux conventions de son temps et des femmes comme elle. Elles n'aiment qu'une seule fois, quand elles sont adolescentes, de jeunes et beaux cordonniers. Elles peuvent coucher avec mille hommes mais c'est toujours au cordonnier qu'elles continuent à penser. Comme le dit Jacob leur cœur bat en synchronie avec ses coups de marteau... Parce que, dit Schultz, elle n'était peut-être pas une personne mais un personnage, perdu de vue ou oublié entre Zurich et Lugano par quelqu'un, un auteur distrait, inattentif. Ce n'est pas pour rien que je l'ai rencontrée à bord d'un train express, célèbre lieu romanesque où habituellement les voyageurs perdent ou oublient des objets personnels, des livres, des valises, des parapluies, et pourquoi pas, des pensées, des rêves, des inventions. Un jour je le lui dis et elle en fut frappée, elle rougit, pâlit comme si je l'avais démasquée... Mais dis-moi la vérité, l'agresse Paso Doble, l'as-tu jamais aimée vraiment ou t'en es-tu servi pour une de tes enfoirées dramaturgies personnelles ? Parce que, comme le disent Dick et Severino, cette femme était vraiment une fête de la chair. Et pas seulement cela. C'était la yoni superhumide du monde occidental, le puits des miracles de sainte Impudicité, la Madonne des trains express. Elle était peut-être aussi une grande salope. Schultz devient soudain tout pâle. Je ne te dois aucune explication, dit-il. Mais l'agression de l'autre tend à le reporter en arrière au jour où en rentrant chez lui il ne l'a plus trouvée. Sa vie figée autour d'une expérience. Schultz tente de résister au souvenir qui l'envahit. Ce n'est pas le moment de le faire remonter à la surface. Ou peut-être, plus simplement, il ne veut pas en parler. Ce sont ses affaires. Il laisse passer quelques instants. Néanmoins, dit-il, c'est vrai qu'un jour je le lui ai dit et elle en fut frappée comme si je l'avais démasquée. Et elle, demande l'autre, elle que t'a-t-elle répondu ? Qu'elle avait été laissée là exprès, dit Schultz, à bord de ce train, dans l'attente de mon arrivée. Et il recommence à lire.

En outre quelque chose me disait que Nina était là, pas très loin, cachée quelque part avec ce gentilhomme mystérieux qui n'avait peut-être pas jailli de mon seul besoin de vivre mais aussi d'une perception obscure et fulgurante que j'avais eue de son existence. Je jetai un coup œil alentour et pus enfin voir ce que ma capture m'avait empêché de remarquer auparavant : l'auberge Manfrin où Nina était née et avait grandi. C'était une auberge modeste mais non dépourvue d'une certaine élégance populaire, avec son escalier de bois de chêne recouvert de tapis, ses murs ornés de tapisseries qui figuraient des scènes de la vie dans les îles de la lagune, ses petits fauteuils de cuir dans le hall, ses chambres minuscules mais pourvues de tout ce dont les chambres ont besoin pour être confortables, une salle à manger avec une vingtaine de tables. Mais à part les hommes de Fielding on ne voyait personne dont on pût dire qu'il faisait partie du personnel de l'auberge ou qu'il fût un voyageur de passage ou un client permanent. La petite auberge semblait aux mains de ce groupuscule d'Anglais patibulaires et arrogants qui formaient la garde du corps de Fielding. À présent le soulagement d'avoir sauvé ma vie se confondait avec un sentiment d'irritation à l'idée que Fielding parvenait à reproduire aussi facilement à Venise la même situation de pouvoir extraordinaire dont il avait joui à Londres et qu'il disposait maintenant en terre étrangère d'un quartier général d'où diriger, quelles qu'elles fussent, ses opérations. Mon soulagement se mêlait aussi à l'angoissante perspective de devoir vivre qui sait combien de temps avec les horribles bêtes qui semblaient faire partie de l'existence de Fielding ou qui avaient été engendrées par elle. Mais maintenant qu'un pâle soleil pointait, dans l'escalier, dans le hall et dehors devant l'auberge, on ne voyait plus aucune trace des métaphores, des animaux, pensais-je, probablement nocturnes qui se repliaient dans leur tanière aux premières lueurs du jour. Je décidai de m'installer dans une chambre. J'avais besoin de me laver, de me reposer un peu et, surtout, de changer mes vêtements que je portais depuis que j'étais parti au grand galop de Zurich en abandonnant mes bagages à l'auberge de L'Épée. Je commençai à gravir les marches en comptant l'argent qu'il me restait lorsque j'entendis venir de quelque part au-dessus de moi un étrange bruit, entre murmure et rire sourd. C'était un bruit de femme. Je continuai à monter. Je ne me souvenais pas avoir vu de femmes parmi les gardes du corps de Fielding et donc, s'il y avait une femme à l'auberge elle devait faire partie de la famille Manfrin ou du personnel qui l'avait servie. Je devais sous peu découvrir qu'aucune de ces deux hypothèses n'était fondée. Le bruit venait de derrière une porte fermée, dans un coin sombre du palier où je posais le pied. Je m'approchai et pus voir clouée sur la porte une sorte d'étiquette, un petit carton blanc où était inscrit à la main : « Madame Mascarino ». Tiens, pensai-je, il y avait donc à l'auberge quelqu'un qui n'était pas parti après l'arrivée de Fielding ? Et qui était cette madame Mascarino ? Et comment donc lui était-il permis d'afficher son nom comme si derrière cette porte il n'y avait pas une chambre d'hôtel mais un appartement privé ? Je m'arrêtai quelques minutes et prêtai l'oreille. J'entendis fuser de nouveau le petit rire, des pantoufles traîner sur le sol, des pièces de monnaie tinter, un tiroir s'ouvrir. Je frappai sans bien savoir pourquoi je le faisais, mais la réponse ne fut pas immédiate. J'entendis un déclic : madame Mascarino, si c'était bien d'elle qu'il s'agissait, avait refermé le tiroir ouvert un instant plus tôt. Puis une voix musicale, chantante dit : « Entrez ». Je poussai la porte et me retrouvai dans un lieu étrange, une chambre à coucher qui autrefois avait dû être semblable aux autres chambres que j'avais entrevues mais qui à présent se présentait comme le chapitre illustré d'un livre cabalistique au centre duquel, entourée sans en être écrasée de signes ésotériques, d'idéogrammes, de mains d'argent décorées d'arabesques, d'amulettes, de sceaux et de talismans suspendus aux murs et bien mis en évidence sur les meubles, se tenait la plus belle imposante gaie souriante vieille dame que j'eusse jamais vue, aux yeux d'un bleu très clair, le corps énorme mais encore ferme enserré dans une robe de chambre matelassée longue jusqu'à terre.

— Ah, le joli garçon, dit-elle en français dès qu'elle me vit.

— Madame Mascarino ? demandai-je.

Elle s'inclina légèrement et m'invita à entrer. Elle parlait un curieux mélange de français et d'italien, glissant çà et là des mots que je ne comprenais pas probablement empruntés au dialecte vénitien :

— Asseyez-vous sulla carega, dit-elle ou quelque chose de semblable en m'indiquant une chaise près de la table.

Je n'avais pas besoin d'en savoir davantage pour comprendre qui elle était ou plutôt ce qu'elle était. Il eût suffi à n'importe qui de jeter un rapide coup d'œil à cette chambre pour se rendre compte que, malgré son allure de matrone gazouillante, madame Mascarino était une voyante, une chiromancienne, bref une diseuse de bonne aventure qui lisait le passé et prédisait l'avenir. Je ne décrirai pas les prémices de notre relation ni ce que je dus faire pour gagner ses bonnes grâces. Mais je dois toutefois parler succinctement d'elle parce que ce fut d'elle que j'appris ce qui s'était passé dernièrement dans l'auberge. Donc, madame Mascarino était, comme il est du reste facile de le comprendre, française et elle était venue à Venise après la chute de la république, lorsque la ville et ses territoires avaient été occupés par les troupes de Bonaparte. Elle avait épousé un *barnaboto* vénitien, entendez l'un de ces nobles désargentés qui vivaient misérablement dans le quartier voisin de San Barnaba et, après la mort de son mari et la cession de la ville à l'Autriche, elle était restée à Venise pour exercer son étrange métier. Mais si les Français n'avaient guère semblé se soucier d'elle et l'avaient laissée travailler en paix, on ne pouvait en dire autant des Autrichiens qui considéraient les voyants d'un œil soupçonneux et craintif. On lui avait interdit de recevoir des gens dans son appartement sous peine d'être arrêtée et bannie ; alors, elle qui ne voulait pas quitter Venise qu'elle aimait désormais comme sa ville natale et qui n'avait aucunement l'intention de renoncer à un métier qui lui plaisait extrêmement et dont elle retirait d'intimes satisfactions (« Ah, disait-elle, quel bonheur lorsqu'un fait pressenti se réalise ») et l'argent nécessaire pour vivre, elle n'avait rien trouvé de mieux que de l'exercer clandestinement dans cette auberge, protégée par la compréhension affectueuse et complice de la famille Manfrin. Elle vivait là depuis sept ans déjà et personne jamais ne l'avait dérangée. Ses clients allaient et venaient chez elle comme des conspirateurs, ce qui conférait à son activité cette touche agréable et juvénile, dit-elle, de frisson et d'aventure qu'une dame de son âge n'aurait pu éprouver sans cela. À l'improviste, voilà une quinzaine de jours, Fielding et ses hommes étaient arrivés dans la Locanda Manfrin. Il avait été tout de suite évident pour tous que la puanteur soudaine âpre et puissante, cruelle jusqu'à l'insupportable, dont l'auberge s'était brutalement imprégnée, ne pouvait émaner que de lui, mais personne n'avait osé l'exprimer. Fielding avait l'allure d'un grand seigneur et semblait mériter le respect. Il s'était tout de suite enfermé dans le bureau de l'auberge avec le vieux Manfrin et son fils (les seuls parents de Nina encore en vie) et lorsque ces derniers en étaient sortis, les poumons au bord de l'explosion, l'estomac retourné, les yeux exorbités, ils n'étaient plus les propriétaires de l'auberge qui appartenait à leur famille depuis plus de cinquante ans : Fielding l'avait achetée en faisant une offre qui devait permettre aux Manfrin de se retirer dans une demeure à la campagne et d'y vivre de leurs rentes jusqu'à la fin de leurs jours. Les clients permanents de l'auberge avaient commencé de s'en aller lorsqu'étaient apparues les premières métaphores – naturellement elle ne les désigna pas par ce nom si impropre – qui semblaient suivre Fielding comme de petits chiens. Tout d'abord était parti un vieil homme qui souffrait d'insomnie et qui gagnait sa vie en endormant les petits enfants, puis tout de suite après lui une jeune femme serbe ou croate, maîtresse d'un officier autrichien, puis ce fut le tour d'un marchand albanais... Bref, dans l'incapacité de supporter cette puanteur et les horribles bêtes qui l'accompagnaient, un peu tout le monde était parti y compris les cuisiniers et les femmes de chambre. Fielding n'avait rien fait pour les retenir. Il semblait même certain que s'ils n'avaient pas quitté spontanément l'auberge il les aurait délogés de force. Elle seule, madame Mascarino, était restée à la demande expresse et émue de Fielding qui, après avoir appris que l'auberge hébergeait une voyante, s'était présenté à elle tandis qu'elle bouclait ses valises et l'avait, courtoisement et presque les larmes aux yeux, priée de ne pas s'en aller lui promettant, si elle restait et mettait ses dons à son service exclusif, de la rendre riche en peu de temps. Il avait tenu sa promesse.

– Vous savez, dit madame Mascarino, j'ai gagné plus d'argent en quinze jours que pendant une année.

Ce que Fielding attendait de la voyante, je pouvais le deviner sans qu'elle me l'explique. Il voulait que, en interprétant les reflets lumineux de sa boule de cristal ou en déchiffrant les figures de ses tarots, elle devinât si Nina était arrivée, était sur le point d'arriver ou si elle était allée se cacher quelque part ailleurs dans le monde. Fielding, qui était devenu son unique client, allait chez elle deux fois par jour, le matin et le soir et certains soirs il restait assis pendant des heures à côté d'elle sans mot dire tandis qu'elle faisait et défaisait ses cartes ou plongeait dans l'univers mystérieux de sa boule dont l'accès n'était permis qu'à un petit nombre. La bourse de pièces d'or qu'il lui laissait après chaque visite l'avait aidée à s'habituer à son odeur et à ne plus faire attention aux métaphores ou à apprendre à les considérer comme d'inoffensives bestioles. Le cœur battant, je lui demandai ce que disaient les cartes, ce qu'elle voyait dans sa boule et elle me donna une réponse qui d'un côté éclaircit beaucoup de choses, par exemple pourquoi il m'avait été si facile de convaincre Fielding, de l'autre me fit tressaillir de désarroi. Boule et tarots tout en s'exprimant dans des langages différents étaient parvenus aux mêmes conclusions : Nina était à Venise depuis un certain temps déjà, elle y était arrivée avec un inconnu rencontré durant son voyage, elle vivait avec lui, c'était ce qu'avait dit la boule de cristal et confirmé les tarots, dans un lieu plein soutenu par un vide, c'est-à-dire, expliqua-t-elle, dans l'un de ces anciens petits palais dont le poids semble être soutenu par le vide des arcades extérieures, un peu, précisa madame Mascarino, comme le palais des doges, avec des fenêtres donnant sur un canal,

Schultz et Paso Doble échangent un regard. Oui, oui, j'ai compris, semblent-ils se dire l'un à l'autre, inutile de parler, poursuis,

... dont les reflets arrivaient parfois à se superposer à ceux de la boule, mais sans jamais fournir de détails révélateurs sur son nom ou son emplacement à l'exception peut-être d'austères clairs-obscurs qui pouvaient suggérer qu'il était proche d'un édifice religieux. Un soir, dit madame Mascarino, dans le jeu d'ombres et de lumières que le destin s'amusait à dessiner à l'intérieur de la boule qu'éclairait une bougie, quelque chose était apparu dont on pouvait déduire que la personne recherchée était en train de s'approcher : Nina était sortie de son refuge et marchait vers le campo Santa Margherita, voilà, elle était près de l'atteindre. Fielding regardait la boule, les yeux écarquillés comme s'il s'attendait à la voir s'ouvrir de l'intérieur et expulser Nina de ses fragments de lumière, puis il s'était levé d'un bond au risque vraiment de faire voler la boule en éclats et s'était mis à courir vers les rues voisines du campo à la rencontre de la femme qui s'approchait. Mais ce quelque chose qui était apparu dans la boule avait été sur-le-champ happé par la lumière. Nina s'était éloignée encore une fois.

Il suffisait de la chercher dans l'échoppe de Bertotto, dit Schultz, c'est là qu'elle était allée, il suffisait d'y penser un peu. Mais peut-être Fielding ne savait-il rien de Bertotto. Continue à lire, l'invite l'autre, ne t'arrête pas à chaque instant pour faire des commentaires. Schultz lui adresse un sourire amusé. Tu semblais mort de sommeil tout à l'heure, dit-il, tu n'as plus envie de dormir ? Paso Doble hausse les épaules. Je ne sais pas, répond-il. Je suis ici accroupi attentif à ce qui arrive. Poursuis.

Je demandai à madame Mascarino si elle était parvenue à voir l'homme avec qui Nina était arrivée, si elle pouvait le décrire quelque peu et elle me peignit la silhouette d'un homme très grand, élégant et maigre, riche qui correspondait au moins quant à ces éléments sommaires et extérieurs à l'homme que j'avais inventé et qui en confirmait l'existence concrète. Fielding aussi avait voulu qu'elle lui décrivît cet homme et il était manifeste que mon arrivée et mon récit lui avaient ôté le moindre doute sur l'existence du fantôme flou que madame Mascarino avait perçu. Ah, je sentis cet homme croître en moi comme une grosseur, une tumeur qui ne pouvait être éliminée que d'un coup d'épée. Il était désormais mon ennemi, mon rival le plus dangereux avec lequel je devais me mesurer et contre lequel avant de lui donner le coup de grâce j'aurais volontiers lâché les bêtes de Fielding si seulement il m'avait été permis d'en disposer. J'eus presque un mouvement de tendresse pour Fielding et de respect pour sa douleur qui était aussi la mienne et ce fut à cet instant, je crois, que commença entre lui et moi cette association inattendue qui ne devait pas être sans conséquences. Je quittai rapidement la chambre de madame Mascarino, m'installai dans la première chambre venue, me lavai tant bien que mal et descendis l'escalier en toute hâte bien décidé à sortir. Fielding était assis dans l'un des petits fauteuils du hall enveloppé de son odeur. Il était, comme toujours, vêtu avec moult élégance, mais l'habit impeccable qu'il portait ne pouvait masquer ce quelque chose qui au-dedans de lui s'était brisé et ne se reconstituerait peut-être plus jamais. Je me dirigeai vers lui et prenant plus de part à sa peine que je ne m'en savais capable, je me surpris à dire :

— Nous le trouverons.

Il esquissa un étrange et doux sourire.

— Bien sûr, dit-il, bien sûr.

Je sortis et regardai autour de moi. Les fenêtres des maisons qui surplombaient le campo étaient toutes fermées. Dehors on ne voyait personne, pas même les métaphores qui devaient avoir vraiment laissé le glabre terrain de pierre pour quelque pâturage souterrain. Et si je n'avais traversé quelques heures plus tôt le marché et parcouru les rues déjà bondées malgré l'heure matinale, j'aurais cru me trouver dans une ville abandonnée. Je me dirigeai vers le pont au pied duquel mon guide m'avait quitté et passai de l'autre côté avec la sensation de traverser une frontière, une ligne de partage au-delà de laquelle l'odeur grasse et visqueuse de Fielding cessait brutalement. Je savais où aller. J'allais chez

Bertotto dont la boutique devait être proche, quelque part dans l'enchevêtrement des calli qui composaient le quartier. Je ne doutais pas de parvenir à la retrouver car, quoiqu'ignorant son adresse précise, je savais qu'elle se situait au centre de la calle di San Pantalon, la voie principale, celle qui donnait justement son nom à l'endroit. Ce n'était pas seulement la curiosité de rencontrer l'homme qui avait eu tant d'influence sur la vie de Nina et qui en avait modelé d'une certaine façon l'histoire qui me poussait vers Bertotto mais aussi l'espoir que Nina, lorsque la boule de cristal avait signalé sa proximité, se dirigeait vers la boutique du cordonnier pour le revoir après tant d'années, pour vérifier s'il avait changé ou s'il était resté l'être incompréhensible de jadis. J'ignorais si Nina avait jamais parlé de Bertotto à Fielding, mais il me semblait peu probable qu'elle l'eût fait car, j'en étais sûr, Nina ne pouvait avoir atteint avec Fielding le degré d'intimité qu'elle avait atteint avec moi ; en outre j'imaginais aisément que sa, disons, politique relationnelle avec Fielding la portait à passer sous silence les hommes qu'elle avait aimés plutôt qu'à en parler. J'avais donc, par rapport à Fielding, un élément d'information supplémentaire et si, comme je le pensais, Nina était allée voir Bertotto, Bertotto pourrait peut-être me dire où la trouver. Quelques minutes plus tard je parcourais, le cœur battant, la calle di San Pantalon. Mais j'avais beau regarder à gauche et à droite, des deux côtés de la calle, au bout et au milieu et j'avais beau me planter plusieurs fois devant les portes des différents petits négoces pour en épier l'intérieur, je ne pus découvrir aucune boutique de cordonnier. Au centre de la calle où, d'après mes souvenirs, devait se trouver la boutique, il y avait une boulangerie d'où émanait une délicieuse odeur de pain. J'entrai. Derrière le comptoir se tenait un homme âgé, décrépit, les cheveux blancs et le visage enfariné, portant une blouse immaculée : un fantôme. Je lui demandai si son commerce avait été autrefois une boutique de cordonnier et le priai de me dire, s'il n'en était rien, où je pourrais trouver dans cette calle ou tout près, la boutique du cordonnier Bertotto. Il plissa le front et me donna une réponse qui me laissa sans voix...

Mais quelle qu'ait été la réponse du boulanger, Schultz ne la connaîtra pas. D'autres pages manquent à cet endroit-là, un autre trou s'est ouvert au milieu du livre. Mais voyez-moi ça, dit Schultz, juste au moment où l'on nous promet une réponse qui laisse sans voix. Il passe une main sur ses cheveux. Je dois aller chez le coiffeur, dit-il en glissant ses doigts dans l'épais duvet de sa nuque. Il enjambe le gouffre qui s'est ouvert au milieu du livre et poursuit sa lecture.

Dans un magasin de la même rue j'achetai deux chemises, des bas, quelques autres choses qui me servaient à renouveler mon habillement...

Et pourtant, pense Schultz en s'arrêtant, la réponse du boulanger est là, dans ce trou, il suffit seulement de l'imaginer. Que crois-tu qu'il lui ait dit ? demande-t-il à son compagnon. Paso Doble semble intéressé. Eh bien, dit-il, je ne sais. Peut-être, comme tu le disais, Bertotto est-il mort. Peut-être est-il mort le jour où pour la première fois il a osé s'aventurer hors de son quartier, la violation du tabou l'a tué, le dieu féroce qui le clouait dans sa boutique l'a puni. Schultz réfléchit un peu. Ce n'est pas mal, dit-il, pas mal du tout. Mais je ne vois pas pourquoi Jacob devrait rester sans voix. Cette découverte n'a rien de dramatique pour lui. Je suggérerais de prendre une autre direction... Donc, conjecture Schultz, Jacob demande au boulanger ce que Bertotto est devenu.

Qui ? demande le boulanger. Bertotto, répète Jacob. L'autre secoue la tête. De toute façon, dit-il, ce commerce appartient à sa famille depuis plus d'un siècle et a toujours été une boulangerie, l'excellence de son pain est connue de tous en ville. Quant aux cordonniers, qu'ils s'appellent Bertotto, Baldrocco ou Semenzato, et défile alors toute une liste de noms de famille vénitiens, il n'y en a pas dans cette calle et n'y en a jamais eu durant ces cinquante dernières années. Jacob s'en va abasourdi comme s'il avait reçu un coup de massue sur la tête. Et il ne se sent certainement pas mieux lorsque, après avoir posé plus ou moins les mêmes questions dans d'autres boutiques voisines, il obtient la même réponse : non seulement il n'y a pas de cordonnier du nom de Bertotto dans cette calle mais il n'y en a même jamais eu par là, chose, ajoute quelqu'un, plutôt agaçante qui oblige les habitants du quartier à faire réparer leurs chaussures chez un certain Carlon, un odieux individu à l'âme de maître chanteur qui tient boutique entre San Polo et le Rialto. Paso Doble se met à rire presque malgré lui. Ces noms, dit-il, où vas-tu les chercher ? Jacob, continue Schultz, ne sait plus quoi penser si ce n'est qu'à ce moment de son histoire, précisément dans ce chapitre vénitien, s'est levée comme une brume dans laquelle la réalité s'évanouit et d'où sortent les fantômes. Donc, il fait un effort de réflexion, donc en très peu de temps il a établi l'existence d'un personnage inventé auquel il a donné le nom d'homme sans visage, et l'inexistence d'une personne qui ne peut être inventée, l'inexistence d'une personne qui doit exister ou avoir existé parce que – et lui comme moi vous prions d'excuser l'emploi insistant de ce verbe – si Bertotto n'a jamais existé, n'existent pas non plus les motivations de Nina, les raisons pour lesquelles Nina s'est donnée à Binelli, n'ont existé ni Binelli ni le scandale qui a contraint Nina à quitter Venise et ainsi de suite jusqu'à l'impossible conclusion logique qui voudrait que n'existent ni Nina ni lui non plus peut-être.

Et peut-être toi non plus, dit Paso Doble. Et peut-être moi non plus, confirme Schultz. C'est ça qui vous laisse sans voix. C'est autre chose que la nouvelle de la mort de Bertotto. Certes l'inexistence de Bertotto et de nous tous est un peu ennuyeuse, d'autant plus qu'elle ne tient pas sur le plan de la logique, mais c'est un coup de théâtre auquel il me serait difficile de renoncer. Dommage. Peut-être que si Jacob n'était pas parti à sa recherche, Bertotto serait encore là, à sa place, sa boutique à la place de celle du boulanger et c'est un parfum de cuir et de colle qui flotterait au lieu de la bonne odeur du pain. Le réel se dérobe à toute tentative de vérification. Il existe seulement une trame imaginaire avec ses lois, son arrogante indépendance, son autonomie. Toi, dit Paso Doble, tu commences vraiment à m'inquiéter. Quel démon s'est emparé de toi cette nuit ? Ce n'est pas que tu aies jamais donné l'impression de vouloir occuper un jour de hautes charges publiques dans la marine marchande ni de présider l'association des éditeurs typographes, mais tu es en train de devenir une sorte de Tusitala[1] de quatre sous. Folie de plein hiver. La chose au fond me surprend. Tu finiras par raconter des histoires aux indigènes de Sacca Fisola, substitut lagunaire de Samoa. Si seulement, dit Schultz. Il suffit de te jeter l'appât, continue l'autre, de mettre une belle pièce de monnaie dans ta bouche pour que tu nous sortes une histoire par le cul comme disait je ne me rappelle plus qui. Choix étrange. Que fait votre fils madame ? Oh il s'est fait une belle carrière comme machine à distribuer des petites histoires. Schultz se met à rire. Mais oui, mais oui. La nuit de la fécondité. Rite hivernal de la fertilité mentale. On invente à tort et à travers. On se déchaîne. D'ailleurs il me vient dans l'idée que ce choix n'est pas le mien, mais qu'il dépend de quelque chose d'extérieur à ma conscience, une sorte de dessin que l'on est en train de tracer derrière moi. Encore ? demande l'autre. Encore, dit Schultz. Et même plus que jamais. Et il reprend sa lecture.

Dans un magasin de la même rue j'achetai deux chemises, des bas, quelques autres choses qui me servaient à renouveler mon habillement et revins à la Locanda Manfrin. Fielding était encore là, assis dans le même fauteuil où je l'avais vu un peu plus tôt et dans la même attitude digne d'homme brisé. Je montai dans ma chambre, me changeai et retournai le voir.

– Ce soir, dit-il.

– Quoi ce soir ? demandai-je.

1. « Le raconteur d'histoires » dans la langue de Samoa. C'était aussi le surnom que les Samoans avaient donné à Stevenson.

— Nous sortirons ensemble à la recherche de ce petit palais.

Je compris qu'il avait eu un entretien avec madame Mascarino et que la vieille voyante lui avait dit qu'elle m'avait mis au courant de tout ce que la boule de cristal avait révélé jusque-là. Il m'expliqua que, en raison de sa condition de pestiféré, il était obligé de se comporter comme un rat, de ne sortir que la nuit lorsque les rues étaient désertes et que personne, sauf peut-être quelques rares passants, ne pouvait dans l'obscurité reconnaître en lui la source de cette puanteur qui avait envahi la ville. Il me confia quelques détails qui, s'ils n'expliquaient pas complètement ce qu'étaient les métaphores, me permirent de me faire une idée plus précise du rapport qui existait entre eux. Il ne savait ce qu'elles étaient. Elles étaient apparues simplement à un certain moment de sa vie et s'étaient comportées à son égard comme si elles le reconnaissaient, comme si elles venaient du même cloaque cosmique d'où il était venu et qui les rendait, lui et ses frères les bêtes, enfants de la même mère. Elles étaient apparues aussi à Venise, ce n'étaient pas celles qui l'entouraient à Londres, mais d'autres venues de qui sait quelles profondeurs de la lagune, avec lesquelles il avait toutefois établi le même type d'alliance : une extrême docilité de leur part à son égard, de sa part à lui une autorité de chef de meute. Voilà ce qu'étaient, dit-il, les métaphores. Ou peut-être, ajouta-t-il, - mais était-il besoin de le dire ? - elles n'étaient pas que cela, elles étaient aussi ce quelque chose qui était né de toute cette fange accumulée en lui à cause de tout ce qu'il n'avait pas eu, de tout ce qu'il n'avait pu faire, de ce à quoi il avait dû renoncer et de ce qui lui avait été interdit ou qui lui avait échappé, des montagnes de désirs inassouvis en putréfaction qui à un certain moment avaient pris corps et s'étaient mises à rôder autour de lui. Et il se demandait si leur apparition chaque fois que Nina s'absentait ou se séparait de lui avait vraiment une quelconque signification. Ah, l'horrible et douloureuse ironie de ce discours ! Ce n'était pas son visage impassible qui l'exprimait, mais sa voix basse, éteinte, qui toutefois était parcourue de temps en temps par un tremblement rageur, par le sifflement féroce de celui qui ne s'est pas encore résigné. Encore une fois j'éprouvai un élan d'affection pour cet homme que j'avais tant haï et redouté et je m'émerveillai que notre rapport eût si promptement changé et me permît de m'asseoir près de lui comme auprès d'un ami, tandis que la figure présente absente de Nina entre nous ne nous divisait plus mais nous unissait. Je trouvai le courage de l'informer de la rumeur que l'administration de la ville était sur le point de placer un cordon sanitaire autour du campo Santa Margherita et d'agir pour éliminer les rats – telles étaient considérées les métaphores – dont l'invasion n'avait pas échappé aux habitants du quartier. Il me dit de ne pas m'en soucier. L'un de ses hommes, un avocat polyglotte, avait déjà corrompu deux fonctionnaires municipaux pour que l'opération sanitaire fût repoussée le plus possible. De toute manière, ajouta-t-il, il ne resterait pas longtemps à Venise. Dès qu'il aurait trouvé qui avait enlevé Nina, il lui trancherait la gorge et s'en irait. Et Nina ? me risquai-je à demander. Il me regarda du plus profond de lui-même avec un regard que je ne parvins pas à comprendre. Oh, dit-il ensuite à voix basse, Nina s'enfuirait encore. Elle devait en avoir assez de lui et lui, en secret, secret parfois si profondément enfoui qu'il en oubliait l'existence, désirait qu'elle continuât à fuir pour ne pas être privé de l'unique but qui lui restait, à savoir de continuer à la chercher. La chercher sans la trouver ? demandai-je. La chercher, répéta-t-il. Il n'avait jamais été aussi malheureux, son corps ne s'était jamais senti aussi mutilé que comme après le départ de Nina, cependant, murmura-t-il, cependant il avait découvert que ce malheur-là était moins vide que celui d'autrefois. La douleur, voilà, cette douleur le maintenait en vie... Après être restés à discuter jusqu'au soir et avoir dîné rapidement ensemble, nous sortîmes à la recherche du petit palais décrit par madame Mascarino. Fielding avait déjà exploré une partie de la ville sans en tirer grand-chose si ce n'était la réaction de dégoût prévisible et immédiate de ceux qui avaient eu l'occasion de lui ouvrir leur porte. Mais maintenant que j'étais là, moi qui parlais la langue du lieu et qui ne puais pas comme il puait, nous pouvions avoir plus de chance. Je ne raconterai pas par le menu nos recherches. Je dirai simplement que de nombreux soirs de suite je frappai à la porte de plusieurs maisons qui pouvaient correspondre à la description sommaire de la voyante, me trouvant à devoir donner d'embarrassantes explications et plus d'une fois pénétrant dans tel ou tel palais de force, les pistolets à la main et le visage recouvert d'une étoffe pour faire le tour des pièces à la recherche de Nina et de son amant sous les yeux de personnes que j'avais sorties du lit et dont j'ignore si elles étaient plus épouvantées par cette irruption ou plus étonnées parce que je m'en allais sans rien emporter. Rien, rien, rien. Il n'y avait aucune trace de Nina ni de l'homme qui nous l'avait ravie. Nous retournions à l'auberge fatigués et frustrés et, avant de nous mettre au lit, nous marquions sur un plan de la ville les rues déjà vérifiées et décidions de celles à explorer le soir où nous reprendrions notre quête. Je me rendais compte que malgré tous ses discours – en admettant que je les aie compris – sur la douleur comme stratégie de survie, Fielding s'enfonçait jour après jour davantage dans un état qui préoccupait sérieusement les sentiments d'amitié et d'affection que j'éprouvais depuis peu à son endroit. Il parlait seul, marmonnait des mots inintelligibles, semblait s'adresser à quelque créature invisible qui se tenait près de lui. Étrangement les bêtes de sa suite paraissaient également incommodées et mal à l'aise. Ce n'étaient plus ces rampantes sournoises flasques métaphores qui m'avaient tant effrayé... Non, elles n'avaient pas cessé de ramper et d'être flasques mais c'était comme si elles s'étaient mises à perdre les particularités qui les rendaient à ce point mystérieuses et sinistres, comme si elles étaient en proie au désarroi. Un soir nous en trouvâmes une morte dans l'escalier et une autre qui agonisait au milieu du campo. Quant à moi je ne peux certes pas dire que mon état était moins alarmant que celui de Fielding. L'homme dont j'avais perçu l'existence s'était installé dans mes pensées, occupait tout mon espace mental. Parfois je l'imaginais comme un vautour perché sur une branche attendant avec confiance que je meure de langueur. Parfois comme une immense sangsue qui me suçait le cerveau. Parfois je l'entendais rire de mes recherches, me parler, me défier, me dire ah ! l'endroit où je l'ai emmenée, ah ! est tellement secret, ah ! que tu ne parviendras jamais à la retrouver. Parfois je me demandais si la raison pour laquelle je ne parvenais pas à le retrouver ne résidait pas justement dans le fait que je l'avais inventé, s'il n'était pas en réalité là, dans un coin de mon esprit et pas ailleurs, et si je ne devais pas le chercher uniquement dans ma tête. Mais tant que la boule de cristal de madame Mascarino continuerait à en attester l'existence concrète, je continuerais à le chercher hors de moi. Un soir j'eus l'impression de passer près de lui. Nous avions plus ou moins fait le tour de tous les petits palais de l'autre côté du Grand Canal et nous devions désormais déplacer nos recherches vers les quartiers de l'autre rive. Nous quittâmes l'auberge et nous dirigeâmes vers le traghetto. Une brume dense qui s'était levée sur la lagune se déplaçait vers la ville. Des convois de fantômes à peine plus clairs que l'obscurité avançaient le long des canaux comme des troupes d'invasion. Non sans difficultés on entrevoyait au bout de la calle qui menait au Grand Canal la lumière rouge du traghetto.

Oh non, dit Schultz, en se trouvant face à un autre blanc, à d'autres pages manquantes. Pas juste maintenant qu'ils viennent de ce côté, pas maintenant qu'ils traversent le Grand Canal pour débarquer ici tout près… Ce n'est pas, ajoute-t-il, que j'aie hâte de les rencontrer et de me faire trancher la gorge par leurs épées. Mais me pencher à la fenêtre et les voir passer ici dessous aurait été un spectacle remarquable... À moins que, dit-il, à moins que, répète-t-il, je ne doive considérer tout ceci comme une invitation... Il rit doucement, pose le livre sur le lit et se lève. Il fait quelques pas. Mais oui, murmure-t-il, c'est là le point de suture. À présent les pages qui manquent ne peuvent être remplies que par mon intervention personnelle, non par une figure imaginaire comme le moine, mais par moi en personne. Remplacer à cet endroit le point de vue de Jacob par le mien, couvrir les pages blanches du récit de Jacob avec mon récit. Que diable veux-tu dire ? demande Paso Doble qui est toujours fidèle à son poste, accroupi à côté du lit. Assumer plus carrément, dit Schultz, un rôle actif dans le livre, avancer comme si réellement toi, moi, nous faisions partie du livre que nous lisons autant que Jacob, Nina, Fielding, le capitaine Viruela. Il tend le bras et, sans bien savoir pourquoi il le fait, il éteint la lumière de la lampe. La chambre bascule dans l'obscurité. Toi, moi, répète Schultz. Aucune différence, à part notre rôle et cet air défait dont on parlait tout à l'heure, aucune, je le répète. Grands et maigres, le physique de héros capables de libérer le monde de la traite des blanches et de combattre la peste ne nous fait pas défaut. Il ouvre le rideau et la fenêtre apparaît devant lui avec tout son noir contenu. Comme si, dit Schultz, comme si tout advenait dans ce livre. Tout, non seulement l'histoire de Jacob, de Nina, de Fielding, la Taverne du doge Loredan, les corbeaux et les métaphores, mais aussi tout le reste : toi, moi, cette chambre, le train express, la femme au manteau de poil de chameau, l'armoire même sur laquelle nous avons trouvé le livre, les canaux, maître Berengo, les restaurants, Baffi, mon père, tout cela enfermé dans ces pages... Même les deux hommes qui ont frappé à la porte quelques jours après, une semaine après qu'elle se fut en allée, pour toujours cette fois. Tu te rappelles ? Paso Doble ne répond pas, il hausse les épaules, un mouvement invisible dans l'obscurité. Deux coups secs du heurtoir sur la porte, Schultz qui va ouvrir, deux silhouettes qui apparaissent dans la lumière de la cour et gravissent l'escalier de marbre sur la dernière marche duquel Schultz attend. C'est un jeune homme d'une vingtaine d'années et un homme d'une quarantaine. Schultz ne les a jamais vus auparavant. Monsieur Schultz ? demande le jeune homme. C'est ce que l'on appelle un beau garçon, brun, les yeux gris, un étranger qui pourtant semble parler un excellent italien. L'autre est un homme grand et maigre, le visage dur et pâle, vêtu avec élégance. Il tient à la main une longue canne noire. Puait-il ? demande Paso Doble. Non, il ne puait pas du tout, dit Schultz, mais peut-être cela ne fait-il pas une grande différence...

Les deux hommes se sont maintenant arrêtés devant Schultz sur la dernière marche, dans l'encadrement de la porte. Schultz ? répète le jeune homme. Oui, dit Schultz. Le jeune homme le scrute de la tête aux pieds longuement et avec froideur. Puis il dit : je pourrais feindre de m'appeler Carlos Biavati ou Secondo Caligaris, mais je ne le ferai pas. Schultz sourit. Vous dites cela, observe-t-il, comme si je devais vous en être reconnaissant. Non, dit sèchement le jeune homme, ce n'est pas le point essentiel. L'essentiel est que nos noms doivent rester en dehors de cette histoire. Quelle histoire ? demande poliment Schultz. Pouvons-nous entrer ? riposte le jeune homme. Non, dit poliment Schultz. Des propos comme ceux que je vais vous tenir, dit le jeune homme, ne peuvent être tenus dans des escaliers. Une excellente raison pour ne pas les tenir, dit avec politesse Schultz. Et il veut fermer la porte. Paso Doble se met à rire. Je dois admettre que comme dialogue ce n'est pas mal. Schultz hausse les épaules. Oh, cela a même été trop facile. Attendez, dit le jeune homme, je vous en prie. Il a changé de ton et semble avoir pâli. Schultz laisse la porte ouverte mais ne lui fait pas signe de passer. Il lance un coup d'œil à l'homme de quarante ans qui n'a pas encore ouvert la bouche. Nous avons des raisons de croire, dit le jeune homme, que vous hébergez ou que vous avez hébergé une dame de notre connaissance. Métaphore de l'être, pense étrangement Schultz qui a accusé le coup mais qui peut-être ne le fait pas voir même si sa réponse arrive avec quelques secondes de retard. Qu'est-ce qui vous le fait croire ? demande-t-il. Oh mais elle est déjà partie, elle est partie il y a déjà quelques jours. Nous avons fait des recherches, explique le jeune homme, des enquêtes qui ont conduit jusqu'à vous. Vraiment ? Et quelles enquêtes ? Est-il nécessaire d'en parler ? demande le jeune homme. C'est vous qui voyez, dit sèchement Schultz. L'express Zurich-Venise arrive à la gare quelques minutes avant que le vaporetto public 172 amarre à l'embarcadère, dit le jeune homme. Personne n'est monté à bord ce matin-là sauf vous et une jeune dame. Le pilote se la rappelle encore. Je dois vous dire le nom du pilote ? Levorato, dit Schultz. Renato Levorato. Le visage du jeune homme s'éclaire d'une lumière féroce. Ah, vous l'admettez donc ? Est-elle encore ici ? Et il cherche à pousser Schultz et à entrer dans la maison. Schultz lève la main droite ouverte et le frappe avec force sur le front. La tête du jeune homme résonne. Je ne le ferais pas si j'étais vous, dit Schultz avec un ricanement à la Humphrey Bogart. Et maintenant débarrassez-moi le plancher tous les deux. Je ne sais si c'est vous qui m'ennuyez le plus avec vos bavardages ou votre ami qui se tait.

Que puis-je faire, demande le jeune homme à voix basse, pour vous convaincre que nous sommes ici à vous importuner pour des raisons extrêmement sérieuses ? Rien, dit Schultz, vous ne pouvez absolument rien faire. Et il ajoute presque sans s'en apercevoir : elle de toute façon elle est partie, elle n'est plus ici. Elle est partie il y a une semaine environ. Où ? crie presque le jeune homme. Dans un livre, voudrait dire maintenant Schultz, dans une autre époque. Elle est montée sur le dessus d'une armoire et s'est glissée à l'intérieur d'un livre. Je ne sais pas, dit-il au contraire, elle est partie sans rien dire. Je suppose que c'est son habitude. C'est alors que l'homme d'une quarantaine d'années le frappe à la tête avec sa canne. Schultz heurte le montant anguleux de la porte et s'écroule mollement à terre. Quand il revient à lui les deux hommes sont partis mais il est clair qu'ils ont fouillé la maison de la cave au grenier et que le pommeau massif de la canne a frappé à l'aveuglette çà et là. Résultat : un meuble ébréché, un vase en morceaux, un lustre arraché du plafond. Si je me souviens bien il s'en est même pris au tuyau du poêle. Il y avait de la poussière de charbon dans toute la cuisine. C'est tout à fait cela, dit faiblement Schultz en se levant, une main posée sur la partie contusionnée de sa tête. Le ricanement de tout à l'heure, à la façon de Humphrey Bogart, ne fonctionne évidemment qu'au cinéma. Toi, pense tristement Schultz, tu peux ricaner autant que tu veux, personne n'y fait attention. Soudain il t'arrive un coup de canne sur la tête. Pense un peu, continue-t-il, pense un peu à ce qui se serait produit s'ils étaient venus quelques jours après et avaient trouvé la statue dans la chambre d'amis. Y as-tu jamais pensé ? Non, je n'y ai jamais pensé mais j'y pense maintenant. Auraient-ils aussi brisé en mille morceaux la statue ou se seraient-ils mis à genoux devant elle ? Une fureur assassine de toute manière les animait. Mais je ne sais si elle s'adressait uniquement à moi ou à elle aussi. Pourquoi, demande Paso Doble, ne les as-tu pas dénoncés ? Tu aurais dû les dénoncer. Pourquoi aurais-je dû les dénoncer ? réplique Schultz. Je me suis toujours occupé seul de mes affaires. Ce qui est arrivé ne regardait qu'eux et moi. Et puis quel sens aurait eu une dénonciation contre des inconnus ? Il retourne vers le lit et redonne de la lumière. C'est toi qui as éteint la lumière ? demande-t-il. Non, dit l'autre, c'est toi. Et pourquoi donc ? Ah ça, dit Paso Doble, ce n'est pas à moi que tu dois le demander. La question de toute manière est insignifiante. Hum, dit Schultz. Peut-être que oui, peut-être que non. Peut-être ai-je voulu inconsciemment créer le climat propice, peut-être ai-je pensé que l'obscurité favorisait la suture entre l'histoire de Jacob et la mienne, la rencontre entre les ennemis. Tu ne peux nier que le résultat est remarquable. Je n'ai plus de doutes sur ma position. Je peux à la lumière de la lampe la vérifier dans ces pages à l'endroit même où, sans accrocs, l'écriture reprend.

Un jour, je dis un jour parce que c'est le jour que nous dormions et la nuit que nous poursuivions nos recherches, je fis un rêve atroce lié d'une certaine façon à ce que j'ai dit plus haut, c'est-à-dire à l'habitude prise par Fielding de parler seul ou plutôt de se comporter comme s'il dialoguait, parfois avec virulence, avec des personnages invisibles qui seraient tout près de lui. Je m'étais souvent demandé avec qui diable il parlait, qui il voyait, qui étaient ses interlocuteurs, sans jamais parvenir à trouver une réponse parce que les rares paroles de Fielding que j'avais pu comprendre ne m'avaient donné aucune indication. Mon rêve me la donna. Donc je rêvai que j'étais dans ma chambre, occupé qui sait pourquoi à me regarder dans le miroir, lorsque j'entendis venir d'un coin de l'auberge comme un frémissement, une série de frémissements, un battement continu d'ailes ou de manteaux flottant dans le vent. J'ouvris ma porte presque certain de me trouver devant une grande chauve-souris volant dans la cage d'escalier lorsque, au contraire, le frémissement cessa pour devenir quelque chose de différent, une voix, plusieurs voix de gens qui se querellaient dans plusieurs langues incompréhensibles. Les voix venaient de la chambre de Fielding et je m'y précipitai avec un sentiment d'angoisse et de malheur imminent. J'entrai et vis non pas Fielding bien qu'il dût être là, lui aussi, dans un coin de la pièce, mais ce que voyait Fielding, les personnages imaginaires avec lesquels il dialoguait lorsque je le surprenais à parler seul. La chambre était pleine de gens qui parlaient fort, criaient, riaient, hurlaient, tiraient des coups de pistolets en l'air, se battaient en duel à l'épée, crachaient, pissaient, déféquaient, une affreuse scène qui, je le perçus confusément, n'avait pas lieu dans la chambre qu'occupait Fielding à l'auberge, mais à l'intérieur de lui, dans sa tête, où la présence de notre rival inconnu s'était comme multipliée, transformée en une foule bruyante et inconvenante. La seule jalousie ne suffisait pas à la susciter, mais quelque chose de plus, l'écroulement des défenses qui jusqu'à peu avaient aidé Fielding à se tenir debout, une implosion de son âme, son renoncement définitif peut-être à avoir une vie propre. Je ne saurais dire à présent si ces réflexions je les faisais dans mon rêve ou plus tard, mais même en supposant qu'elles aient été formulées après mon réveil, cela ne changerait rien à leur contenu parce que l'élaboration d'un rêve fait partie du rêve lui-même, en constitue le prolongement dans l'état de veille. J'imaginais cependant qu'en même temps que les défenses de Fielding, s'étaient écroulées aussi les fondations de son empire, qu'une mer tempétueuse avait causé le naufrage de ses navires, que la police avait fait irruption dans ses magasins, séquestré ses marchandises et arrêté ses hommes, que son palais de marbre et d'albâtre avait été dévoré par les flammes, bref que le grand château que Fielding avait commencé à construire dès son enfance pour protéger sa vulnérabilité et qui avait dépassé avec le temps les châteaux les plus hauts et leurs plus hautes tours, s'était écroulé d'un seul coup au moment même où Fielding était redevenu vulnérable. Je me réveillai en sursaut tremblant et suant. Je m'habillai en hâte et me précipitai dans la chambre de mon ami, parce que désormais je le considérais comme tel, sinon avec la peur d'y trouver ce que j'avais vu en rêve du moins avec la certitude que quelque chose de grave était arrivé. Aucune trace dans sa chambre de la foule imaginaire qui l'avait occupée quelques instants plus tôt. Aucun écho du vacarme que j'avais entendu en venir. La pièce était paisible et déserte. Il n'y avait personne, pas même Fielding qui semblait ne pas y avoir dormi d'ailleurs parce que le lit était intact. Mais sur le lit, prouvant que quelque chose devait avoir eu lieu, il y avait le cadavre d'une métaphore, la langue pendante, un filet de sang coulant de sa bouche moustachue. Je descendis les escaliers et gagnai le hall. Deux hommes de Fielding, ceux-là mêmes qui m'avaient capturé et conduit à lui, jouaient tranquillement à la bataille, une fiasque de vin et deux verres posés à leurs pieds par terre. Je leur demandai où était leur maître. Ils me répondirent sèchement et sans me regarder qu'il dormait. Je ne leur étais pas sympathique et ces derniers jours ils n'avaient pas perdu une occasion de me faire comprendre à quel point ils désapprouvaient l'alliance voire l'amitié qui s'était établie entre Fielding et moi. S'il n'avait tenu qu'à eux ils m'auraient tranché la gorge à tout moment sans y penser à deux fois. Non, il n'est pas en train de dormir, répondis-je. Sa chambre est vide. Eh bien, il n'est pas ici, dirent-ils. Si tu as besoin de lui tu n'as qu'à le chercher. Je pensai qu'il était allé consulter pour la énième fois madame Mascarino et remontai les marches vers la chambre de la voyante. Ce fut elle qui m'expliqua, les larmes aux yeux, ce qui s'était passé. Cet éclair ou cette ombre, ce signe en somme qui indiquait dans la boule de cristal que Nina s'était cachée quelque part à Venise, avait brutalement disparu. Nina avait quitté son abri et la boule avait attesté son départ. Elle n'était plus maintenant qu'un globe opaque et muet, fermé à notre histoire. Nina s'en était allée, comme cela, elle s'était évanouie.

Eh bien, dit Schultz tandis que du canal sous le palais remonte jusqu'à sa mémoire le pot-pot-pot d'un bateau à moteur qui se rapproche. Ce n'est pas tout à fait ainsi. Il reconnaît le pot-pot-pot du bateau à moteur de son père et va jusqu'au balcon. Une grande *topa*[1], la même que celle que nous avons vue amarrée sous la maison du vieillard de nombreuses pages plus haut, passe en ce moment sous le pont, la proue dirigée vers la rive du palais. Au gouvernail, Charon gigantesque, se tient son père. Sur le pont, assise dans un fauteuil, ses longues jambes croisées, sa lourde chevelure brun doré rassemblée sur la nuque, se tient la femme au manteau de poil de chameau. Schultz la regarde comme pétrifié tandis que le vieil homme qui l'a vu à la fenêtre lui fait un geste de salut. Que fait sur cette barque la femme au manteau de poil de chameau ? Elle est partie il y a quelques semaines sans dire un mot et à présent elle revient sur le bateau de son père ? Il est sûr, dit Paso Doble, que c'est un coup de théâtre à vous donner des frissons... À ma connaissance, dit Schultz, ils ne s'étaient jamais vus, jamais rencontrés et maintenant ils arrivent ensemble comme si à mon insu il y avait eu entre eux une histoire secrète. C'est proprement renversant. Descends, dit le vieillard pendant qu'il amarre son bateau à la rive du palais. Schultz attend que la femme au manteau de poil de chameau lève son regard vers lui et lui sourie ou lui fasse, elle aussi, un geste de salut. Mais, immobile comme une figure de proue, elle continue à regarder devant elle comme si elle ignorait qu'elle était arrivée. Aide-moi à la monter, dit le vieillard. Schultz s'éloigne de la fenêtre et presque sans s'en apercevoir se retrouve un instant après sur la rive. Aide-moi à la monter, répète le vieil homme. C'est alors que Schultz se rend compte que la femme au manteau de poil de chameau, aux yeux brun doré comme certains yeux brésiliens, au

1. Bateau de pêche vénitien dont on se sert pour apporter le poisson à destination.

teint brun doré et aux mains posées sur les cuisses, n'est pas la femme au manteau de poil de chameau mais sa copie exacte faite avec de la cire par les mains de son père. Ah, dit Schultz, il m'est difficile de dire si j'en étais plus surpris ou plus contrarié. Contrarié, dit l'autre. Même si ce mot n'a pas suffisamment de force pour exprimer ce que tu éprouvais alors. Blessé, peut-être offensé… S'il s'était agi d'elle en chair et en os son arrivée se serait expliquée d'une seule façon : elle revenait, même si elle revenait mystérieusement, avec ton père. Non, je veux dire, continue Schultz, je n'ai jamais compris grand-chose à mon père et à ce moment-là j'étais irrité de le comprendre encore moins. Prends-la par le haut délicatement, dit le vieil homme, sans toucher son corps. Elle est encore humide. Oh, quant à l'humidité, pense Schultz, elle en a à revendre, humide elle l'est toujours. Peut-être en sais-tu toi aussi quelque chose. Surpris ? demande le vieillard pendant qu'ils déchargent la statue du bateau. Surpris et irrité, dit Schultz, que diable viens-tu faire dans cette histoire ? Le visage de cuir du vieillard s'ouvre tout grand en un magnifique sourire. Tu devrais être content, dit-il, d'avoir un père romanesque, au contraire tu es toujours en train de te plaindre. Ils gravissent les escaliers en portant la statue à califourchon sur les épaules. Où veux-tu la mettre ? demande le père. Je ne suis pas du tout sûr de vouloir la mettre quelque part, dit Schultz. Mais si, mais si, continue le vieillard, la chambre d'amis pourrait très bien aller, elle me semble la plus adaptée pour devenir un sanctuaire. Puis il ajoute à voix basse, c'est elle de toute façon qui l'a voulu. Elle ? oui elle, même si je n'en ai pas très bien compris la raison. Comme cette phrase est typique de ton père, dit Paso Doble, surtout le ton, une réplique dite à voix basse avec peut-être une note douloureuse et ambiguë qui voudrait dire bien des choses. Malotru. Ils entrent dans la chambre d'amis et assoient délicatement la statue dans le fauteuil. Il ne me semble pas que vous vous soyez jamais rencontrés, dit Schultz. Elle continue à regarder devant elle avec son sourire sans fixité et sans énigme comme dans l'attente de quelqu'un. Mais il n'est pas du tout évident qu'elle attende quelqu'un ou que ce soit elle plutôt qui soit attendue ou qui soit la concrétion de l'attente de quelqu'un. J'étais là moi aussi sur le vaporetto, dit le vieil homme, vérifie, il y avait un autre passager, un homme grand aux cheveux tout blancs. C'est là que je l'ai vue la première fois. Étrangement Schultz éprouve la tentation de tourner la page et de revenir en arrière au moment où le vaporetto se détache de l'embarcadère et commence à remonter le Grand Canal. Renato tu m'emmènes faire un tour ? Un tour ? J'ai fini mon service. Mais ensuite il accepte de les emmener hors parcours et en dehors de l'horaire çà et là à travers la lagune. C'est vrai. Assis à la proue, le col de son manteau relevé, il y a un homme très grand et aux cheveux tout blancs. Mais il est difficile dans l'obscurité de reconnaître son père. Et où allais-tu à quatre heures du matin ? demande Schultz. Nulle part, dit le vieil homme en regardant la statue avec orgueil. Il m'arrive souvent de n'aller nulle part à quatre heures du matin. Puis il ajoute : un jour je t'ai téléphoné et c'est elle qui a répondu. Tu n'étais pas là, je ne sais où tu étais allé. C'est ainsi que nous nous sommes connus. Le vieillard fait un geste vers la statue. Je déteste la sculpture réaliste, dit-il, mais on ne peut nier que je sache la faire. Et ne me dis pas, continue-t-il, que je peux travailler pour un musée de cires. Je déteste aussi la cire, un matériau immonde. Mais rien comme la cire ne peut mieux simuler, si elle est confiée à des mains sachant la faire vivre, la chair humaine et ce qui la consume. Regarde. C'est elle de chair et d'os. Elle restera ainsi pendant quelques années. Puis elle commencera à se décolorer, à devenir opaque, à vieillir. Vous pourrez vieillir ensemble comme mari et femme. Moi, dit alors Paso Doble avec violence, j'aurais fait alors quelque chose. Qu'aurais-tu fait ? demande Schultz. Je les aurais jetés par la fenêtre tous les deux. D'abord lui, ensuite elle. Hop un beau plongeon dans le canal et qu'ils se débrouillent tout seuls. Et pourquoi donc ? Il y avait quelque chose de malade en eux. Et moi je n'aime pas les maladies. Et quand de plus elles sont cultivées à dessein elles me dégoûtent carrément. Malade ? murmure Schultz. Non, je ne crois pas. Peut-être seulement romanesque. Et ensuite ? demande-t-il à son père. Ensuite, reprend le vieillard, une solide amitié téléphonique s'est nouée entre nous. Parfois c'est moi qui l'appelais, parfois c'était elle. Elle disait que parler avec moi lui faisait du bien. Elle disait que je la faisais rire. Et toi la faisais-tu rire ? Je ne sais pas, dit Schultz, peut-être pas suffisamment. Mais pourquoi ne m'as-tu jamais rien dit ? Comme ça, répond le vieillard, par une sorte de jeu clandestin. Un jour, il y a une vingtaine de jours, je l'ai vue débarquer chez moi. Elle me dit qu'elle devait partir ou qu'elle avait décidé de partir, je ne me rappelle pas. T'a-t-elle dit aussi comment elle s'appelait ? l'interrompt Schultz. Non, dit le vieillard. Je le lui ai demandé une seule fois, le premier jour. Elle m'a répondu que si elle disait son nom tout s'écroulerait. Tout quoi ? ai-je dit. Toute cette histoire, me répondit-elle. Son rôle devait rester ambigu, mystérieux. Schultz sourit. Bien sûr, pense-t-il, bien sûr, tout se serait écroulé, le livre aurait pris une autre tournure. Je feignis d'avoir compris, continue le vieillard, et je n'insistai pas. D'ailleurs peu m'importait son nom. Elle était venue me rendre visite avant de partir et c'était ce qui comptait. En étais-tu amoureux ? demande Schultz. Ah, répond le vieillard, ce ne sont pas des questions à poser à un homme de mon âge et qui plus est ton père. Certes, elle me plaisait, je ne crois pas avoir vu femme plus belle. Mais c'était à toi que je pensais. Après tout tu es mon fils et pour ce que j'en savais elle était ta femme. Je lui demandai pourquoi elle avait décidé de te quitter. Ne t'aimait-elle plus ? Ah, dit-elle, l'amour n'était pas son problème. Le fait était que son espace dans cette histoire était limité… Elle continuait à parler de cette histoire comme si elle était persuadée que je savais de quelle histoire il s'agissait… De toute façon, continue le père, elle ne serait pas partie sans rien te laisser. Présence absente, pense Schultz, être qui se manifeste brièvement et puis disparaît en laissant son simulacre pour donner envie de le chercher. Son rôle n'était que cela. C'est elle, demande-t-il à son père, qui t'a demandé de faire cette statue ? Oui, c'est elle et elle a reporté son départ tant que je ne l'ai pas finie. Elle est partie il y a deux jours. Elle a laissé ce vêtement et ce manteau de poil de chameau. Voilà tout ce qui s'est passé. Pourquoi ne lui astu pas demandé, demande Paso Doble, s'il l'avait mise dans son lit ? Schultz hausse les épaules. Parce qu'il m'aurait dit l'avoir fait dans tous les cas. Mieux. Il m'aurait probablement fait comprendre que c'était elle qui l'avait séduit. Tu sais comment il est. Ce vieux fils de pute, dit Paso Doble. Un beau plongeon dans le canal, voilà ce qu'il aurait mérité. Et il est fort probable, continue Schultz, que cela se soit vraiment produit. Que se soit produit quoi ? demande l'autre. Qu'ils aient couché ensemble. Et cela ne t'importe pas ? Pas maintenant, dit Schultz, l'unique chose qui m'importe maintenant c'est de bien mériter, de creuser à fond cette idée que nous sommes tous ici dans ces pages et que si nous voulons vraiment la retrouver nous devons la chercher à l'intérieur de ces pages.

Madame Mascarino, qui aurait pu taire la disparition de Nina, feindre qu'elle fût encore à Venise et continuer à percevoir les pièces d'or que Fielding lui donnait chaque jour comme n'importe quelle autre voyante moins honnête qu'elle l'aurait fait, s'était au contraire fait un devoir de dire la vérité, de révéler que la boule n'indiquait plus que Nina était dans les parages et que son départ pour Dieu sait où avait été confirmé par les tarots. Nina était partie depuis plusieurs jours déjà mais madame Mascarino n'avait pas tout de suite donné l'alarme espérant peut-être une erreur de sa boule ou un retour de la jeune femme. Fielding n'avait fait aucun commentaire, était resté longuement à regarder droit devant lui, immobile comme une statue, à l'exception d'un léger tremblement de lèvres. Puis il était sorti de la chambre – et il y avait eu quelque chose de définitif dans ce départ – laissant la pauvre madame Mascarino dans un état d'angoisse plus manifeste que le sien et peut-être tout aussi profond parce que la voyante avait pris cette histoire à cœur, avait souffert et espéré avec nous et l'idée que quelque chose d'horrible pût survenir désormais la tourmentait. J'eus l'intuition de ce qu'elle pensait et me précipitai hors de sa chambre résolu à trouver Fielding et à l'arrêter. Je fouillai tout d'abord mais sans succès toutes les pièces de l'auberge puis, lorsque je compris que Fielding devait être sorti sans se faire voir de ses hommes, je pris mon manteau et dévalai de nouveau les marches pour me mettre sur sa piste. Il était cinq heures du soir et il commençait à faire sombre bien qu'il fît encore jour et le fait que Fielding fût sorti sans la protection que la nuit lui assurait traduisait un état d'âme plus confus et bouleversé qu'il ne l'admettait explicitement. J'allais ouvrir la porte lorsque le hasard voulut, à moins que ce ne fût point le hasard mais le destin, que mon regard s'arrêtât sur un tas de lettres arrivées à l'évidence depuis peu parce que je ne les avais pas vues auparavant, posées sur le comptoir de l'entrée. Sans me douter le moins du monde que ce regard avait déjà changé mes plans immédiats et ma vie future je m'approchai du comptoir pour inspecter ces lettres. Elles étaient pour la plupart adressées à des clients de l'auberge par des correspondants qui ignoraient l'exode qui avait suivi le changement de propriétaire, mais il y avait dans le tas une enveloppe d'une blancheur délicate sur laquelle d'une écriture connue, connue au point que mon cœur tressaillit en la reconnaissant, étaient écrits ces mots : À monsieur Bruno Manfrin, Locanda Manfrin, Santa Margherita, Venise. C'était une lettre de Nina à son frère. Je jetai un furtif coup d'œil alentour puis, constatant qu'il n'y avait personne qui à ce moment-là pût me voir, je glissai en tremblant la lettre dans ma poche. Un instant après j'étais sorti de l'auberge et traversais presque en courant le campo à la recherche d'un lieu sûr où pouvoir ouvrir la lettre et la lire. J'avais retrouvé le fil perdu de Nina. Pas seulement, mais sans le savoir, par ce geste subreptice, j'avais choisi d'envoyer au diable mon alliance avec Fielding et de ne garder ce fil que pour moi. Lorsque je fus arrivé à une distance raisonnable de l'auberge j'ouvris la lettre et la lut à la lumière d'un réverbère qu'on venait d'allumer. Elle disait ceci : « *Bruno, je suis passée à Venise, mais je n'ai pas eu le courage de revoir notre père. Toi par contre je veux te rencontrer. Je suis à San Bruson del Dolo chez Ventura. Je t'attends. Ta sœur Nina qui n'a jamais cessé de t'aimer.* » Un cri de triomphe sortit de ma bouche. Je l'avais retrouvée. Je l'avais enfin retrouvée ! J'irais à San Bruson del Dolo – j'ignorais où cela se trouvait mais je ne doutais pas de le découvrir vite – et me présenterais à Nina à la place de son frère. Je sentis monter la tentation de partir sur-le-champ, de ne pas perdre un seul instant, mais je me souvins tout à coup des raisons pour lesquelles j'étais sur le point de sortir précipitamment de l'auberge : Fielding, sa disparition, son désespoir. Qu'en aurais-je fait ? Ce fut alors que je compris, avec une luminosité absolue, non seulement que j'avais déjà décidé de le trahir au moment même où je m'étais emparé de la lettre, mais que je le laisserais aller vers son destin sans rien faire pour l'arrêter.

J'avais perçu, comme d'ailleurs en avait eu l'intuition madame Mascarino, que Fielding avait quitté l'auberge à une heure si périlleuse pour lui parce qu'il avait l'intention de se suicider. Comme j'ai déjà eu l'occasion de le dire je n'avais pas donné grand crédit aux affirmations de Fielding, par ailleurs contradictoires et emmêlées, selon lesquelles il était plus attaché à rechercher Nina qu'à la retrouver. Si cela avait été, la disparition de Nina qui repoussait de nouveau une rencontre certainement redoutée mais pas suffisamment pour devoir être évitée, aurait dû réveiller ses énergies et le pousser à se mettre sur ses traces. En revanche, à en croire madame Mascarino qui ne s'était pas laissée tromper par son immobilité et son silence, Fielding semblait avoir fini de s'éteindre tout à fait et était sorti de sa chambre d'une façon, comment dire ? définitive, ultime. Il était donc assez probable que Fielding s'apprêtait à mettre fin à ses jours. Avant de partir pour cette localité inconnue d'où provenait la lettre, je devais le retrouver et m'assurer qu'il avait vraiment conduit à son terme, ainsi que je le croyais, l'intention de se suicider. Parce que, si j'étais parti tout de suite et que mon intuition ne se fût pas avérée, que Fielding en revenant ne m'eût pas trouvé et eût d'une façon ou d'une autre compris que je l'avais abandonné, que je m'étais remis à chercher Nina tout seul, avec peut-être quelque indice supplémentaire, trouvé qui sait où, obtenu de Dieu sait qui, peut-être apporté par le courrier, sa haine pour moi se serait rallumée et je l'aurais revu tôt ou tard devant moi livide et haletant, sa canne assassine prête cette fois à me fendre le crâne. Je raisonnais avec calme et sang-froid et, étrangement, ma froideur à l'égard de Fielding ne me surprenait pas autant que m'avaient surpris les sentiments d'amitié que j'avais ressentis pour lui dernièrement. Je ne me demandais pas non plus, si ce n'est avec force détachement, avec indifférence, si un comportement aussi cynique que le mien ne me rendait pas moralement responsable du geste que Fielding était sur le point de commettre ou avait commis déjà. Cette lettre avait fait de moi un homme nouveau ou mieux, avait balayé cet homme provisoire et plein de bons sentiments que j'étais depuis mon arrivée à Venise et m'avait permis de redevenir l'homme que j'étais. Du reste cela ne valait pas la peine d'avoir tant de scrupules. N'était-ce pas Fielding peut-être qui avait brisé les jambes du capitaine des dragons, brûlé la longue étude scientifique de l'ornithologue, jeté dans la Tamise le chirurgien, contraint à la fuite l'abbé italien ? Je me mis à marcher dans les rues qui s'assombrissaient avec des sentiments bien différents de ceux qui quelques minutes plus tôt m'avaient poussé à sortir. Si j'avais agi tout d'abord dans l'espoir d'arriver à temps pour sauver Fielding de sa propre main, je le cherchais maintenant avec la conviction qu'il était désormais trop tard, que tout s'était déjà irréversiblement produit. Je ne savais quelle direction Fielding avait pris. Je flairais l'air comme un chien de chasse espérant que quelque coup de vent porterait jusqu'à moi ce qu'il restait de son odeur et me mettrait sur la voie. Mais ce ne fut pas son odeur qui me le fit retrouver quelques heures plus tard. Tout à coup, tandis que je traversais une longue place dont je ne me rappelle plus le nom, j'entendis au-dessus de moi un battement d'ailes semblable à celui que j'avais entendu en rêve. Je levai les yeux et je vis voler bas dans l'ombre des nuées d'oiseaux dont il me fut impossible de distinguer l'espèce, mais qui étaient de tailles apparemment différentes et semblaient voler joyeusement et en colonne vers un point de la ville. Je les suivis du regard jusqu'au moment où ils disparurent de mon horizon, mais aussitôt après, provenant d'une autre direction, plutôt de directions variées, seuls ou en groupes, je vis beaucoup d'autres oiseaux qui descendaient à tire d'ailes vers le même endroit. Je les suivis, si l'on peut dire, intrigué par les étranges manœuvres de cette armée emplumée mais sans prévoir aucunement qu'elle était mue par des intérêts identiques aux miens, pensant même qu'elle m'offrait éventuellement l'occasion de perdre un peu de temps et d'arriver quand tout serait accompli. En revanche, lorsque je repérai l'endroit où elle était descendue – une place délimitée par de hauts palais et par la façade de ce que je savais être le plus célèbre théâtre vénitien – je vis l'homme que je cherchais : Fielding qui, une corde au cou, grimpait sur un réverbère allumé. Autour de lui, volant encore dans l'air infect, sautillant à terre, criaillant, croassant, sifflant, voire même indignement silencieux, tous les oiseaux que j'avais vu passer auparavant au-dessus de ma tête, parmi lesquels je pouvais distinguer avec surprise et effroi des spécimens des rapaces les plus sauvages, des aigles, des condors des Andes, des vautours du Sahara, des urubus du Mexique, des buses, des faucons de Scandinavie, des corbeaux des Cornouailles. Des fenêtres s'ouvraient sur la place, des têtes apparaissaient au-dessus des ailes palpitantes et rentraient aussitôt, des passants effrayés par les immenses phalènes qui tournoyaient autour de la lumière et projetaient leurs ombres sur les maisons s'éloignaient en courant et changeaient de direction. Quant à moi je restai au contraire à regarder ce spectacle horrifiant. Certes, j'aurais pu le sauver. Il m'eût suffi de l'appeler, de crier son nom et de lui montrer la lettre de Nina pour que Fielding descendît du réverbère et continuât à vivre. Je le laissai au contraire se pendre et conclure son histoire comme elle était peut-être destinée à se conclure.

Attends, dit Schultz à Paso Doble, qui a de nouveau levé la tête vers lui. Je sais ce que tu veux dire. Ce soir-là j'avais un fort mal de dents. Un accès imprévu au milieu de la rue alors que je rentrais à la maison je ne me rappelle pas d'où. Une douleur horrible, une douleur au sommet dans l'échelle des douleurs. Un nerf à vif se manifestait sans préavis. Je renonce à rentrer et je vais chez le dentiste. L'infirmière me dit qu'il n'est pas là. Il est allé, dit-elle, à une manifestation de dentistes démocratiques. Je lui demande quand il revient. Elle ne le sait pas, répond-elle. Il pourrait même ne pas revenir. C'est un leader du mouvement et il a beaucoup d'ennemis. Récemment il a reçu des menaces par téléphone. Il est clair qu'elle en est amoureuse et que ce qui pourrait se produire l'inquiète sérieusement. Je lui demande si elle peut me suggérer le nom de quelque dentiste à qui m'adresser. Pas ce soir, dit-elle. Il n'y a pas un seul dentiste de disponible dans toute la ville. Et parmi les dentistes dits libres, l'autre groupe qui compose la profession, il ne sera pas facile non plus de trouver quelqu'un. Ils ont organisé une contre-manifestation et il semble que lors des dernières heures il y ait eu de violents affrontements. Mais, dis-je la bouche en feu, pourquoi ne sont-ils pas d'accord et justement le soir où je souffre comme une bête ? Oh, dit-elle, c'est une vieille histoire. Je lui demandai, preuve que malgré la douleur je n'avais pas perdu le sens de l'humour, si ce n'était pas un problème de femmes. Oh non, dit-elle, les dentistes démocratiques ne partagent pas la pensée scientifique des autres et vice-versa. En outre les premiers veulent gagner moins, les seconds y sont opposés. Moi qui ai un grand respect pour qui veut gagner moins je formule la crainte que cette héroïque minorité en lutte pour un but aussi noble soit en train de passer un mauvais quart d'heure. Ils sont maintenant à couteaux tirés, dit en soupirant l'infirmière. J'aimerais bien aussi, continué-je, vous donner un coup de main, mais ma dent me fait si mal que j'ai perdu toute force. Je demande à la jeune fille si elle est capable de faire quelque chose pour moi, une piqûre, un calmant, un petit anesthésique pour que je puisse me supporter jusqu'au retour du dentiste, en admettant qu'il revienne. Elle rougit, dit qu'elle ne peut pas. Elle débute et pourrait complètement se tromper. Elle peut me faire, si je le désire, un café ou bien un thé, si je préfère. Un café, dis-je, histoire de ne plus l'avoir dans les jambes. Et pendant qu'elle disparaît dans la petite cuisine j'entre dans le cabinet je prends une pince et m'arrache tout seul la dent. Comme ça, sans anesthésie. Une expérience horrible qui pour un peu me tuait. Afin de me reprendre je vais à la fenêtre, je l'ouvre et c'est alors que je vois le pendu. Deux agents de police et un petit groupe de personnes sont en train de le décrocher du réverbère. Naturellement à cette distance je ne parviens pas à voir son visage, mais maintenant, les choses allant comme elles vont, j'ai fortement le soupçon qu'il s'agissait de l'homme d'une quarantaine d'années qui m'a frappé avec sa canne. Paso Doble se tait, la tête de nouveau repliée sur ses bras, les bras autour de ses genoux. Que veux-tu que je te dise ? continue Schultz, ce n'est pas ma faute ou, s'il y a faute de ma part, elle est très indirecte... Téléphone à maître Berengo, dit Paso Doble à voix basse. C'est la meilleure chose que tu puisses faire. À cette heure ? demande Schultz. Oh l'heure, dit l'autre, que veux-tu qu'importe l'heure ? Berengo est toujours là à attendre. Je ne me permettrais jamais de l'importuner en pleine nuit, dit Schultz, et puis je n'ai encore rien décidé. À propos quelle heure est-il ? Il regarde sa montre. Quatre heures. Ce livre me prive d'une nuit entière. Il te privera de bien plus, dit Paso Doble, si tu continues à ne pas m'écouter. Quinze jours après, dit Schultz en reprenant et en concluant son récit, je m'embarquais pour ce que j'ignorais être mon dernier voyage.

Je regardais Fielding mourir dignement sans me sentir indigne. La lettre que j'avais en poche était un puissant talisman qui me rendait insensible à tout jugement moral. Je n'avais certes pas, tandis que je refaisais à rebours le chemin qu'avait pris cette lettre, la moindre certitude de retrouver le paradis perdu, la chair des dieux que j'avais si avidement dévorée pendant de nombreuses semaines. Peut-être que le paradis était encore occupé par l'envahisseur inconnu, qu'un barbare siégeait à ma place au grand banquet, mais il ne faisait aucun doute qu'avec la lettre de Nina en poche et la disparition de celui qui avait été le plus tenace et le plus visqueux de ses prétendants j'avais fait un pas en avant considérable vers la récupération de ce que l'on m'avait volé. Je réfléchissais de la sorte sans presque plus m'apercevoir du cortège emplumé qui dans de grands battements d'ailes célébrait les funérailles de Fielding lorsque j'entendis un appel familier, ohé, et je me retrouvai soudain face à Dick et Severino. Je les regardai incrédule sans un mot. J'aurais dû penser que cette nuée d'oiseaux tournoyant férocement autour du corps de Fielding devait avoir été guidée jusqu'à cette placette par les deux corbeaux qui quelques mois plus tôt m'avaient généreusement mis sur les traces de Nina. Cependant malgré les nombreux motifs de reconnaissance que j'avais à leur endroit je les avais complètement oubliés. Mais ils ne paraissaient pas en être offensés. Au contraire ils avaient l'air d'être contents de me voir.

– Tu as vu, hein, dit Severino, nous sommes venus avec un tas d'amis.

– Mais, balbutiai-je, comment avez-vous fait pour être au courant ?

– Oh, répondit Dick, les nouvelles volent. Et puis nous ne l'avons jamais perdu de vue.

– L'as-tu retrouvée ? demandèrent-ils.

– Pas encore, répliquai-je. Mais je sais où elle est. Je me rends justement auprès d'elle.

– Bien, bien, continuèrent-ils. À plus tard.

– Vous restez longtemps à Venise ?

– Oh non. Nous partirons sous peu, avant que notre présence ici n'attire trop l'attention.

Ils firent un signe de salut et s'envolèrent joyeusement vers le réverbère.

– Merci pour tout, criai-je.

Puis je tournai les talons et m'éloignai rapidement de la placette. Je ne retournerais pas à la Locanda Manfrin où j'avais laissé peu d'affaires qui pouvaient m'être utiles, quelques chemises, une paire de bottes dont je pouvais me passer aisément. Je ne voulais plus voir les hommes de Fielding qui à mon égard étaient capables de n'importe quoi dès qu'ils apprendraient la mort de leur maître ; je ne voulais plus entendre parler de Fielding qui appartenait désormais à un chapitre clos de ma vie. Il y avait longtemps qu'il ne me restait plus rien de l'argent que j'avais apporté d'Angleterre mais je disposais d'une bourse pleine de pièces d'or que Fielding m'avait donnée en pensant qu'elle pourrait me servir à payer quelques informations utiles à notre quête. Je n'avais donc aucun problème d'argent et je pouvais faire face sans difficultés aux dépenses du voyage jusqu'à San Bruson del Dolo. Je découvris que c'était un petit village sur les berges du Brenta, un fleuve qui traversait la campagne vénitienne et se jetait dans la lagune, beaucoup plus proche de Venise que je ne l'avais cru. On me dit que je pouvais louer pour quelques pièces une barque avec deux rameurs et qu'en trois ou quatre heures j'y parviendrais. Pour trouver la barque il me suffisait de me rendre à l'aube à la pointe sud d'un long môle du nom des Zattere d'où partaient tous les bateaux qui assuraient la liaison avec la terre ferme. J'errai toute la nuit dans la ville déserte en faisant bien attention de rester loin de l'auberge et du lieu où Fielding avait trouvé la mort, n'éprouvant aucun sentiment de remords pour ce que j'avais fait, mon esprit et mon cœur n'étant occupés qu'à prévoir ce qui allait m'advenir dans quelques heures lorsque j'apparaîtrais devant Nina. Soudain, peu avant l'aube, tandis que je marchais le long de ces rues bordées de canaux que les Vénitiens nomment les fondamenta, j'eus l'impression qu'on me suivait. Je me retournai et je vis, lointaines encore mais pas suffisamment pour m'empêcher de les reconnaître même dans la faible clarté, deux métaphores qui se traînaient péniblement vers moi. Je me mis à courir pour mettre le plus d'écart possible entre elles et moi et il ne fait pas de doute que les deux bêtes abandonnèrent leur allure traînante et se mirent à galoper sur leurs courtes pattes comme bien décidées à ne pas me perdre de vue. Je pris une calle au hasard, traversai un pont, m'enfilai sous des arcades, en ressortis précipitamment et prolongeai ma fuite tant que je ne fus pas certain de n'avoir plus personne à mes trousses. Seigneur ! Mon attachement à Fielding et à ces animaux avait-il donc été si profond ? Fielding continuait-il à les guider de là où il était arrivé ou était-ce eux qui avaient d'une manière quelconque appris sa mort et en cherchaient à présent le responsable ? Parce que, j'en étais convaincu, notre rencontre de cette nuit n'avait pas été un hasard mais avait pris la méchante tournure d'une poursuite délibérée, de la persécution et du traquenard. J'étais tout de même parvenu à m'en dé-faire et maintenant que l'aube pointait je pouvais m'embarquer et partir. Je me dirigeai vers les Zattere et moins d'une heure plus tard j'entamai la traversée de la lagune à bord d'une barque que menaient deux solides rameurs. San Bruson del Dolo était un village de quelques maisons qui se dressait sur la rive du Brenta, interlude paysan d'une côte dont le caractère était dû surtout aux demeures d'une élégance raffinée qui appartenaient à l'aristocratie vénitienne et qui avaient été construites au cours des siècles de la plus grande splendeur de la république. Mais je me moquais bien de ces superbes bâtisses. Je les regardai rapidement presque sans les voir, attentif que j'étais à observer la berge où dans chaque femme qui passait je croyais reconnaître celle que je cherchais. Je débarquai sur un quai croulant et montai sur la digue fluviale. San Bruson était devant moi, et tout d'abord une auberge aux murs ocre en partie recouverts de lierre qui retombait en touffes vertes sur la porte devant laquelle, une poupée de chiffon dans les bras, de petits sabots aux pieds, était assise une enfant. Ce fut elle qui m'indiqua où se trouvait la maison de la femme qu'avait mentionnée Nina dans sa lettre, Ventura, une vieille lavandière qui, je l'appris plus tard, avait travaillé à la Locanda Manfrin de nombreuses années auparavant et qui avait été la nourrice de Nina et de son frère. Je suivis la direction indiquée par la fillette et, au bout de quelques minutes, après avoir parcouru un court sentier qui s'écartait perpendiculairement à la digue, je me trouvai face à une haie et à un portail de bois au-delà duquel, au milieu d'un jardin arboré, on voyait une maisonnette modeste mais bâtie sur de la bonne pierre, un puits artésien, du linge étendu à sécher. Je m'arrêtai. Mon cœur battait fort, l'artère de ma tempe gauche palpitait douloureusement. Mes glandes lacrymales pouvaient à tout moment sécréter des pleurs. Que de milles j'avais parcourus de Londres à ce village ! Et que d'aventures il m'était arrivé, que de souffrance j'avais éprouvée avant d'atteindre ce point ! Toutefois ce n'était pas l'émotion qui m'avait arrêté mais quelque chose d'autre. J'éprouvais confusément le besoin de me préparer à cette rencontre avec Nina, de choisir une ligne de conduite, un plan à suivre. J'arrivais comme un message qui aurait été écrit à la hâte et dans un état de profond bouleversement émotionnel, plein d'argumentations mal fagotées et confuses, dépourvu de cette pensée ordonnée qui donne la préséance aux sujets principaux et aborde par la suite et calmement les thèmes secondaires.

Le désir, mon amour pour Nina, la rancœur que j'éprouvais à son égard parce qu'elle m'avait abandonné, la haine pour l'homme avec qui elle avait vécu à Venise et qui pour ce que j'en savais pouvait être encore là avec elle, tout était sur le même plan et c'était maintenant comme si moi, en relisant le message que je lui aurais écrit, je ressentais la nécessité de le récrire, de choisir avec plus de rigueur entre désir et rancœur, de décider si je devais la renverser à terre et entrer en elle en libérant avant tout le besoin que j'avais accumulé pendant tout ce temps ou faire quelque chose pour punir sa trahison, lui arracher aussitôt le nom de l'unique rival qu'il me restait... Mais mon trouble était tel que j'étais incapable de supporter le poids de considérations circonspectes. Je résolus donc de me fier au hasard, de me présenter devant Nina dans l'état de confusion où j'étais et d'adapter mon comportement à la manière dont je serais reçu. Je poussai le portail et me dirigeai vers la maison. Je la vis, comme je l'avais vue dans d'autres occasions, même si c'était à des centaines de milles de distance, à travers une fenêtre ouverte. Elle me tournait le dos. Debout près d'une table elle passait un fer plein de braises sur un drap immaculé. Sa lourde chevelure brun doré où j'avais tant de fois enfoncé mes doigts était ramassée sur sa nuque en un chignon désordonné. Une robe bleue de laine enveloppait son corps adoré. Elle n'était pas seule. Avec elle il y avait une vieille femme à l'air absent ou ivre immobile les jambes écartées au milieu de la pièce – la cuisine de la maison – comme dans l'attente de quelque chose. Ce qu'elle attendait je le compris un instant après lorsque la vieille lâcha un pet aussi long qu'explosif. Nina éclata de rire et sur-le-champ, en guise de réponse immédiate à un signal, elle émit elle aussi un son semblable à celui de la vieille et peut-être plus terrifiant encore, terrifiant au point de provoquer chez elle un rire convulsif et de déclencher une sorte d'esprit de compétition chez sa compagne qui répéta sa première réplique, ce qui me fit penser que cet étrange dialogue durait déjà depuis un certain temps et que je le prenais simplement en cours.

Schultz se met à rire. Mon Dieu, dit-il, mon Dieu ! Comme tout cela est beau ! Des milles et des milles parcourus avec angoisse, le mystère et le mythe de Nina qui grandissent de mille en mille, son absence à elle vécue comme une présence et, enfin, au moment de la rencontre, cette sublime scène corporelle ! La femme au manteau de poil de chameau faisait-elle aussi cela ? demande Paso Doble. Eh bien, dit Schultz, je ne l'ai jamais entendue, mais je suppose qu'il lui arrivait à elle aussi de le faire de temps en temps. Il rit encore. Qui sait pourquoi, dit-il, de telles choses me font mourir de rire. Comme cet épisode désopilant qui s'est passé à Singapour... Attends, dit l'autre, attends, ne t'engage pas trop. Tu me fais l'effet d'un de ces imbéciles qui avant de raconter une banalité quelconque vous disent je vais vous faire rire. Ah non, continue Schultz. Ce n'est pas le cas. Nous en avons déjà parlé. À Singapour ? Oui j'étais à bord d'un navire hollandais et le commandant m'avait invité à sa table. Il y avait avec lui son épouse, tu sais que les officiers de la marine marchande hollandaise peuvent eux aussi emmener leurs épouses en voyage une fois l'an. C'était une belle femme grande et blonde avec de longs cheveux lisses, elle parlait un peu l'italien pour avoir vécu quelques années à Rome. Je ne me rappelle pas comment on en vint à parler des juifs. « Mais ici, dit tout à coup la dame, on sent bien les pets des juifs[1]. » Paso Doble se souvenant de la scène a une sorte de hoquet. Mais oui, mais oui, dit-il, nous en avons déjà parlé... Comment ? demandai-je pensant ne pas avoir bien compris. « Dans ces pays », répéta la femme « on sent bien les pets des juifs. » Je dus faire un effort pour ne pas lui éclater de rire au nez. « Eh bien, dis-je, si ce n'est que cela, on sent aussi les pets des chrétiens de même que ceux des musulmans et pas seulement dans ces pays-ci. » Elle me regarda avec surprise. « Des chrétiens peut-être que oui, dit-elle, mais des musulmans sûrement pas. » De tant rire Schultz en a presque les larmes aux yeux. Avant de me rendre compte que l'épouse de mon hôte avait voulu dire qu'à Singapour on sentait qu'il y avait peu de juifs, il se passa quelques minutes. Oui, oui. Même Paso Doble a les larmes aux yeux de rire. Mon Dieu, dit-il, mon Dieu ! Si seulement la vie pouvait être toujours aussi joyeuse. Schultz lui lance un étrange regard mi-surpris mi-affectueux. Tu te rends presque sympathique quand tu ris, dit-il. Nous devrions tous deux, et il se remet à rire de manière irrépressible, parler plus souvent de pets. Pendant un long moment des éclats de rire se chevauchent et se poursuivent dans la chambre. Mon Dieu, dit-il, mon Dieu ! Cela suffit, maintenant cela suffit. Et ils essuient tous deux leurs yeux humides.

La vieille femme s'aperçut la première de ma présence et Nina, remarquant que son regard se

1. Jeu de mot intraduisible entre *scarseggiare*, « être peu nombreux » et *scoreggiare*, « péter ».

déplaçait vers la fenêtre, se retourna. Elle ne dit rien lorsqu'elle me vit, mais ses lèvres se mirent à frémir. À la fois surprise, incrédulité, peut-être même émotion se reflétèrent dans son regard. J'esquissai un sourire mais je ne sais si ce fut un sourire ou une grimace. Ce corps que je revoyais après tout ce temps avait récemment connu un autre corps qui n'était pas le mien, la chaleur d'autres étreintes, autant de souvenirs plus proches qui s'étaient superposés peut-être jusqu'à les effacer aux souvenirs lointains de la Taverne du doge Loredan.

– *There's always a window between us*, dis-je, il y a toujours une fenêtre entre nous.

La braise grésillait dans le fer à repasser oublié sur le drap, on sentait dans l'air une odeur de tissu humide trop réchauffé.

– Attention au fer, dit la vieille en prenant la place de Nina près de la table sans cesser de regarder dans ma direction. Qui est ce gars ? Un de tes amoureux anglais ?

Oui, qui suis-je, demandai-je, qui suis-je exactement ? Nina ne répondit pas aux questions qui s'étaient suivies l'une après l'autre et qui n'attendaient qu'une seule réponse, mais elle continuait à me fixer à travers la fenêtre.

– Puis-je entrer ?

Elle fit un signe de la tête et j'enjambai la fenêtre comme je l'avais fait jadis ailleurs et entrai. Mais cette fois-ci elle n'éclata pas de rire.

– Comment as-tu fait pour me retrouver ? demanda-t-elle enfin d'un ton de voix si neutre que je ne sus quels sentiments mon arrivée suscitait en elle.

— Ah, Nina Nina, dis-je sans me soucier du fait que nous n'étions pas seuls et que la vieille nous observait avec l'air de s'amuser follement, se passe-t-il quelque chose en bas dans l'herbe de ton buisson ?

— Comment as-tu fait pour me retrouver ? répéta-t-elle. Personne ne sait que je suis ici.

Je tirai de ma poche la lettre qu'elle avait écrite à son frère et la lui tendit.

— J'étais à l'auberge, dis-je, lorsqu'elle est arrivée. J'ai reconnu ton écriture et je l'ai ouverte.

Elle me regarda comme si elle n'avait pas compris.

— Et mon frère, demanda-t-elle, pourquoi n'est-il pas venu ?

— Ton frère, expliquai-je, ne l'a jamais eue. Il n'est plus à Venise pas plus que ton père. L'auberge a été vendue.

— Vendue ? murmura-t-elle presque plus épouvantée que surprise. Vendue à qui ?

— À Fielding, répondis-je la voix tremblante parce que nous nous approchions de l'instant que j'avais redouté le plus peut-être.

— Oh mon Dieu, dit-elle, il est ici lui aussi ?

— Non, la rassurai-je.

Je fis une pause, troublé par ces yeux qui me fixaient.

— Fielding est mort, ajoutai-je. Il s'est pendu à un réverbère hier soir.

Elle jeta un cri et tomba évanouie par terre. En fait, elle s'affaissa sur elle-même comme frappée d'une syncope. Quelques instants plus tard, avec l'aide de la vieille femme, qui dans un premier temps peut-être parce qu'elle me jugeait responsable de cet évanouissement s'était précipitée sur moi le fer à repasser à la main bien décidée à m'en donner un bon coup sur la tête ou à verser sur moi les charbons ardents, je transportais Nina dans une chambre et l'étendais sur un lit. Elle mit quelques minutes à reprendre ses esprits et durant ces minutes, en voyant son corps couché sur un lit comme je l'avais vu tant de fois, la jupe un peu relevée, la bouche entrouverte, le sein palpitant sous la laine de sa robe, je dus lutter contre moi-même pour ne pas glisser une main sous sa jupe, l'avancer, la remonter jusqu'à ce qu'elle arrive tout au fond. J'en fus empêché par la seule présence de la vieille qui avait voulu rester dans la chambre et qui pestait toujours contre moi comme si Nina avait perdu connaissance parce que je l'avais frappée avec une arme et non avec des mots. Lorsqu'elle revint à elle, Nina pria la vieille femme de sortir et je dus lui raconter l'histoire depuis le début, du moment où je m'étais éveillé dans le débarras de la taverne et où j'avais découvert qu'elle avait disparu et que son auberge avait été envahie par les métaphores. Je lui racontai mon départ sur l'*Admiral Benbow* avec de faux papiers et de l'argent donné par Viruela, mon arrivée à Amsterdam et comment à Amsterdam j'avais perdu sa piste et par quoi je m'étais laissé guider pour retrouver la direction qu'elle avait prise et comment j'entendis parler d'elle à Zurich et avais retrouvé ses traces et la voiture postale que je n'avais pu rattraper parce que le cœur de mon cheval avait cédé et mon arrivée à Venise et ma surprise et ma terreur en découvrant que Fielding m'avait devancé à la Locanda Manfrin dont il était même devenu propriétaire et la tournure inattendue qu'avait pris nos rapports lorsque j'avais raconté à Fielding que j'avais comme lui été abandonné pour un autre et la place croissante de cet autre comme une sorte de tumeur commune à tous les deux et madame Mascarino et les recherches que Fielding et moi avions menées ensemble jusqu'au moment le plus délicat de toute l'histoire que je m'efforçai de raconter avec une voix émue : la disparition de Fielding de l'auberge après les révélations de la boule de cristal, l'arrivée de la lettre, mes tentatives désespérées, oui, désespérées, répétai-je, pour rejoindre Fielding avant qu'il ne commît un acte irréparable mais j'étais malheureusement arrivé trop tard, juste à temps pour assister à ces affreuses funérailles célébrées par les oiseaux. Au fur et à mesure que je racontais ma voix avait pris des accents de tristesse et d'émotion, d'incertitude et de rage, jusqu'à simuler carrément un tremblement lorsque j'avais abordé le sujet de la mort de Fielding. Mais, je ne sais, j'eus l'impression que Nina perçut ce qui s'était réellement passé, que quelque chose, par ma faute ou grâce à ses qualités, l'avait aidée à entrevoir la vérité dissimulée. Elle ne dit rien, toutefois, ne fit aucun commentaire, mais demeura silencieuse pendant une longue minute, le corps ramassé et lointain, fermée et muette, comme si elle avait à tout jamais oublié les joies de sa chair. Je n'osais la toucher comme j'aurais voulu le faire, je n'osais lui demander, comme je l'aurais voulu, si la douleur ressentie à l'annonce du suicide de Fielding je devais l'interpréter comme une marque d'amour, ni ce qu'était devenu l'homme avec lequel elle avait vécu ces derniers temps ni lui poser la question qui me tourmentait le plus : à savoir quelle serait ma place dans sa vie maintenant que nous nous étions retrouvés.

– Je veux voir mon frère, dit-elle soudain.

Je lui expliquai que je ne savais où exactement son frère et son père étaient partis mais que madame Mascarino avait mentionné leur intention d'acheter une maison à la campagne et de s'y installer pour toujours. C'était un renseignement très vague que celui-là, toutefois il fut suffisant.

– Barbariga, murmura-t-elle, ils sont à Barbariga.

Je lui demandai comment elle pouvait le savoir. Barbariga, m'expliqua-t-elle, était un petit village au-delà du fleuve pas très loin de San Bruson del Dolo, un hameau de quelques maisons qui tenait son nom de la résidence de villégiature des comtes Barbarigo, pour lesquels son père avait travaillé dans sa jeunesse comme gondolier. À deux kilomètres de la demeure il y avait un pavillon de chasse, propriété lui aussi des Barbarigo, négligé en vérité, abandonné depuis toujours mais que son père depuis l'enfance avait envie d'acheter s'il en avait d'aventure les moyens. Si son père et son frère avaient décidé de s'installer à la campagne, c'était là qu'il fallait les chercher.

Tandis qu'elle parlait elle gardait les yeux fermés, je ne saurais dire si c'était par lassitude ou parce qu'elle ne voulait pas me regarder. Lorsqu'elle les ouvrit elle avait dans le regard une question silencieuse. Je secouai la tête.

– Non, dis-je, je n'irai pas chercher ton frère.

– Pourquoi ? demanda-t-elle.

– Maintenant que je t'ai retrouvée, je ne veux plus me séparer de toi pas même un instant. Je connais ta capacité à disparaître. Je ne voudrais pas, en m'éloignant, ne plus te retrouver à mon retour.

Ses lèvres s'entrouvrirent en un demi-sourire indéchiffrable.

— Que crois-tu gagner en restant ? demanda-t-elle.

Je m'agenouillai près d'elle, posai ma tête sur le lit dans l'espoir que mon geste l'attendrît de quelque manière :

— Toi, répondis-je ensuite.

— Oh non, rétorqua-t-elle. J'en ai assez de cette histoire.

— Quelle histoire ? demandai-je en levant la tête.

— La nôtre, dit-elle.

Elle se leva et alla vers la porte avec une énergie dont je ne la croyais plus capable.

— Ventura, appela-t-elle.

— Et j'aurais fait tout ce chemin uniquement pour être repoussé ? criai-je dans son dos.

Elle ouvrit la porte et se tourna vers moi.

— Pauvre petit couillon, lança-t-elle sans aucune affection dans la voix, pauvre petit couillon qui n'a pas encore compris que je ne suis que le sujet de l'action.

Je la regardai éberlué mais n'eus pas le temps d'exiger des explications. Ventura était auprès de Nina et tandis qu'elle lui demandait de traverser le fleuve et d'aller à Barbariga chercher son frère, la vieille me dévisageait avec l'air de vouloir me dire, toi fais attention, je t'ai à l'œil, au premier faux pas je t'assomme avec mon fer à repasser. Nina sortit de la chambre et referma la porte derrière elle. Je restai comme j'étais, près du lit, assuré d'une certaine façon que, après le départ de Ventura, Nina reviendrait me parler, me demander peut-être d'autres explications, m'en donner plus probablement, répondre aux questions qu'elle ne pouvait m'empêcher de lui poser.

Mais dix, quinze minutes plus tard, comme Nina n'était toujours pas revenue, je me redressai alarmé et sortis de la chambre. Nina était dans la cuisine et s'était remise à repasser les draps comme si de rien n'était, comme si elle avait résolu d'effacer le souvenir de cette dernière heure, comme si je n'étais pas là et ne lui avais rien raconté de tout ce que je lui avais raconté, voire comme si je n'existais pas.

— Ah non, m'exclamai-je, tu ne peux faire semblant que je ne sois pas là. Regarde, je suis fait de chair et de sang, de douleur et de désir et j'éprouve de la honte d'avoir cru que je pourrais être accueilli dans cette maison comme quelqu'un qui t'aime et que tu as aimé et qui mérite à ce titre considération et respect. J'ai fouillé tous les coins de l'Europe pour te trouver, j'ai mis Venise sens dessus dessous...

Elle m'interrompit.

— Je peux imaginer tout ce que tu as fait, dit-elle. Mais ce n'est pas de toi que je veux parler pour l'instant. Fielding est mort. Je ne veux pas non plus parler de lui si ce n'est pour dire que je me sens mutilée comme se sent mutilée toute chose qui n'a plus son envers.

Elle posa le fer à repasser sur une plaque de métal et se mit à plier le drap. Je n'existais pas, je continuais à ne pas exister à ses yeux.

— Ne peux-tu non plus parler, criai-je, de l'homme avec lequel tu as vécu ces derniers temps à Venise ? Ne te sens-tu pas non plus mutilée par son absence ?

Elle me lança un regard de glace.

– Je ne te dois aucune explication, dit-elle.

Je ne répondis pas. Je ne pouvais me mesurer à elle sur le terrain du refus. Si elle ne voulait pas me donner d'explications je n'arriverais jamais à lui en tirer. Je la regardais. Elle avait posé le drap repassé sur une huche et elle en repassait à présent un second tout froissé et humide sur la table. Du jardin on entendait voler des pigeons, quelqu'un passait en fredonnant sur le chemin. Mais dans la cuisine régnait le silence, un silence qui devint vite à ce point insupportable que je me sentis obligé de faire quelque chose pour le briser.

– Tu ne veux plus de moi, trouvai-je le courage de lui dire avec une voix qui trahissait à quel point j'étais au bord des larmes.

– Pour l'amour du ciel, cria-t-elle, ne peux-tu penser à autre chose qu'à toi-même ?

Je sentis confusément que j'étais en train de perdre ce que pour rien au monde, pas même peut-être pour Nina, j'étais disposé à perdre : ma dignité et, presque sans m'en apercevoir, je lui tournai le dos et me dirigeai vers la porte comme si quelque chose en moi, quelque chose et non moi-même, avait décidé de me soustraire à ce danger. Mais elle, de façon inattendue, lança pour m'arrêter :

– Attends.

Je fis volte-face. Elle avait sur ses lèvres le même étrange sourire qu'un instant plus tôt, mais ses yeux étaient froids, presque hostiles.

– Pas comme ça, dit-elle. Je ne veux pas que tu t'en ailles de cette manière. Tu peux rester si tu veux jusqu'à ce que j'aie décidé quoi faire. Mais à une condition : ne me pose plus de questions. Il y a des moments... des moments...

Elle parut chercher ses mots.

– ... où le corps, conclut-elle confusément, est comme une offense.

Durant quelques instants il me fut malaisé de donner un nom au sentiment qui m'habita après qu'elle m'eut arrêté mais je compris enfin qu'il s'agissait de gratitude, non pas à son égard mais à l'égard de ce mouvement obscur et audacieux qui non seulement avait sauvé ma dignité mais me rendait aussi en quelque sorte l'espoir. Je pouvais désormais rester sans me sentir humilié parce qu'un instant auparavant j'étais apparu prêt à m'en aller. Je recommençais à exister à ses yeux. Je m'assis sur une chaise bien résolu à attendre et, quoi qu'il m'en coûtât, à ne plus lui parler, à ne rien lui demander, à respecter ses exigences. Je ne sais combien d'heures s'écoulèrent. Je sais simplement qu'elle continua à repasser toute la matinée sans dire un mot excepté pour me demander à un certain moment si je voulais manger quelque chose, qu'elle sortit de la cuisine à plusieurs reprises et que je ne fis rien pour la suivre bien que par deux fois elle tardât beaucoup à revenir... C'était presque le soir lorsque arriva son frère. Je n'assistai pas à leurs retrouvailles qui se firent sur le seuil de la maison, mais ne pus m'empêcher d'entendre les sons émus, les mots brisés, le piétinement et l'agitation dont sont animées deux personnes qui s'aiment et qui se revoient après des années, un peu en somme ce que j'avais espéré au moment de nos retrouvailles et qui à l'inverse ne s'était pas produit. Plus tard, comme la cuisine communiquait avec une petite salle à manger rustique où Nina, son frère et la maîtresse de maison restèrent longtemps à bavarder, arrivèrent jusqu'à moi, qui étais toujours assis dans le noir, des fragments de leurs discussions, des morceaux de dialogue, suivis de silences et de chuchotements que je m'efforçais de rassembler et d'interpréter pour leur donner tout leur sens. Voici ce qu'il en résulta. Durant les heures de silence occupées à repasser et celles de l'après-midi où elle était entrée et sortie de la cuisine très souvent sans raison apparente, Nina avait décidé de retourner en Angleterre. Un sentiment de remords, non, pas de remords, précisa-t-elle, mais de respect à l'endroit de Fielding, ce respect qui au fond avait été le premier et le plus durable des sentiments qu'elle avait éprouvés pour lui et qu'elle ressentait maintenant à plus forte raison lorsqu'elle l'imaginait pendu à un réverbère vénitien, la poussait à retourner à Londres pour prendre les rênes de l'organisation de Fielding avant qu'elle ne s'écroule, avant que du vide qu'il laissait ne sortent les vers les termites les rongeurs qui la disloqueraient. Elle avait toujours eu beaucoup d'influence sur ses hommes et n'avait aucun motif de craindre qu'ils refuseraient de reconnaître en elle l'héritière naturelle de son empire. Les secrets de la contrebande de parfums, de vins, de métaux précieux et de toutes les autres marchandises que le réseau de Fielding transportait d'une ville à l'autre de l'Europe et dans certains cas même du continent américain, étaient bien connus d'elle, tout comme lui étaient connues les routes qui bénéficiaient de la protection de la police, de la connivence des douanes, de la complicité des magistrats. Elle n'avait aucun intérêt particulier dans cette décision de poursuivre l'œuvre de Fielding – elle avait mis bien assez d'argent de côté pour vivre à son aise le restant de ses jours – mais simplement la froide certitude de le devoir à l'homme qui l'avait tant aimée et qu'elle aussi, elle s'en rendait compte, avait aimé, fût-ce à sa façon. Son frère protestait, en colère. Mais comment ? lorsque Ventura était allée le trouver avec la nouvelle de son retour il s'était imaginé qu'elle serait revenue pour toujours et voilà qu'au contraire il n'avait fait tout ce chemin que pour la saluer avant un nouveau départ ? Personne à Venise, à part leur père qui, étant donné son âge, perdait un peu la tête et donc ne constituait pas un obstacle, personne, répéta-t-il, ne se souvenait plus du scandale qui l'avait obligée à partir la première fois. Et même si quelqu'un avait voulu le rappeler, il s'occuperait lui, son frère, de lui clouer le bec. Il était temps pour elle de se poser, de s'installer une fois pour toutes dans la ville où elle était née ou dans ses environs. Durant toutes ces années la famille Manfrin aussi avait fait de grands pas en avant. L'auberge, avec tout ce va-et-vient d'étrangers, avait beaucoup rapporté et l'argent qu'ils avaient retiré de sa vente – qui eût cru que celui qui l'avait achetée se serait pendu si peu de temps après – deux ou trois fois plus qu'elle ne valait en réalité, leur avait permis d'acheter le pavillon de chasse de Barbariga sans guère entamer les finances de la famille. À ce moment il y eut une pause suivie de chuchotements que je ne parvins pas à distinguer, puis la voix de son frère reprit, tout excitée. Il y avait aussi une grande nouveauté, dit-il, quelque chose qui pouvait modifier l'avenir de toute la famille. Lui, Bruno Manfrin, avait engagé des tractations pour acquérir un titre de noblesse avec un noble *barnaboto* de grand nom qui avait sombré dans la misère la plus noire et qui était disposé à vendre son titre de comte au plus offrant. Et puisqu'il n'y avait personne d'autre que lui qui semblait intéressé par cette proposition il était certain de pouvoir conclure l'affaire à un prix plus que raisonnable. N'était-elle pas séduite par l'idée de devenir comtesse et de vivre à quelques pas du Brenta comme les grands seigneurs vénitiens dans le pavillon de Barbariga que l'on pourrait sous peu appeler la Cà Manfrin de Bernardi parce que tel était le nom du comte sur le point de vendre son titre ? Suivit un long silence. Puis, soudain, Nina se mit à rire et, oh, son rire qui me rappelait d'autres rires anciens et d'autres lieux et d'autres temps plus heureux et plus sûrs que celui que j'étais en train de vivre eut sur moi un effet bouleversant, enflamma mon sang, gonfla mon sexe d'un tel désir que quelques minutes plus tard, tremblant, haletant, je me retrouvai inondé par un liquide torrentiel jailli du tréfonds de mon corps. Je devais la reprendre, la capturer, me réapproprier cette chose sans nom, cette chose qui ne ressemblait à rien, cette chose que j'avais perdue et que je retrouvais maintenant dans cet éclat de rire. Seul, dans l'obscurité de la cuisine, probablement oublié, doutant que ma dignité fût encore assurée par mon geste désormais lointain, je n'étais plus toutefois tourmenté comme avant par l'idée de la perdre et je me laissais aller à des sensations et à des pensées de loup affamé dont l'unique, le vrai, l'intérêt suprême est la proie. Pendant ce temps, de l'autre côté, la conversation se poursuivait. Et pourtant, disait son frère, l'idée du titre de noblesse n'avait rien de ridicule. Il y avait pensé longuement pendant le trajet de Barbariga à la maison de Ventura. Une fois comtesse, Nina pourrait facilement séduire n'importe quel jeune célibataire de vieille famille, un Loredan ou un Mocenigo, qui la demanderait certainement en mariage et authentifierait définitivement avec sa propre noblesse un titre passé aux mains de roturiers grâce à une transaction financière. Mais Nina ne semblait pas disposée à suivre les rêves aristocratiques de son frère. Devenir comtesse ne lui importait aucunement. Quant au mariage elle n'y pensait pas davantage. Elle s'était mariée une fois et cela lui avait suffi. Récemment elle avait reçu une demande en mariage d'un gentilhomme vénitien qu'elle avait rencontré en Suisse et avec qui elle avait vécu tout le temps qu'elle était restée à Venise.

Ce n'est pas vrai, dit Schultz. Je ne lui ai jamais demandé de m'épouser. Il lance un regard à Paso Doble qui hausse les épaules sans faire de commentaires.

Je sursautai sur ma chaise. La conversation était arrivée à un moment qui exigeait de ma part la plus grande attention.

Il ne m'est jamais passé par la tête une idée de ce genre, continue Schultz. Je ne lui ai même jamais demandé de rester avec moi pour toujours. Jamais. Ce n'est pas que je ne le désirais pas, mais je savais dès la première minute qu'elle partirait. Mieux, continue Schultz, si je dois dire la vérité, j'étais convaincu qu'elle était mariée et que l'homme qui me frappa de sa canne était son mari... Ce n'est pas qu'en ce moment cela m'importe beaucoup, dit Paso Doble, mais peut-être n'es-tu pas l'homme dont elle parle. Pourtant tout s'est passé comme si je l'étais, du moins jusqu'à ce moment, dit Schultz, et je ne veux pas renoncer à me considérer comme tel seulement parce que je ne lui ai pas demandé de m'épouser.

Une demande faite avec beaucoup de naturel, poursuivait Nina, par un homme passionné et séduisant, grand amant de la *mona*, doté de grands biens, un palais en ville avec des pièces décorées d'objets précieux d'Orient et d'Afrique, une maison à la campagne près de Padoue, un instrument, c'est le mot qu'elle employa et il ne me fut pas difficile de comprendre de quoi il s'agissait, capable d'assurer le bonheur de n'importe quelle femme et bien d'autres qualités dont le sérieux la gaîté et l'esprit... Qui est cet homme, criai-je en moi, et je m'étonnai d'entendre son frère formuler la même question sur un ton certes différent du mien, qui est cet homme ? Un homme, continuait Nina, avec lequel elle serait sûrement restée ne fût-ce que parce qu'elle avait vécu avec lui une expérience unique, si elle n'avait eu une sorte de nostalgie inexplicable de Fielding, de lui justement, un tourment, un souvenir insistant qui balançait entre mélancolie et douceur, qui l'avaient conduite non seulement à refuser son offre, mais à quitter aussi la maison de cet homme pour n'y plus retourner. Elle avait quitté Venise, pour ainsi dire, avec deux bagages contraires, l'intention précise de retourner chez Fielding, la certitude d'un grand gâchis dont tôt ou tard elle se repentirait même si, au rythme où allaient les choses de ce monde, elle ne croyait pas que le charme manifeste de cet homme pût résister à une relation durable. Mais qui diable est cet homme ? hurlions-nous ensemble son frère et moi. Le soulagement, poursuivait Nina, manifestement décidée à en taire le nom, le soulagement qui accompagne toute décision que l'on prend même contre soi, contre ses désirs immédiats, le réconfort qui s'ensuit lorsque entre le rêve et la merde on a le courage de choisir la seconde. J'attendais en vain d'être mentionné, d'apparaître d'une manière ou d'une autre dans le discours de Nina, de trouver une place comme souvenir ou comme projet entre ces deux pôles opposés qu'elle venait d'indiquer. Et moi, et moi, criai-je, où suis-je ? quel est mon sort ? quel est le sort de tout ce chemin parcouru pour arriver jusqu'ici ? Mais je n'obtenais pas de réponse. Nina, je ne sais si elle le fit exprès - elle devait bien savoir que j'étais là l'oreille dressée - ou si elle m'avait effectivement oublié, continuait à m'exclure de ses propos et à me préférer deux spectres, celui de Fielding qui désormais ne me faisait plus peur et celui de ce gentilhomme vénitien qui bien qu'il l'eût aimée et demandée en mariage, ne pouvait certes pas se targuer de s'être démené pour la retrouver après son départ. D'ailleurs à entendre Nina il n'apparaissait guère qu'il eût même tenté de la retenir.

Eh bien, dit Schultz. Cela non plus n'est absolument pas vrai. Elle, à un moment donné, elle n'était plus là. Elle était partie sans rien me dire comme si, tout à coup, elle s'était aperçue qu'elle était entrée par erreur chez moi et donc devait en sortir au plus vite. Évanouie, comme on dit, à part la statue arrivée peu de temps après, sans laisser de traces. Que pouvais-je faire à la veille de mon embarquement ? Si j'avais pu imaginer que le pendu vu de la fenêtre du dentiste était l'homme qui m'avait frappé avec sa canne j'aurais cherché à savoir son nom, à remonter de son nom jusqu'à elle. Mais je ne pouvais certes pas l'imaginer. Ni ne pus voir son visage pendant qu'on le détachait du réverbère, j'ignorais qu'en emportant ce cadavre on effaçait sous mes yeux une trace, un signe, un indice...

Je devais de toute façon rembarquer, rejoindre mon bateau à Brindisi, ce que peut-être je n'aurais pas fait, dans le sens que j'aurais démissionné, si elle était restée. Mais qu'elle ne pût pas rester indéfiniment était chose prévisible... Et du reste que diable peut-on attendre d'une femme sans nom rencontrée dans un train express ? Ainsi je m'embarquai... De la *mona* à la *Ramona*, observe Paso Doble. Quand la vie est un roman. Oui, dit Schultz, quand la vie est un roman et, justement comme dans un roman, dans le golfe Persique, tandis que je gravissais le petit escalier qui conduit au pont de commandement, j'eus cette horrible sensation que j'allais dans la direction opposée à celle que j'aurais dû prendre, soupçon devenu ensuite certitude que je m'éloignais de mon centre, nous le savons, nous le savons, dit Paso Doble, certitude qui en mûrissant, continue Schultz, est devenue décision de quitter la marine marchande pour rouvrir l'entreprise familiale : Schultz éditeur typographe. Belle affaire que tu as faite là, se cabre l'autre. De quoi te plains-tu ? réplique Schultz. Être un petit éditeur est beaucoup plus aventureux et divertissant que parcourir le monde sur un pétrolier. Surtout quand, comme dans mon cas, on a une vocation plus sédentaire que vagabonde. Regarde un peu la quantité de choses qui me sont arrivées cette nuit justement parce que je suis un petit éditeur ! Bah, dit l'autre, et dire que tu nous as cassé les pieds pendant des années lorsque tu étais enfant pour faire l'école navale. Peut-être ai-je lu Conrad trop tôt, dit Schultz, je voulais comme lui être écrivain et il n'est pas dit qu'un jour ou l'autre je ne me mettrais pas à l'être sérieusement. Oh certes, tu as tout ce qu'il faut, papier encre plume et une typographie. Schultz regarde l'armoire où le livre a été trouvé. C'est une armoire, ajoute-t-il, qui produit des livres mystérieux. *La Taverne du doge Loredan*, ce pourrait être un bon titre vraiment, de ceux qui donnent envie de lire, pétillants, évoquant masques et poignards, coups d'épée, amours clandestines et fusillades, une enseigne jaune et rouge de taverne vénitienne en couverture contre les murs Tudor d'un pub anglais. Tu finiras vraiment par le publier ce livre ? demande Paso Doble. Oh oui, je crois réellement que oui, répond Schultz, non pas tel qu'il se présente à un regard pressé, mais tel qu'il s'est composé au fur et à mesure de la lecture ou peut-être tel que dès le début il a été conçu avec toi et moi à l'intérieur confondus parmi les clients...

Oui, continuait Nina, elle avait quitté son amant vénitien pour retourner auprès de Fielding et la découverte à présent qu'il était mort, mais aussi qu'elle, en évitant la dislocation de son organisation, pouvait encore faire quelque chose pour lui ne modifiait pas sa décision. Elle partirait le lendemain pour Padoue, de Padoue gagnerait Milan et de là, peu à peu, d'une poste à l'autre, refaisant à rebours la route qu'elle avait parcourue de nombreuses semaines plus tôt elle rejoindrait Londres. Inutile d'évoquer à ce point les prières insistantes de son frère pour qu'elle renonçât à partir, son changement d'humeur progressif au fur et à mesure qu'il se heurtait à la décision de Nina. Je dirai simplement que vers deux heures du matin - ils avaient discuté jusque-là - lorsque Bruno Manfrin se fut retiré dans une chambre, Nina sembla se souvenir de moi et vint dans la cuisine, une bougie à la main.

— Je pars dans quelques heures, dit-elle. Si tu le veux, tu peux rentrer à Londres avec moi. Mais pas de changement entre nous. Je n'entends pas là m'occuper des problèmes de ton...

Elle fit une pause et lança un coup d'œil à mon bas-ventre.

— Oublie-le pour le moment. J'ai d'autres choses en tête.

De la chaise où j'étais assis depuis qui sait combien d'heures je la regardais. La lueur de la bougie multipliait les reflets dorés de ses cheveux et de ses yeux. Elle ne m'avait jamais paru si belle. Il me fallait dire quelque chose pour que le fait d'être si longtemps resté là assis semblât un choix de ma part et non l'attente passive de ses décisions, or je ne trouvai rien à dire sinon que je ne pouvais oublier ce qu'elle m'invitait à oublier, mais que si le désir me tourmentait trop je trouverais quelque moyen de l'assouvir sans son aide. Il me sembla qu'un éclair amusé passait dans ses yeux, signe furtif presque imperceptible qu'une nature portée comme la sienne aux jeux de l'amour n'avait pas été totalement insensible à mes paroles. Malheureusement il dura trop peu de temps et je ne pus en être sûr.

– La voiture pour Padoue part à neuf heures, dit-elle.

Puis elle tourna les talons et me laissa seul dans la cuisine. Nous partîmes ensemble. J'étais certain qu'il ne serait pas nécessaire de tenir ma promesse, qu'au cours du voyage nos corps assis l'un à côté de l'autre ne pourraient éviter de se souvenir de ce qu'ils avaient été l'un pour l'autre – car la mémoire de la chair dure plus que toute autre – et qu'ils finiraient bien par effacer la distance strictement psychologique qui les séparait pour se rechercher. Je dus à l'inverse constater assez vite que Nina semblait ne pas voyager avec moi mais avec ses deux fantômes, celui de Fielding désormais confié à l'inéluctable exorcisation temporelle et celui de l'inconnu qui avait été son dernier amant. J'ignore comment il me fut possible de comprendre cela. Ce fut surtout quelque chose qui me venait d'elle, la sensation presque intangible mais non pour autant moins vraie ni moins douloureuse pour moi, qu'elle avait été, au cours de notre voyage, surprise par ce phénomène des plus courants chez les amoureux lorsqu'ils sont séparés qui consiste à oublier le visage de la personne aimée et à chercher à le recomposer. On percevait chez elle cet effort pour ressaisir quelque chose qui fuyait, on la sentait engagée dans une entreprise d'autant plus difficile qu'il y avait deux visages à recomposer et que l'un peut-être se confondait avec l'autre. La voiture transportait alors quatre passagers : Nina et moi, un prêtre de Padoue qui se rendait à Grenoble, une dame d'une trentaine d'années mariée par procuration qui rejoignait son mari un avocat de Domodossola, charmante jeune femme blonde sur laquelle si mon état d'âme avait été différent j'aurais sûrement posé mon regard, mais il y avait aussi les deux passagers invisibles que Nina avait emportés avec elle. Tout à coup je me mis moi aussi à voyager avec eux, ou plutôt avec lui, le seul qui occupât vraiment mes pensées. Je le voyais assis près de nous dans la voiture, une tête sans traits, un homme sans visage d'où s'échappait cependant une force ironique et maligne, je le retrouvais aux arrêts de poste où je logeais, près de mon lit à mon réveil, je le croisais dans l'escalier en montant ou en descendant, avec allez savoir pourquoi un tricorne démodé qui masquait en partie la surface vide et plate de son visage : le gentilhomme arrogant des peintures de William Beckford. Parfois je l'entendais discuter avec Nina : Et à présent te souviens-tu de mon visage ? Parfois. Parfois ? Oh mon Dieu, ne devait-il pas être un visage inoubliable ? Parfois il se confond avec le visage d'un autre. Je me rappelle cependant que toi aussi tu avais les poils pubiens des riches et non des pauvres. Ah oui, voilà une indication très importante, mais c'est sur le visage qu'il faut se concentrer. Cela ne me plaît pas de parcourir le monde de cette façon. Il se levait, où qu'il fût assis, allait se mettre devant la coiffeuse de Nina, prenait un rouge à lèvres ou un crayon pour les yeux, ôtait son tricorne et se regardait dans le miroir comme si vraiment il pouvait se voir. Je suis blond châtain brun portant perruque décoiffé coiffé bronzé yeux bleus ou yeux bruns visage long et sec je suppose pommettes hautes, je ne sais pas, toi dis-moi. Châtain foncé tirant vers le blond yeux bleus et noirs, disait Nina. Lui commençait à dessiner dans l'ovale blanc de son visage qui était réfléchi dans le miroir des cheveux des yeux des lèvres au fur et à mesure que Nina les lui décrivait. Quel beau garçon. Mais j'ai en tête une image plus belle de moi-même. L'ennui c'est que je ne parviens pas à la reproduire. Il laissait tomber le rouge et tournait le dos à la coiffeuse où les lignes du dessin qu'il venait de tracer restaient là en suspens, un visage incomplet flottant dans l'infini du miroir.

Très vite le gentilhomme vénitien redevint cette obsession que Fielding et moi avions eue ensemble à Venise avec cette seule différence que j'étais désormais seul à la vivre. Que les choses auraient tourné différemment si les indications de madame Mascarino avaient permis de le trouver ! Après lui avoir tranché la gorge je serais resté l'unique prétendant de Nina, le seul témoin de sa merveilleuse incontinence, le gardien et le garant de son incontinence à venir. Je ne l'aurais jamais laissée désirer quelqu'un d'autre que moi. J'aurais été pour elle tous les hommes qu'elle avait eus et ceux qu'elle n'avait pas eus sinon en imagination, j'aurais été sa réalité et ses rêves. En attendant nous étions arrivés à Milan et rien encore ne s'était passé entre nous. À l'auberge où nous descendîmes l'arrivée de Nina parut susciter un tapage muet. Femmes de chambres et garçons échangeaient d'étranges regards, des demi-sourires amusés, quelques clins d'œil. Nina ne parut pas y prêter attention ou peut-être, plongée dans ses pensées comme elle l'était, ne s'en aperçut même pas. Moi en revanche, ressentant dans tous ces signes ce qu'ils avaient d'obscène, j'eus tout de suite la certitude que Nina était déjà passée par là, qu'elle y avait séjourné avec l'inconnu durant une étape de son voyage vers Venise, bref que cette auberge était une de celles où moi, lorsque j'en avais fait la description à Fielding, j'avais situé les folles nuits d'amour de Nina avec l'homme qui nous l'avait volée, cet homme inventé dont l'existence avait été au contraire avérée et que donc tout était vrai, les haltes dans les postes, les cris d'amour de Nina contagieux au point de déchaîner chez les domestiques et les voyageurs cette vague de sensualité que j'avais pris soin de raconter à Fielding avec force détails et dont je trouvais maintenant la trace résiduelle dans ces sourires et ces regards.

Cette découverte me terrassa. Qu'était-ce donc que l'imagination ? Était-ce elle qui faisait exister ce qu'elle croyait inventer ou n'inventait-elle rien parce que tout existait déjà ? Nous dînâmes ensemble puis Nina se retira dans sa chambre accusant une certaine lassitude. Moi j'avais une chambre contiguë à la sienne, séparée simplement par une porte disloquée qu'il m'eût été facile d'enfoncer d'un coup d'épaule. J'en avais évalué la solidité dès notre arrivée, tenté que j'étais par le désir de la forcer durant la nuit. Mais je n'osais le faire. Nina, qui s'abandonnait si facilement, aurait selon toute probabilité réagi comme une tigresse à une tentative de violence. Je devais me résigner à attendre qu'un regard de sa part, qu'un geste peut-être inconscient, me dît que les choses avaient changé, que se présentaient de nouvelles circonstances et que le moment était enfin venu de regagner le terrain perdu. Mais cette nuit-là, après avoir noté tous ces regards et tous ces sourires et après avoir lu le souvenir d'une autre nuit lointaine dans les yeux posés sur Nina, attendre avec patience et résignation me coûtait plus d'effort que d'habitude. Je n'osais le faire mais j'avais peur aussi de perdre le contrôle de moi-même et de me jeter contre ma raison et contre cette porte. Pour ne pas succomber à la tentation je résolus de me tenir éloigné le plus possible de ma chambre. Je descendis l'escalier et sortis dans le jardin avec l'espoir de trouver peut-être la compagnie de l'une des jeunes et charmantes femmes de chambre que j'avais vues à mon arrivée. La nuit était tiède, étoilée, printanière. Le jardin arboré était silencieux et désert. De faibles lueurs scintillaient çà et là dans les chambres. Je me mis à marcher le long des sentiers couverts de gravier vers le mur d'enceinte, comme cela sans autre but immédiat que de faire deux pas, lorsqu'un bruissement monta d'un buisson voisin, un bruissement qui n'était pas celui d'un lézard vert ni d'un serpent mais d'un corps plus lourd et plus flasque. Je regardai en direction du buisson et à l'instant même où je compris ce qui avait provoqué ce bruit, précisément à l'instant où, le comprenant, mon cœur se mettait à battre la chamade et où un frisson traversait tout mon corps, je les vis : deux métaphores, peut-être celles-là même qui m'avaient poursuivi dans les rues de Venise ou d'autres, je ne sais, parce qu'il était évident qu'une intelligence les guidait et qu'elles étaient en mesure de se passer le mot les unes aux autres, venaient vers moi, et une lumière rouge de haine tenace filtrait à travers les fentes de leurs yeux. Je fis volte-face et me mis à courir vite sur le gravier de l'allée en direction de l'entrée de l'auberge et lorsque je l'atteignis je fermai la porte juste à temps pour les empêcher d'entrer. Sans m'arrêter pour reprendre mon souffle ou jauger ma peur, je gravis l'escalier, gagnai ma chambre et me jetai tout tremblant sur mon lit. Donc elles me suivaient et si elles m'avaient suivi jusque-là il était permis de supposer que je les retrouverais plus loin sur ma route vers Londres, à Londres même et partout où mon histoire me conduirait. Certes j'avais peur, mais j'étais aussi plein de fureur. Elles se trompaient si elles croyaient que j'accepterais passivement d'être poursuivi de cette manière. Je n'étais pas plus disposé à tomber dans leurs guets-apens que Fielding dans ceux des corbeaux. Je frapperais le premier, tout de suite, maintenant. Quelle que fût l'intelligence souterraine qui avait conduit les métaphores jusqu'à moi elle ne recevrait pas le rapport de ses éclaireurs. Je pris mes pistolets.

J'ouvris la fenêtre et me penchai sur le jardin. Les bêtes étaient encore là, à quelques mètres de moi, grattant le gravier comme des animaux de basse-cour. Je les mis soigneusement en joue et fis feu d'abord avec un pistolet puis avec l'autre. J'ai toujours su bien tirer, mais ma tension du moment porta à son sommet de perfection ma disposition naturelle et la technique que j'avais apprise. Les balles s'enfoncèrent dans leurs chairs immondes en les lacérant. Je fixai un instant ces tas de sang et de chair déchiquetée qui souillèrent le gravier, puis fermai ma fenêtre. Les coups de pistolet avaient entre-temps réveillé l'auberge, des voix alarmées montaient des chambres, même Nina était sortie de son lit et ouvrait à présent la porte qui séparait nos chambres. J'étais encore près de la fenêtre, les pistolets à la main. Elle parut soulagée de me voir. Elle pensait probablement que je m'étais suicidé.

— Que s'est-il passé ? demanda-t-elle.

— Rien.

— Rien ?

— J'ai juste tué deux métaphores.

Elle plissa le front.

— Deux métaphores ? reprit-elle. Qu'est-ce que c'est ?

— Des transpositions de sens, répondis-je, pour de multiples et fortes ressemblances. En d'autres termes deux gros rats qui ne méritaient pas de vivre.

Elle sourit soudain pour la première fois, mais je ne répondis pas à son sourire. Je sentais obscurément qu'avec ces deux coups de pistolets qui mettaient fin à une mystérieuse aventure muette vécue en solitaire, sans que Nina en sût rien, j'avais retrouvé sinon à ses yeux, du moins aux miens, sûreté et prestige et mon intégrité perdue durant ces jours où je n'avais été qu'une très banale escorte et que si j'avais souri je ne me serais plus senti certain de les avoir retrouvés. Cette nuit-là nous redevînmes amants et ne cessâmes de l'être jusqu'à notre arrivée à Londres. Mais ce fut un amour différent de celui que j'avais connu. Cet amour-là fut muet, sans paroles, comme mutilé. Certes les explosions de Nina n'avaient pas cessé, mais c'étaient des explosions silencieuses qui secouaient avec violence son corps sans toutefois en tirer aucun son. En vain j'attendais ce grand cri brisé dont j'avais été le témoin, les mots qui assuraient à mes sens assoupis un réveil fulgurant, la mélodie enchanteresse qui faisait dresser la tête du serpent : je m'effondrai frustré sur son sexe taciturne, sur son lac jadis transparent et à présent comme couvert d'ouate. Et je me demandai quelle pouvait être la cause de cette opacité. Fielding ? Cela ne me paraissait pas plausible. Il devait y avoir quelque chose de plus compliqué, qu'elle avait perdu ou délibérément laissé dans la maison de mon dernier rival, le gentilhomme vénitien dont l'image incertaine ne cessait de me poursuivre et de me troubler. Je sentais que là-bas, dans cette maison engloutie dans la boule de cristal, Nina avait laissé les excès dont elle seule était capable et que dans cette maison seulement elle pourrait les retrouver. La profondeur la plus secrète de son corps, ce point invisible que je savais avoir atteint autrefois, qui, une fois atteint, déchaînait des ouragans et la crue de torrents, était restée dans cette maison et moi je n'étais étendu qu'à côté du simulacre vide de ce que Nina avait été. Elle, c'est ainsi que je l'imaginais là-bas, assise dans une pièce de cette maison que je n'avais jamais vue, immobile comme une statue, concrétion de mon désir, souvenir sacré et dérobé autour duquel le cavalier inconnu tissait une liturgie impie. Je haïssais cet homme comme jamais je n'avais haï Fielding, pas même à l'époque qui avait précédé notre alliance, je le haïssais parce que je ne savais pas si cela servirait à quelque chose d'augmenter jour à après jour la distance physique qui déjà nous séparait ou s'il ne serait pas au contraire souhaitable qu'il nous suivît, qu'il m'offrît la possibilité de le rencontrer et de me mesurer directement à lui. Alors en le voyant assis près de nous il m'arrivait parfois de penser qu'il ne pourrait résister à l'éloignement comme Fielding ne pourrait résister au temps, d'autres fois au contraire je me surprenais à l'inviter à abandonner son rôle de fantôme et à apparaître devant nous en chair et en os.

Nous arrivâmes à Londres un soir de forte pluie et décidâmes de loger à l'auberge De Vere de Kensington Road, au-dessus des Kensington Gardens, non pas dans la même chambre mais encore dans deux chambres séparées, comme nous le faisions depuis que nous étions redevenus amants pendant la dernière partie de notre voyage à travers le continent et dans des cabines séparées à bord du navire qui nous avait débarqués à Londres ; ce n'était pas moi qui l'avais voulu mais Nina qui m'avait clairement fait comprendre qu'elle préférait, après nos amours nocturnes, passer seule le reste de la nuit. Nous étions arrivés depuis deux heures environ et moi, après m'être lavé et changé – j'avais acheté quelques vêtements durant notre étape à Grenoble – je m'apprêtais à rejoindre Nina dans sa chambre pour discuter d'un problème que j'avais mis de côté durant tout le trajet, celui de notre avenir ensemble. Nina avait dix ans de plus que moi, mais ne paraissait pas les avoir, quant à moi, un peu à cause de ma constitution physique, un peu grâce aux expériences que j'avais vécues, on pouvait me donner un peu plus que mon âge. Ce n'étaient certes pas les années, quand j'y réfléchissais, qui s'opposaient à un mariage éventuel, mais les difficiles conditions de vie d'un homme en fuite, recherché pour homicide, conditions que je négligeais trop fréquemment et qu'il eût été plus prudent de me rappeler davantage. Cependant je ne désespérais pas que Nina, après avoir recueilli l'héritage de Fielding et repris contact avec ces représentants de l'ordre qui avaient été à la solde de Fielding, parviendrait à résoudre les problèmes de l'homme destiné à devenir son mari. Comme ne me préoccupait guère l'attitude de Nina face au mariage lorsque, à San Bruson del Dolo, son frère qui l'avait invitée à se marier avait essuyé le refus brutal et ironique de qui ne veut pas affronter une expérience qu'il a déjà connue et qui ne mérite pas d'être répétée. Je n'étais pas Ludovico Binelli son premier mari ni un quelconque aristocrate vénitien, mais Jacob Flint jeune homme cultivé et bien éduqué avec lequel il était peut-être plaisant de vivre. Oui, j'irais chez elle maintenant et lui demanderais d'unir définitivement sa vie à la mienne, de travailler avec elle dans l'organisation de Fielding, de racheter, à celui à qui on l'avait vendue, la Taverne du doge Loredan où tout avait commencé et d'en faire notre quartier général. Je sortis de ma chambre avec l'inconscience des héros d'aventure qui ne savent anticiper les péripéties à venir, dont les signes en revanche n'échappent probablement pas à un observateur qui les suit de l'extérieur. Je frappai à la porte de Nina mais personne ne répondit. Je frappai encore inutilement et inutilement cherchai à ouvrir sa porte en me demandant si elle avait été fermée de l'extérieur ou de l'intérieur. En vain. Inquiet je descendis l'escalier jusqu'au hall pour avoir des nouvelles de la dame arrivée avec moi quelques heures plus tôt. On me regarda avec étonnement. Comment ? Je l'ignorais ? La dame était partie. Elle n'était restée que quelques minutes dans la chambre qu'on lui avait attribuée. Le même valet qui avait monté ses bagages les avait redescendus à la porte et chargés sur la première voiture publique qui passait devant l'auberge. Inutile de décrire ce que j'éprouvai à cet instant : trop souvent durant cette histoire je me suis perdu dans les sables mouvants des émotions en m'y arrêtant peut-être plus longtemps qu'il n'était nécessaire ; je dirai simplement que je tournai le dos à celui qui m'avait poliment informé de la fugue de Nina et que je me dirigeai vers la porte de l'auberge qui donnait sur Kensington Road. Mais je ne parvins pas à la dépasser. Deux hommes, deux agents de police dont je n'avais pas noté la présence mais qui devaient déjà être là dans le hall à ma descente, se matérialisèrent soudain près de moi. Ils m'appelèrent par mon vrai nom et avant de pouvoir feindre d'être un autre et exhiber les faux papiers que m'avaient procurés Viruela et grâce auxquels j'avais caché durant quelques mois mon identité, je fus arrêté pour le meurtre de l'inspecteur des douanes Jeremy Trentham dont j'avais jadis séduit l'épouse. Elle m'avait trahi. Nina j'entends. Nina qui après avoir quitté l'auberge s'était fait conduire au poste de police le plus proche pour les informer que le fugitif Jacob Flint logeait sous un faux nom au De Vere. Je le sus de façon formelle durant l'interrogatoire auquel je fus soumis au commandement général de la police de Bayswater : la jeune dame qui avait débarqué avec moi du continent s'était présentée peu avant pour faire une dénonciation dans les règles. Elle était restée le temps nécessaire pour dire où l'on pouvait me trouver, puis s'en était allée vers le parc de Kensington. Qu'avais-je fait à cette dame pour mériter sa haine ? Étais-je un séducteur professionnel ? L'avais-je trompée, trahie, déçue, mise en difficulté, abandonnée pour une autre ? Pourquoi, me demandèrent-ils, sa dénonciation avait-elle le goût de la vengeance ? Bref, que lui avais-je fait ? Mais il ne m'était pas difficile de répondre à cette question. Il me suffisait de me rappeler comment, malgré le ton triste et ému avec lequel je lui avais décrit la mort de Fielding, j'avais eu l'impression qu'elle ne me croyait pas, qu'elle avait même vu à travers mon récit ce qui s'était réellement passé : ma décision d'abandonner Fielding à son destin sur la placette remplie d'oiseaux, la lettre qui aurait pu le sauver cachée au fond de ma poche. Nina me châtiait pour ce que j'avais fait et son invite à partir avec elle, à rentrer avec elle en Angleterre et les promesses que j'y avais vues ne masquaient que sa résolution de me dénoncer à la justice dès que nous arriverions. Elle s'était même cyniquement servie de moi toutes les nuits sachant pertinemment chaque nuit que moi, l'homme qui entrait en elle, j'étais aussi l'homme dont elle avait déjà conçu la perte et qu'elle remettrait au moment opportun entre les mains de ceux qui le recherchaient. On me mit aux fers et quelques semaines plus tard, au terme d'un procès durant lequel du banc des accusés je regardais en vain le public dans l'espoir de croiser son regard fixé sur moi – je vis en revanche mon seul et unique ami, Viruela, et lors de l'une des audiences ma mère, le squire lui ne daigna pas se déplacer – je fus condamné à quatre années à purger dans la prison de Tothill Fields où je me trouve encore et d'où je rédige cette histoire. Ah Nina, Nina. Je n'eus plus de nouvelles de toi durant ces années, tu ne me donnas l'occasion ni de te blâmer pour ce que tu m'avais fait ni de te demander pardon pour ce que j'avais fait ni de t'expliquer pourquoi je l'avais fait : tu disparus, non seulement à mes yeux mais à ceux aussi de Viruela qui – je l'appris de sa bouche lors de l'une de ses visites – essaya de se mettre en relation avec toi en te cherchant au cœur de l'empire de Fielding mais en vain parce que toi non plus tu n'étais pas parvenue à retrouver le cœur de cet empire ni, pour ainsi dire, sa périphérie, mais seulement ses vestiges, les signes de son écroulement, guère différents de ceux que j'avais vus en rêve, à cause des guerres intestines qui avaient suivi le départ de Fielding, tu étais arrivée trop tard pour le sauver. Tu disparus comme à ton habitude discrètement comme celui qui sait que, présent ou absent, il continue d'être le vrai héros d'une histoire, le vrai sujet, comme tu l'as dit une fois sans me laisser le temps d'en discuter, de l'action, permettant que mon amour obsédant, structure portante de mon histoire propre, fût dévoré par les rats et par les insectes mes compagnons de cellule et que de ses restes corrompus dérivât ce processus triste et banal dont j'aurais à tout prix voulu éviter l'expérience, qui m'a conduit à ma haine actuelle pour toi. Oui, c'est toi, surtout, qui es responsable de cette banalité. Tu es responsable d'avoir, comme un alchimiste insensé, transformé l'or en métal grossier, donné à une histoire qui avait tous les ingrédients pour être parfaite une conclusion banale, rebattue. Cela je ne pourrai jamais te le pardonner. Alors dans quelques jours, quand mes quatre ans de prison s'achèveront et que je recouvrerai ma liberté, où que tu sois, où que tu te caches, qui que soit l'homme avec lequel tu vis, j'irai à ta recherche l'épée à la main et me hâterai dès que j'en aurai fini, en supposant que je ne le surprenne pas avec toi, de reprendre ma chasse interrompue du gentilhomme sans visage dont le fantôme arrogant m'a tourmenté ces dernières années, l'hôte indésirable de mon imagination, l'étranger, l'envahisseur, l'usurpateur auquel toutes ces années j'ai fini par identifier tout ce qui m'est ennemi.

Fini, dit Schultz en jetant le livre. Fini. Il n'y a plus rien, seulement le vide qui s'ouvre au verso de la dernière page de tout livre. Ainsi, commente Paso Doble, nous ne saurons jamais si Jacob l'a trouvée. Schultz se lève du lit, se met à marcher dans la chambre. Les premières lumières de l'aube commencent à apparaître derrière la fenêtre. Fini, répète Schultz, mais qui sait, le récit continue ailleurs comme un fleuve qui s'ensable dans l'esprit du lecteur. Il pousse, il presse, il court sans freins à la recherche d'une issue, se divise en deux, se partage en mille ruisseaux, traîne comme des troncs abandonnés au courant ses développements possibles. Dormir, dit le locataire en regardant la fenêtre, sera difficile maintenant qu'il est presque l'heure où habituellement on se réveille. J'ai la tête douloureuse, la bouche amère et, je ne sais pourquoi, le sentiment d'un malheur. Perdre une nuit à cet âge, murmure-t-il ensuite. Il se lève lui aussi sans conclure sa phrase. Il se dirige vers la porte. Je vais faire le café, dit-il. Schultz l'écoute à peine. Parmi les nombreux développements possibles, le plus urgent est celui qui met définitivement fin à son rôle de lecteur et le transforme définitivement en personnage. Il a accepté comme une suggestive hypothèse romanesque que Nina et la femme au manteau de poil de chameau soient la même personne, qu'il soit, lui, le gentilhomme inconnu, l'homme sans visage et c'est comme tel qu'il doit se comporter. D'ailleurs il n'est pas dit qu'il ne le soit pas réellement. Le lecteur, murmure Schultz, le lecteur pourrait être le personnage le plus important de tout livre si seulement les auteurs lui accordaient plus d'espace. D'une certaine façon il est reconnaissant à Jacob ou à qui parle pour lui, bref à l'auteur du roman qu'il vient de lire, d'avoir écrit quelque chose qui s'insère facilement dans sa dynamique, la sienne, celle de Schultz, dynamique privée, et non dans une dynamique collective... Il ne voudrait vraiment pas se trouver à présent mêlé à une foule de lecteurs décidés à lui disputer son rôle. Lui seul est autorisé à continuer le livre dans les développements qui lui sont propres et qui sont encore souterrains... Mais quoi ? Le livre n'est pas fini. Le livre ne peut finir que quand le lecteur-personnage, dont jusqu'à présent on a dans les pauses de la lecture connu l'histoire passée, aura raconté ce qui sera son histoire future à partir du moment où il tentera, lui aussi, de participer à la recherche de la femme quelle qu'elle soit (le sujet de l'action que son histoire a en commun avec celle de Jacob) et de la trouver si possible avant que Jacob ne sorte de prison. Je veux vraiment voir comment tu t'en tires, crie Paso Doble de la cuisine. Schultz se frotte les mains avec satisfaction. Je m'en tirerai très bien. Je recourrai à tous les moyens, comme en amour et à la guerre parce qu'à aucun moment il n'est dit que celui qui est appelé gentilhomme doive l'être vraiment. Il reste là à regarder longuement devant lui avec un air affable. Folie de plein hiver, redit Paso Doble en rentrant dans la chambre avec le café. Quelque suggestion concrète à ce moment de l'histoire ne pourrait que te faire du bien. Établir par exemple quand a été écrit exactement ce livre et quelle maison l'a publié. Une sottise. Chercher un exemplaire en meilleur état qui porte le nom de l'auteur. C'est bon pour les enfants. Aller à Londres pour enquêter sur ce Jacob Flint. Vérifier s'il existe ou si a jamais existé une Taverne du doge Loredan... De cette histoire il pourrait être resté quelque part une trame invisible qu'un bon enquêteur pourrait porter au jour. Le vécu laisse des traces même quand il est mort... Aller à Londres, dit Schultz. Certes, aller à Londres est nécessaire mais pas de la façon à laquelle tu penses... Il y a d'autres... Il s'interrompt. Je ferai, annonce-t-il, un voyage dans un livre. Cela ne devrait pas m'être difficile du moment que, dedans, j'y suis déjà. Il sirote lentement sa tasse de café tandis que l'autre le regarde d'un air soupçonneux. Jacob veut te tuer, je ne sais si tu t'en rends compte. Je le sais, je le sais, dit Schultz. Mais je suis disposé à courir ce risque. Même si je devais finir, pense-t-il, comme le comte Bonvecchiati. Tu ne vas pas t'imaginer, continue l'autre, que je te suivrai aussi dans cette partie de l'histoire ? J'ai autre chose à faire moi, cher frère, et j'en ai eu suffisamment. Ici je me trouve bien malgré tout, à part la bière qui manque dans le réfrigérateur. Je prendrai une assurance-vie à ton nom en cas de malheur. Moi je ne viens pas. C'est moi qui ne te veux pas, dit Schultz. Plutôt je crains que ta tâche soit achevée. Nous devrons, quoi que tu en penses, nous séparer. Ah c'est ainsi ? C'est ainsi. Naturellement, dit l'autre, je profiterai de ton absence pour publier ce que je veux. Par exemple un essai de je ne sais qui sur la crise du couple, un rapport sur la mutinerie des marins de l'ACNIL, une série de débats, quelques études sociologiques et pour le côté plaisant les vers du pauvre Silvestri et le livret d'opéra de Cesare Mascagni. Schultz fait un signe de la tête. Tu as carte blanche, dit-il, et toute ma confiance. Quant à toi, poursuit l'autre, je trouverais extrêmement malhonnête de ta part que tu inventes la solution qui t'arrange le plus. Schultz lève une main. Je promets, dit-il, de respecter les règles, comme d'ailleurs je l'ai fait jusqu'à maintenant, mais à condition qu'elles soient compatibles avec mon dégoût pour les fins tristes. Il regarde autour de lui. Il est inutile de perdre davantage de temps. Je m'embarquerai, dit-il, sur le *bragozzo* qui a amené Jacob à Venise. J'ai l'impression qu'il n'a jamais bougé de l'embarcadère du marché aux poissons. L'autre le regarde surpris. Pourquoi t'y prendre de si loin ? Il y a un moyen plus rapide et plus sûr pour arriver à Londres : l'*Admiral Benbow* amarré à Amsterdam au môle de je ne sais quelle page. Schultz reprend le livre et le feuillette en arrière jusqu'à la page 191.

Il souffle un grand vent sur le port d'Amsterdam mais l'*Admiral Benbow* est encore là immobile amarré au môle où précisément Jacob a débarqué. Schultz enfile son pull-over, bleu ou marron peu importe, et se dirige vers le brigantin. Personne ne fait attention à son étrange habillement, les marins et les dockers qui encombrent le port ne semblent pas daigner lui accorder un regard. Yas le soutier est encore assis tête basse sur la pile de caisses, stylite amoureux. Sur le pont de l'*Admiral Benbow* le capitaine Casey semble attendre quelque chose ou quelqu'un. Schultz emprunte la passerelle et monte à bord. Il est clair que c'est lui que le capitaine attend et en effet, dès que Schultz a mis le pied sur le pont, l'escale du navire qui a duré de nombreuses pages apparemment se termine. Des ordres que Schultz connaît bien même s'ils sont criés dans une demande confusément d'où diable provient cet être infernal qui lui attribue l'identité d'un autre et qui est en train de violenter son histoire.

— *Hiciste una promesa y non la mantuviste. Prometiste de casarla por un día sin tocarla con un dedo. En vez tu la jodiste. Y despues dejaste que muriera.*

Schultz, assis dans le landau, un bras appuyé à la fenêtre, une cigarette aux lèvres, observe la scène avec plaisir.

— *¿ Y esta pierna ?* continue le moine en soulevant sa robe, *rota desde que me caí de la ventana. Soy rengo por la vida.*

De quoi diable parle-t-il ? se demande pendant ce temps Jacob tandis que le moine continue à le tenir écrasé contre le mur.

— *Te busqué por toda Europa hasta que encontré a un caballero,* il fait un signe de tête en direction du landau arrêté à quelques mètres de distance, *que me dijo donde estabas. Y aquí yo tambien estoy.*

Jacob regarde la voiture immobile, le cocher sur son siège à demi endormi, de toute façon indifférent à ce qui se passe, la silhouette d'un homme accoudé à la fenêtre. Il n'en voit pas le visage et c'est justement le fait de ne pas en voir le visage qui lui permet de le reconnaître. Oui c'est lui, ce ne peut être que lui, son ennemi, l'homme sans visage qui lui a enlevé Nina et qui depuis des années le torture. C'est lui qui a tissé l'obscure trame calomnieuse qui est en train de se refermer sur lui et qui le tient écrasé contre le mur. Le moine fou qui lui crache au visage ces accusations insensées dans une langue difficile à comprendre est l'un de ses hommes de main chargé de le débarrasser de lui. C'est ce que comprend Jacob en un éclair et il comprend aussi qu'il est battu, qu'il ne peut avoir d'autre histoire que celle qui a été racontée parce qu'un corps étranger et hostile s'est insinué là où l'histoire reprenait en en bloquant tout développement possible. Schultz fait un signe de la tête. Je te ferai tuer, Jacob Flint, pense-t-il en lui lançant un regard amusé. Il pourrait lui-même se débarrasser de lui, le défier en duel et le battre sans courir le risque d'être battu. Il pourrait, pense-t-il, se procurer une arme et la décharger sur le jeune homme épouvanté et incrédule que le moine tient prisonnier. Mais il préfère laisser faire le moine. Il l'a promis. Jacob n'a pas de salut. La destruction fantastique du réel de la part d'un moine espagnol lui semble à ce moment de l'histoire plus appropriée au thème qui les rassemble tous que sa continuité. Il lui a de toute façon réservé une belle fin : c'est un personnage inexistant qui le tue, c'est un bâton sans poids qui lui brise le crâne. Voilà un tournant fantastique et grotesque dont Jacob en personne devrait apprécier les mérites même s'il implique sa fin. Schultz fait un signe au cocher et le cheval aussitôt fait un demi-tour sur lui-même et commence à entraîner la voiture vers la ville. Derrière, sous le mur d'enceinte de Tothill Fields, le bâton sans poids du moine s'abat sur la tête de Jacob en la fracassant. La voiture roule doucement sur le pavé, descend la rue qui conduit au centre. Il continue de pleuvoir. Inutile de décrire à ce moment les métaphores momentanément mises de côté qui recommencent à s'animer et se rapprochent en rampant du cadavre de Jacob, ni le désarroi du moine resté sans guide. Il suffit de les rappeler brièvement à notre souvenir et puis de les laisser aller leur chemin. Schultz se carre contre le dossier, satisfait jusque-là du chapitre supplémentaire qu'il a vécu. Il est resté seul pour mener la recherche. Mais le problème, maintenant, est de savoir par où la commencer. Il regarde la ville qui semble affleurer de la nuit. La femme pourrait être là, en un endroit quelconque, ou bien là-bas, là-bas au fond, de l'autre côté. Il pourrait la trouver aussitôt ou très vite et dans les meilleures conditions puisque désormais il est devenu le maître du récit. Elle-même pourrait arrêter la voiture et monter à bord, s'asseoir à côté de lui et, tout à coup, le reconnaître. « Voulez-vous que, comme ça, histoire de passer le temps, je vous raconte la trame du film *Les Lanciers du Bengale* ? » Elle pourrait être retournée à l'hôtel De Vere sûre que lui, Schultz, de quelque façon que ce soit la suivrait jusqu'à Londres. Elle pourrait avoir racheté la Taverne du doge Loredan et l'attendre derrière le comptoir à la lueur de mille bouteilles mises en colonnes au-dessus d'elle sur les étagères. Il pourrait la rencontrer sur les rives du lac des Kensington Gardens ou mieux sous la statue de Peter Pan qui n'était pas encore là mais qui deviendrait plusieurs décennies après un lieu de rendez-vous enchanteurs. Mais il a promis à Paso Doble de ne pas chercher la solution qui l'arrange le mieux. Il pouvait au contraire être très difficile de la trouver. Elle tentait de rassembler les restes de l'empire de Fielding décidée à le recomposer ailleurs, on ne savait exactement où. Il y en avait qui disait qu'elle avait été vue dans les Cornouailles peut-être à la Jamaica Inn, lieu de rassemblement des pirates de

Bodmin et de Bolventor, la Taverne de la Jamaïque dont l'histoire longtemps après inspirerait un film. C'est ça, lui Schultz, en suivant ce vague indice, irait à la Jamaica Inn et découvrirait qu'elle était beaucoup plus distante de la mer que ce que le film avait fait croire, non pas sur la côte mais au milieu d'une lande pleine de vent et de fantômes et quelqu'un, guère différent probablement de Charles Laughton ou de Emlyn Williams, lui dirait que oui, une dame qui répondait à la description de la femme au manteau de poil de chameau avait passé quelques jours à la taverne puis était partie pour l'Écosse en compagnie d'un marchand de chevaux. Et il suivrait ses traces jusqu'en Écosse pour ensuite les perdre de nouveau. Ou bien il découvrirait qu'il n'était pas le seul à suivre ses traces, mais qu'un autre homme ou peut-être plus d'un, de nombreux hommes, se déplaçaient furtivement d'une page à l'autre du livre en s'informant sur elle, que chacun d'eux s'alarmait de découvrir qu'un autre homme, d'autres hommes étaient passés par les mêmes lieux en posant les mêmes questions et lui il reconnaissait en eux d'autres lecteurs du livre trouvé sur l'armoire, d'autres lecteurs qui, séduits par ce qu'il y avait de commun entre leur histoire et celle de Jacob, étaient entrés dans le livre en empruntant les passages dont il s'était servi et où ils resteraient tant qu'ils ne trouveraient pas ce quelque chose qui manquait, qui se trouvait on ne savait où, qui tout bonnement peut-être n'y était pas. Ah, pense Schultz, sûr désormais d'avoir définitivement mis au point le thème, non l'histoire d'un homme qui lit un livre au cours d'une nuit, mais un livre qui contienne son lecteur, son destinataire, qui le rende peu à peu conscient de son rôle, le motive et le séduise, l'amène à circuler dans ses espaces, au-dedans, là où les lois en vigueur ne sont pas celles qui régissent le monde extérieur, là où il est possible qu'une armoire sur laquelle on a trouvé un livre se trouve en réalité dans les pages du livre, là où une femme qui a vécu dans un autre siècle peut être la femme qui précisément est assise à côté de vous dans le compartiment d'un train express et où un éditeur typographe ancien capitaine de la marine marchande peut vivre avec son double fastidieux amateur de danse...

La voiture pendant ce temps poursuit son chemin le long du réseau des rues londoniennes qui court dans les profondeurs du livre : Eccleston Street, Belgravia, Sloane Square, Sloane Street, Knightsbridge en direction plus haut de Kensington où semble se trouver sa destination. Est-ce de là que l'on doit commencer la recherche ? Schultz continue à vivre le chapitre supplémentaire, à développer son histoire. Ou bien, pense-t-il, elle pourrait être partie pour les Amériques, quelqu'un l'a contrainte à le faire, on a découvert que ses liens avec Fielding non seulement étaient affectifs mais concernaient aussi de louches affaires commerciales, on l'a expulsée du pays... Ou bien... Tout à coup Schultz comprend ce que Nina a fait après sa disparition et ce qu'elle continuera à faire tant que son récit ne sera pas fini : Nina s'est évanouie, comme ça, simplement, évaporée, il n'y a plus d'espace dans cette histoire qui puisse la contenir, le sujet de l'action s'en est allé de son côté, peu importe où, personne ne pourra plus le trouver... Peut-être réapparaîtrait-elle un jour derrière une autre fenêtre d'une autre Taverne du doge Loredan ou dans un autre compartiment d'un autre train express devant un autre public. Voilà la conclusion la plus honnête du récit, même si elle n'était pas aussi imprévisible que cela. Mais il n'y avait pas là de quoi trop se formaliser. Il s'agissait au fond d'un récit trouvé sur une armoire parmi de nombreuses choses cachées ou jetées, ce qui pour le moins en limitait les prétentions. Certes il pourrait imaginer d'autres solutions mais aucune ne le convaincrait plus que celle-là. Un personnage comme elle ne peut prendre en considération que les coupes franches. Quant à lui que ferait-il maintenant ? La voiture pendant ce temps remonte Gloucester Road, entre dans Palace Gate, tourne à gauche vers l'hôtel De Vere. Des Kensington Gardens, alors plus semblables à une forêt qu'à un parc, se lève un vol de canards sauvages : les ailes qui battent ensemble avec une parfaite synchronie émettent un son étrange pareil à de lointains applaudissements radiophoniques. Ah, lui, pense Schultz, il continuerait de toute manière à la chercher en commençant par là, de l'endroit où elle a disparu. Parce que si elle était un personnage dont on ne pouvait attendre qu'il s'abstînt facilement de sa propre absence si ce n'est pour donner l'occasion de le trouver à qui le chercherait, lui Schultz, il n'était pas un personnage qui se rendît facilement et qui acceptât de retourner en arrière. Imagine un peu, dit Schultz, la piètre figure que je ferais devant Paso Doble si je revenais en arrière. Il descend de la voiture sans payer le cocher qui d'ailleurs a été déjà grassement payé par un monsieur d'une cinquantaine d'années qui vit au numéro 1 de Palace Gate dans un appartement que possède l'hôtel De Vere et qui dans un récent devoir de classe de son fils, un enfant de neuf ans qui fréquente la Oratory Primary School de Cale Street, a été décrit comme *a quite tall man, a journalist and an author of venician novels* quoi que veuille dire cette dernière observation. C'est lui en effet, cet homme, qui a envoyé la voiture à la rencontre de Schultz et du moine espagnol à leur débarquement de l'*Admiral Benbow*. Alors la circulation de Londres n'était pas aussi intense qu'aujourd'hui mais on ne doit pas croire qu'à cette époque il était si facile de trouver une voiture surtout dans la zone portuaire à l'heure où arrivent les navires. Il l'a fait parce que c'est quelqu'un d'obligeant qui a suivi depuis le début l'histoire de Schultz et l'a prise à cœur comme si elle le concernait personnellement. En outre depuis toujours il éprouve un sentiment de tendresse pour ceux qui, comme Schultz par exemple, se donnent beaucoup de mal en vain. Ça y est, à présent Schultz apparaît sur le trottoir de Kensington Road devant le sentier qui conduit aux Gardens juste sous la fenêtre du monsieur « assez grand, etc., etc. » qui l'observe à travers la vitre. Il y a une table de travail près de la fenêtre. La lumière d'une lampe à bras posée sur la table rejaillit sur la dernière page d'un long récit qui se termine. Les autres pages qui ont déjà été tapées à la machine sont rassemblées dans un classeur. Il est neuf heures du matin mais dehors le ciel est très sombre. Le parc où Nina a disparu est un labyrinthe obscur mouillé par la pluie.

Il n'invite pas, il repousse plutôt. Le monsieur à la fenêtre observe avec perplexité Schultz immobile à l'entrée du sentier. Il n'a pas le courage de le laisser seul à cet endroit, de l'abandonner à ce moment. Bien que ce soit inutile – lui aussi il ignore où Nina est allée et il est de toute façon convaincu qu'elle ne peut pas être retrouvée – il voudrait faire quelque chose qui aide Schultz et l'empêche d'avancer à l'aveuglette dans sa quête. Il hésite un instant, s'appuie à sa table et ajoute quelques lignes à la dernière page du récit : du cœur ou de la périphérie du parc, au-dessus du ruissellement de la pluie et du vol des canards sauvages, s'élève le chant très improbable d'une femme : « Rumine au fond de toi quelque doux petit mot, tout en l'entrelaçant avec quelque soupir... » Des vers puisés çà et là dans les pages des auteurs classiques, si l'on peut dire, mineurs, comme le faisait le pauvre Silvestri. Schultz reste pendant une seconde immobile à les écouter puis il glisse les mains dans ses poches et se dirige d'un pas ferme sur le sentier.

Achevé d'imprimer en février 2019
sur les presses de Novoprint

Dépôt légal février 2019

Imprimé en Espagne